dgv
wk

Allgemeines Verwaltungsrecht

Polizei- und Ordnungsrecht

Verwaltungsrechtsschutz

Erarbeitungs- und Wiederholungskurs

von
Dr. Raimund Brühl,
Dozent und Referent
an der Fachhochschule des Bundes
für öffentliche Verwaltung

Deutscher Gemeindeverlag
Verlag W. Kohlhammer

CIP-Kurztitelaufnahme der Deutschen Bibliothek

Brühl, Raimund:
Allgemeines Verwaltungsrecht, Polizei- und
Ordnungsrecht, Verwaltungsrechtsschutz:
Erarbeitungs- u. Wiederholungskurs / von
Raimund Brühl. – Köln: Deutscher Gemeindeverlag;
Köln: Kohlhammer, 1984
ISBN 3-555-00624-X

1984
Deutscher Gemeindeverlag GmbH und Verlag W. Kohlhammer GmbH
Köln, Stuttgart, Hannover, Kiel, Mainz, München
Verlagsort: 5000 Köln 40, Postfach 40 02 63
Gesamtherstellung Deutscher Gemeindeverlag GmbH Köln

Buch-Nr.: G 0/256

INHALTSVERZEICHNIS

SACHREGISTER

I = Teil 1: Allgemeines Verwaltungsrecht, II = Teil 2: Polizei- und Ordnungsrecht, III = Teil 3: Verwaltungsrechtsschutz

Besondere Schwerpunkte in der Darstellung sind durch Unterstreichung kenntlich gemacht.

ABKÜRZUNGSVERZEICHNIS

a. A.	anderer Ansicht
a. a. O.	am angegebenen Ort
AbfG	Abfallbeseitigungsgesetz
Abs.	Absatz
a. E.	am Ende
a. F.	alte Fassung
AG VwGO NW	Gesetz zur Ausführung der Verwaltungsgerichtsordnung im Lande Nordrhein-Westfalen
AG VwGO RhPf	Gesetz zur Ausführung der Verwaltungsgerichtsordnung im Lande Rheinland-Pfalz
ALR	Allgemeines Landrecht für die preußischen Staaten von 1794
Alt.	Alternative
AO	Abgabenordnung
APF	Ausbildung, Prüfung, Fortbildung (Zeitschrift)
Art.	Artikel
AuslG	Ausländergesetz
BauO NW	Bauordnung für das Land Nordrhein-Westfalen
BayBO	Bayerische Bauordnung
BayObLG	Bayerisches Oberstes Landesgericht
BayVBl	Bayerische Verwaltungsblätter (Zeitschrift)
BayVGH	Bayerischer Verwaltungsgerichtshof
BBauG	Bundesbaugesetz
BBesG	Bundesbesoldungsgesetz
BBG	Bundesbeamtengesetz
Bd.	Band
BDSG	Bundesdatenschutzgesetz
BGB	Bürgerliches Gesetzbuch
BGH	Bundesgerichtshof
BGHSt	Entscheidungen des Bundesgerichtshofes in Strafsachen
BGHZ	Entscheidungen des Bundesgerichtshofes in Zivilsachen
BHO	Bundeshaushaltsordnung
BImSchG	Bundesimmissionsschutzgesetz
BRRG	Beamtenrechtsrahmengesetz

BSeuchenG	Bundes-Seuchengesetz
BT-Drucks.	Bundestags-Drucksache
Buchst.	Buchstabe
BVerfGE	Entscheidungen des Bundesverfassungsgerichts
BVerfGG	Gesetz über das Bundesverfassungsgericht
BVerwG	Bundesverwaltungsgericht
BVerwGE	Entscheidungen des Bundesverwaltungsgerichts
BVwVfG	Verwaltungsverfahrensgesetz des Bundes
BVwVG	Verwaltungs-Vollstreckungsgesetz des Bundes
bzw.	beziehungsweise
DM	Deutsche Mark
DÖV	Die Öffentliche Verwaltung (Zeitschrift)
DVBl	Deutsches Verwaltungsblatt (Zeitschrift)
DVP	Deutsche Verwaltungspraxis (Zeitschrift)
EGGVG	Einführungsgesetz zum Gerichtsverfassungsgesetz
EVO	Eisenbahn-Verkehrsordnung
f.	folgende Seite bzw. folgender Paragraph
ff.	folgende Seiten bzw. Paragraphen
FlurbG	Flurbereinigungsgesetz
GastG	Gaststättengesetz
gem.	gemäß
GewO	Gewerbeordnung
GG	Grundgesetz
GjS	Gesetz über die Verbreitung jugendgefährdender Schriften
GO NW	Gemeindeordnung für das Land Nordrhein-Westfalen
GVG	Gerichtsverfassungsgesetz
GWB	Gesetz gegen Wettbewerbsbeschränkungen
ha	Hektar
HambOVG	Oberverwaltungsgericht Hamburg
HGB	Handelsgesetzbuch
h. M.	herrschende Meinung
HSOG	Hessisches Gesetz über die öffentliche Sicherheit und Ordnung

i. V. m.	in Verbindung mit
JA	Juristische Arbeitsblätter (Zeitschrift)
JA Ü	JA-Übungsblätter (gelbe Seiten)
Jura	Jura. Juristische Ausbildung (Zeitschrift)
Jura RÖR	Jura-Repetitorium Öffentliches Recht
JuS	Juristische Schulung (Zeitschrift)
KAG NW	Kommunalabgabengesetz für das Land Nordrhein-Westfalen
kg	Kilogramm
KG	Kommanditgesellschaft
km/h	Kilometer pro Stunde
KostO NW	Kostenordnung zum Verwaltungsvollstreckungsgesetz für das Land Nordrhein-Westfalen
LBG	Landesbeamtengesetz
LMBG	Lebensmittel- und Bedarfsgegenständegesetz
LStrG NW	Straßengesetz des Landes Nordrhein-Westfalen
LVG	Landesverwaltungsgericht
LVwVfG	Verwaltungsverfahrensgesetz des Landes
LVwG SH	Allgemeines Verwaltungsgesetz für das Land Schleswig-Holstein (Landesverwaltungsgesetz)
LWG NW	Wassergesetz für das Land Nordrhein-Westfalen
LZG NW	Verwaltungszustellungsgesetz für das Land Nordrhein-Westfalen
m^2	Quadratmeter
MDR	Monatsschrift für Deutsches Recht (Zeitschrift)
MuSchV	Verordnung über den Mutterschutz für Beamtinnen
m. w. N.	mit weiteren Nachweisen
NdsBauO	Niedersächsische Bauordnung
NdsSOG	Niedersächsisches Gesetz über die öffentliche Sicherheit und Ordnung
NJW	Neue Juristische Wochenschrift (Zeitschrift)
Nr.	Nummer
NVwZ	Neue Zeitschrift für Verwaltungsrecht
NW	Nordrhein-Westfalen

OBG, OBG NW	Gesetz über Aufbau und Befugnisse der Ordnungsbehörden im Lande Nordrhein-Westfalen (Ordnungsbehördengesetz)
OHG	Offene Handelsgesellschaft
OVG	Oberverwaltungsgericht
OVGE	Entscheidungen der Oberverwaltungsgerichte für das Land Nordrhein-Westfalen in Münster sowie für die Länder Niedersachsen und Schleswig-Holstein in Lüneburg
OWiG	Gesetz über Ordnungswidrigkeiten
PartG	Parteiengesetz
POG, POG NW	Gesetz über die Organisation und die Zuständigkeit der Polizei im Lande Nordrhein-Westfalen (Polizeiorganisationsgesetz)
PolG, PolG NW	Polizeigesetz des Landes Nordrhein-Westfalen
PostG	Gesetz über das Postwesen
PrOVGE	Entscheidungen des Preußischen Oberverwaltungsgerichts
PsychKG NW	Gesetz über Hilfen und Schutzmaßnahmen bei psychischen Krankheiten für das Land Nordrhein-Westfalen
PVG RhPf	Polizeiverwaltungsgesetz von Rheinland-Pfalz
RhPfOVGE	Amtliche Sammlung der Entscheidungen der Oberverwaltungsgerichte Rheinland-Pfalz und Saarland
S.	Satz
SGB-AT	Sozialgesetzbuch - Allgemeiner Teil -
SGB-X	Sozialgesetzbuch - Zehntes Buch (Verwaltungsverfahren) -
sog.	sogenannte
SoldatenG	Soldatengesetz
StBauFG	Städtebauförderungsgesetz
StPO	Strafprozeßordnung
StVG	Straßenverkehrsgesetz
StVO	Straßenverkehrs-Ordnung
StVZO	Straßenverkehrs-Zulassungs-Ordnung
u. a.	unter anderem
UBWV	Unterrichtsblätter für die Bundeswehrverwaltung (Zeitschrift)
usw.	und so weiter

UZwG	Gesetz über den unmittelbaren Zwang bei Ausübung öffentlicher Gewalt durch Vollzugsbeamte des Bundes
VersG	Versammlungsgesetz
VersR	Versicherungsrecht (Zeitschrift)
VG	Verwaltungsgericht
VGH	Verwaltungsgerichtshof
VGHG NW	Gesetz über den Verfassungsgerichtshof für das Land Nordrhein-Westfalen
vgl.	vergleiche
VO	Verordnung
VR	Verwaltungsrundschau (Zeitschrift)
VwGO	Verwaltungsgerichtsordnung
VwVfG	Verwaltungsverfahrensgesetz
VwVfG NW	Verwaltungsverfahrensgesetz für das Land Nordrhein-Westfalen
VwVG NW	Verwaltungsvollstreckungsgesetz für das Land Nordrhein-Westfalen
VwZG	Verwaltungszustellungsgesetz
WPflG	Wehrpflichtgesetz
z. B.	zum Beispiel
ZBR	Zeitschrift für Beamtenrecht
ZPO	Zivilprozeßordnung

EINFÜHRUNG IN ZIELSETZUNG UND AUFBAU DES KURSES

Stoffülle und Zeitmangel bereiten den Studierenden an Verwaltungsfachhochschulen erhebliche Probleme. Besonders betroffen davon ist das Studiengebiet Verwaltungsrecht, das nicht nur von der Materie her für den Anfänger fremdartig und schwierig erscheint, sondern in dem zugleich noch wegen seines Stellenwertes für die Verwaltungstätigkeit hohe Anforderungen gestellt werden.

Der Verfasser möchte den Studierenden mit diesem Buch ein neuartiges Hilfsmittel an die Hand geben, das konsequent für ihre Bedürfnisse entwickelt worden ist.

Der Erarbeitungs- und Wiederholungskurs Verwaltungsrecht vereinigt das prüfungsrelevante Wissen im Allgemeinen Verwaltungsrecht, Polizei- und Ordnungsrecht und Verwaltungsrechtsschutz kosten- und platzsparend in einem Buch. Er soll sowohl die schwierige Einarbeitung in die Materie erleichtern als auch eine jederzeitige schnelle und doch gründliche Wiederholung ermöglichen.

Ausgangspunkt war die Überlegung, daß der Studierende ein Lehrbuch nicht unvorbereitet aufschlägt, sondern den Stoff bereits in der Lehrveranstaltung ausführlich dargelegt bekommen hat. Was er benötigt, ist nicht eine erneute zeitraubende Ausbreitung aller Einzelheiten, sondern ein Festschreiben des Wesentlichen, das er behalten und beherrschen soll. Daraus entstand das Konzept, die prüfungsrelevanten Tatsachen und Zusammenhänge der Kernfächer des Verwaltungsrechts in möglichst komprimierter Form einprägsam und verständlich zusammenzustellen.

Für die Darstellung ist die Methode von Frage und Antwort gewählt worden, um den Stoff in einzelne überschaubare Problemkreise aufzuteilen und eine Selbstkontrolle zu ermöglichen. Bedeutung und Schwierigkeitsgrad der Materie bestimmen Art und Umfang der Wissensvermittlung. An den Problemschwerpunkten sind zahlreiche Fälle mit Lösung eingefügt, die nicht nur der praktischen Übung dienen, sondern darüber hinaus einen Überblick über klausurrelevante Fragestellungen und über die neuere Rechtsprechung geben wollen. Besonderes Augenmerk gilt stets den Auswirkungen auf die Fallbearbeitung, für die im Anhang zudem eingehende Aufbauschemata angeboten werden.

Das Konzept des Kurses ist an der Fachhochschule des Bundes für öffentliche Verwaltung anhand ausgewählter Teile in mehreren Lehrveranstaltungen erprobt und auf Anregung der Studierenden hin wiederholt verfeinert worden. Allen, die zum Entstehen dieses Buches beigetragen haben, sei an dieser Stelle herzlich gedankt.

Der Aufbau des Kurses folgt der inneren Logik des Stoffes unter Berücksichtigung der einschlägigen Studienpläne, so daß der Kurs von Anfang an vorlesungsbegleitend zur abschnittsweisen Nacharbeit und Kontrolle des Wissensstandes eingesetzt werden kann. Zur Vertiefung sind weiterführende Hinweise auf geeignete Darstellungen in der Ausbildungsliteratur aufgenommen worden. Ein umfangreiches Sachregister und Hervorhebungen im Text erleichtern das Auffinden einzelner Fragenkomplexe.

Der Kurs dürfte nicht zuletzt auch für den Jurastudenten von Nutzen sein, der ebenfalls häufig große Probleme damit hat, im Verwaltungsrecht eine sichere Grundlage zu schaffen.

Für Erfahrungsberichte, Kritik und Verbesserungsvorschläge ist der Verfasser stets dankbar.

TEIL 1: ALLGEMEINES VERWALTUNGSRECHT

1. ABSCHNITT: GRUNDLAGEN

A. Fragen

1. Wie kann man den Begriff der öffentlichen Verwaltung definieren?
2. Welche Aufgabe erfüllt die öffentliche Verwaltung? Welche Funktionen übt sie dazu aus?
3. Welche Arten öffentlicher Verwaltung unterscheidet man?
4. Welche Handlungsformen stehen der öffentlichen Verwaltung zur Verfügung? Hat die Aufspaltung des Verwaltungshandelns in verschiedene Formen praktische Bedeutung? Welches Merkmal unterscheidet den Verwaltungsakt von der Rechtsnorm, vom öffentlichrechtlichen Vertrag und von der Verwaltungsvorschrift, die Rechtsnormen vom schlichten Verwaltungshandeln und die Rechtsverordnung von der Satzung?
5. Welche Rechtsquellen des Verwaltungsrechts gibt es?
6. Mit Hilfe welcher Konstruktion ermöglicht es die Rechtsprechung dem Bürger, sich auf für ihn günstige Verwaltungsvorschriften berufen zu können?
7. Welche Bedeutung hat die Zweiteilung der Rechtsordnung in öffentliches Recht und Privatrecht für die öffentliche Verwaltung? Wie erkennt man, ob die Verwaltung öffentlichrechtlich oder privatrechtlich gehandelt hat?
8. Man unterscheidet zwischen dem Allgemeinen und dem Besonderen Verwaltungsrecht. Welchen Sinn hat die Abspaltung eines Allgemeinen Verwaltungsrechts als eigenständiges Rechts- und Wissenschaftsgebiet? Nennen Sie Gebiete des Besonderen Verwaltungsrechts.
9. Die wichtigste Rechtsgrundlage des Allgemeinen Verwaltungsrechts ist das Verwaltungsverfahrensgesetz. Welche Einschränkungen seines Anwendungsbereichs sind zu beachten?
10. An welchen Grundsätzen muß sich die öffentliche Verwaltung bei ihrer Tätigkeit orientieren?
11. Den Grundsatz der Gesetzmäßigkeit des Verwaltungshandelns unterteilt man in die Prinzipien des Vorrangs und des Vorbehalts des Gesetzes.

a) Was bedeutet der Vorrang des Gesetzes? Womit läßt er sich rechtfertigen?

b) Was bedeutet der Vorbehalt des Gesetzes? Wie ist dieses Prinzip entstanden? Wie ist es heute zu begründen? Gilt es uneingeschränkt für die gesamte Verwaltungstätigkeit? Welche konkrete Bedeutung hat es für die Fallbearbeitung? Welche Problemstellung ist mit dem Schlagwort "Parlamentsvorbehalt" angesprochen?

12. Welche Anforderungen ergeben sich im einzelnen aus dem Prinzip der Verhältnismäßigkeit?

13. Was ist der Unterschied zwischen Ermessen und unbestimmten Rechtsbegriffen? Was versteht man unter einem unbestimmten Rechtsbegriff mit Beurteilungsspielraum? Bedeutet Ermessen, daß die Verwaltung in ihrer Entscheidung völlig frei ist mit der Folge, daß der Bürger jeden Ermessensakt hinnehmen muß?

14. Welche Bedeutung hat Art. 3 GG für die öffentliche Verwaltung?

15. Was versteht man unter einem Verwaltungsrechtsverhältnis? Was sind verwaltungsrechtliche Sonderverhältnisse?

16. Was bedeuten die Begriffe Rechtsfähigkeit, Beteiligungsfähigkeit und Handlungsfähigkeit? Wo sind sie geregelt?

17. Was ist ein subjektives öffentliches Recht? Welche Bedeutung hat es? Wie stellt man fest, daß ein subjektives öffentliches Recht gegeben ist?

B. Antworten

1. Wegen der Unterschiedlichkeit der Bereiche öffentlicher Verwaltung und der Vielgestaltigkeit der Handlungsformen ist eine allgemein anerkannte Definition nicht vorhanden. Gegenständlich positive Beschreibungsversuche erweisen sich als wenig nützlich. Sinnvoller ist es, den Begriff der öffentlichen Verwaltung negativ abzugrenzen. Öffentliche Verwaltung ist danach die Tätigkeit des Staates, die nicht Rechtsetzung, Rechtsprechung und Regierung ist. Diese Negativdefinition verdeutlicht die Stellung der öffentlichen Verwaltung innerhalb des Staatsganzen. Ihre Problematik besteht darin, daß die zur Abgrenzung verwendeten Begriffe ihrerseits nicht eindeutig definiert werden können, da es zwischen den einzelnen Teilen der Staatsgewalt vielfältige Gewaltenüberlappungen gibt.

2. Aufgabe der öffentlichen Verwaltung ist die Besorgung von Angelegenheiten im Interesse und zum Wohl der Allgemeinheit.

Zu diesem Zwecke nimmt sie Ordnungs-, Betreuungs-, Dienstleistungs-, politische, Organisations- und Fiskalfunktionen wahr.

3. Eine Einteilung der öffentlichen Verwaltung in verschiedene Arten wird nach vielfältigen Kriterien vorgenommen. Wichtige Unterscheidungen sind:

nach den Trägern öffentlicher Verwaltung: Bundesverwaltung, Landesverwaltung, Kommunal- und sonstige Selbstverwaltung (vgl. Achterberg, JA 1980, 613),

nach der Rechtsform des Handelns: privatrechtliche (= fiskalische) und öffentlichrechtliche (insbesondere hoheitliche) Verwaltung (vgl. näher Frage 7),

nach den Aufgaben: Ordnungs-, Leistungs, Abgaben- und Bedarfsverwaltung,

nach der Art und Weise der Aufgabenerfüllung: Eingriffs- und Leistungsverwaltung (auch pflegende Verwaltung genannt),

nach dem Grad der Gesetzesbindung: gebundene Verwaltung, Ermessensverwaltung und frei gestaltende Verwaltung.

4. Die öffentliche Verwaltung kann in folgenden Formen handeln: Verwaltungsakt, Rechtsnorm (Rechtsverordnung oder Satzung), öffentlichrechtlicher Vertrag, privatrechtlicher Vertrag und sonstige privatrechtliche Handlungsformen, Verwaltungsvorschrift und innerdienstliche Einzelweisung, schlichtes Verwaltungshandeln.

Die Unterscheidung einzelner Handlungsformen äußert unmittelbare Rechtswirkungen sowohl im materiellen Verwaltungsrecht (z.B. hinsichtlich der Rechtmäßigkeitsvoraussetzungen, der Rechtsfolgen eines Fehlers, der Bindungswirkung) als auch im Verwaltungsverfahrensrecht (vgl. nur § 9 VwVfG) und im Verwaltungsprozeßrecht (Bestimmung der Klageart mit ihren besonderen Zulässigkeitsvoraussetzungen).

Verwaltungsakte regeln einen Einzelfall, während Rechtsnormen abstrakt-generelle Verhaltensanforderungen festsetzen.

Beim Verwaltungsakt erfolgt die Regelung einseitig, beim öffentlichrechtlichen Vertrag hingegen zwei- oder mehrseitig.

Eine Verwaltungsvorschrift hat im Gegensatz zum Verwaltungsakt keine Außenwirkung.

Rechtsnorm und schlichtes Verwaltungshandeln unterscheiden sich dadurch, daß nur erstere eine Regelung enthält.

Rechtsverordnung und Satzung ist gemeinsam, daß es sich um abgeleitete Rechtsquellen, d.h. um abstrakt-generelle Regelungen handelt, die von einem Träger öffentlicher Verwaltung aufgrund einer Ermächtigung des Gesetzgebers erlassen werden. Unterschiedlich sind das Rechtsetzungssubjekt und die Art der Ermächtigung. Rechtsverordnungen dürfen aufgrund einer formalgesetzlichen Ermächtigung im Einzelfall von der Regierung, von einem Minister oder einer nachgeordneten Behörde erlassen werden (Art. 80 GG). Als Satzung bezeichnet man demgegenüber die auf einer generellen Ermächtigung (z.B. § 4 GO NW) beruhende Rechtsnormsetzung durch die in den Staat eingeordneten juristischen Personen des öffentlichen Rechts (z.B. Gemeinden, Kreise, Universitäten, Handwerkskammern) aufgrund und im Rahmen des ihnen gesetzlich verliehenen Selbstverwaltungsrechts.

(Vgl. zu den Handlungsformen allgemein von Mutius, Jura 1979, RÖR 1 - 8; Ossenbühl, JuS 1979, 681; zur Einführung in das Verordnungsrecht Guthardt-Schulz, JA 1980, Ü 17 und in das Satzungsrecht Stober, JA 1979, Ü 65.)

5. Von der Entstehungsart her lassen sich zwei grundsätzlich verschiedene Formen von Rechtsquellen unterscheiden, das Gewohnheitsrecht und das gesetzte (positive) Recht.

Gewohnheitsrecht entsteht durch die von der Rechtsüberzeugung der Gemeinschaft getragene dauernde und gleichmäßige Übung einer Rechtsregel.

Das positive Recht ist demgegenüber das von den dazu ermächtigten Staatsorganen gesetzte, schriftlich festgelegte Recht. Es kommt in mehreren Erscheinungsformen vor, die unterschiedliche Geltungskraft haben. Ihrer Rangordnung entsprechend lauten die geschriebenen Rechtsquellen: Verfassung - Gesetz - Rechtsverordnung - Satzung. Zu beachten ist, daß die Verwaltung in wachsendem Maße über das innerstaatliche Recht hinaus auch internationales und supranationales Recht, insbesondere das Recht der Europäischen Gemeinschaften, zu beachten hat.

Umstritten ist die Rechtsquellenqualität von Verwaltungsvorschriften und des sog. Richterrechts.

Verwaltungsvorschriften sind allgemeine Regelungen, die vorgesetzte Behörden an nachgeordnete weisungsabhängige Behörden richten, um ihnen verbindliche Weisungen zur Regelung des internen Dienstbetriebs und zum Vollzug von Rechtsvorschriften zu erteilen. Als innerdienstlicher Weisung fehlt ihnen die unmittelbare Außenwirkung gegenüber dem Bürger, weshalb sie von der Rechtsprechung und der herkömmlichen Lehre nicht als Rechtsquellen angesehen werden. In der neueren Literatur finden sich allerdings Ansätze, Verwaltungsvorschriften zumindest dann als unmittelbare Rechtsnormen anzuerkennen, wenn sie der Ausgestaltung verwaltungsrechtlicher Sonderverhältnisse (vgl. Frage 15) dienen (sog. Sonderverordnungen) oder fehlende gesetzliche Regelungen ersetzen sollen (sog. Ersatzrechtsnormen).

Die Aufgabe des Richters besteht darin, das geltende Recht auf einen Einzelfall anzuwenden. Seine Entscheidung ist grundsätzlich nicht allgemeinverbindlich (Ausnahme: § 31 Abs. 2 BVerfGG), sondern bindet nur die Prozeßparteien. Bei der Auslegung der Gesetze hat die Rechtsprechung allerdings vielfach Regeln entwickelt, die wie Gesetzesvorschriften ständig gleichmäßig angewendet werden. Mit Rücksicht auf die Gewaltenteilung und die Bindung der Rechtsprechung an das Gesetz (Art. 20 Abs. 2 und 3, 97 Abs. 1 GG) kann man dabei aber nicht von Rechtsetzung im Sinne einer Rechtsquelle, sondern nur von Rechtsauslegung oder -erkenntnis sprechen.

(Merten, Jura 1981, 169; von Olshausen, JA 1983, 177.)

6. Die Rechtsprechung billigt Verwaltungsvorschriften im Bereich der Ermessensverwaltung eine mittelbare Außenwirkung über die Rechtsfigur der Selbstbindung der Verwaltung in Verbindung mit Art. 3 GG zu.

   Soweit der Verwaltung ein Handlungsspielraum eingeräumt ist, darf sie wegen des Gleichheitsgrundsatzes ohne sachlichen Grund vergleichbare Fälle nicht unterschiedlich behandeln. Das hat zur Folge, daß mit jeder Entscheidung eine immer mehr verfestigte Verwaltungsübung entsteht, von der die Behörde nicht mehr grundlos abweichen darf. Verwaltungsvorschriften, die die Ermessensausübung regeln, schreiben eine bestimmte Verwaltungsübung für die Zukunft fest. Sie führen damit von vornherein zu einer Selbstbindung der Verwaltung, auf die der Bürger sich über Art. 3 GG berufen kann.

7. Die öffentliche Verwaltung kann nicht nur öffentlichrechtlich, sondern auf vielen Gebieten auch privatrechtlich handeln. Die Frage, wie ihre Tätigkeit einzuordnen ist, hat in mehrfacher Hinsicht unmittelbare rechtliche Bedeutung.

So muß die Behörde die Anforderungen des Verwaltungsverfahrensgesetzes (VwVfG) nur bei öffentlichrechtlicher Tätigkeit beachten (§ 1 VwVfG).

Ein Verwaltungsakt kommt nur in Betracht, wenn die Maßnahme "auf dem Gebiet des öffentlichen Rechts" erfolgt (§ 35 S. 1 VwVfG).

Für öffentlichrechtliche Streitigkeiten ist der Rechtsweg grundsätzlich zu den Verwaltungsgerichten eröffnet (§ 40 Abs. 1 VwGO), während bürgerlichrechtliche Streitigkeiten den ordentlichen Gerichten zugewiesen sind (§ 13 GVG).

Ferner hat die Abgrenzung u.a. Bedeutung für die anzuwendenden Haftungstatbestände (§ 839 BGB in Verbindung mit Art. 34 GG einerseits, §§ 823, 831 BGB andererseits) und Vollstreckungsvorschriften (VwVG oder ZPO).

Außerdem ist der öffentliche Dienst aufgestalten in die öffentlichrechtlichen Dienstverhältnisse der Beamten und in die privatrechtlichen Arbeitsverhältnisse der Arbeiter und Angestellten.

Die Unterscheidung zwischen öffentlichem und privatem Recht bezieht sich in erster Linie auf Rechtsnormen. Sie kann aber auch auf Rechtsverhältnisse und Rechtshandlungen übertragen werden, die dann die Rechtsnatur der anwendbaren Rechtsnormen teilen. Es muß deshalb bei der Prüfung, ob die Verwaltung privatrechtlich oder öffentlichrechtlich gehandelt hat, die Rechtsgrundlage des Handelns ermittelt und ihre Rechtsnatur bestimmt werden.

Im Laufe der Zeit hat sich eine allgemeine Meinung über den Rechtscharakter der meisten Gesetze herausgebildet, so daß es einer erneuten gründlichen Analyse nicht mehr bedarf. Fehlt eine unmittelbar anwendbare Rechtsvorschrift, hilft häufig der Gesichtspunkt des Sachzusammenhangs mit einer gesetzlich geregelten Materie weiter. Im übrigen sind die drei zur Abgrenzung entwickelten Theorien heranzuziehen, die auf drei verschiedene typische Unterscheidungskriterien zwischen öffentlichem und privatem Recht hinweisen und deshalb bei der Argumentation beliebig miteinander kombiniert werden können:

Die schon im Römischen Recht angewendete Interessentheorie fragt danach, ob der Rechtssatz überwiegend dem öffentlichen oder dem privaten Interesse dient.

Die Subjektions- oder Subordinationstheorie macht darauf aufmerksam, daß für öffentlichrechtliche Rechtsbeziehungen ein Über- und Unterordnungsverhältnis charakteristisch ist, während das Privatrecht die Rechtsbeziehungen typischerweise auf dem Boden der Gleichordnung regelt.

Nach der Subjektstheorie, die im Bereich des gesetzten Rechts die sicherste Abgrenzung ermöglicht, gehören die Rechtsnormen zum öffentlichen Recht, bei denen Berechtigter oder Verpflichteter ausschließlich und notwendig nur der Staat oder ein anderer Träger öffentlicher Gewalt sein kann. Privatrechtlich sind hingegen die Rechtsnormen, aus denen jedermann Rechte und Pflichten haben kann.
(Erichsen, Jura 1982, 537.)

8. Der weitaus größte Teil der Rechtsetzung bezieht sich auf das Verwaltungsrecht. Ein derart gewaltiger Rechtsstoff ist gedanklich und technisch nur beherrschbar, wenn die einzelnen Spezialregelungen aus einem überschaubaren Kernbestand an konstanten Bauelementen zusammengesetzt sind. Diese immer wieder in gleichbleibender Bedeutung angewendeten allgemeinen Grundsätze und Institutionen des Verwaltungsrechts herauszuarbeiten und zu vermitteln, ist die Aufgabe des Allgemeinen Verwaltungsrechts.

   Beispielhaft seien als Gebiete des Besonderen Verwaltungsrechts genannt: das Staatsangehörigkeits- und Ausländerrecht, das Recht der öffentlichen Sicherheit und Ordnung, das Bau- und Bodenrecht einschließlich Landesplanung und Raumordnung, das Gewerberecht, das Straßen- und Verkehrsrecht, das Umweltschutzrecht, das Gesundheits-, Erziehungs, Bildungs- und Sozialrecht, das Kommunalrecht, das Recht des öffentlichen Dienstes.

9. Zu beachten ist, daß sowohl der Bund als auch jedes Bundesland ein eigenes Verwaltungsverfahrensgesetz erlassen hat. Wird eine Bundesbehörde tätig, gilt das VwVfG des Bundes (BVwVfG), handelt eine Landesbehörde, ist das VwVfG des betreffenden Landes (LVwVfG - in Schleswig-Holstein im Landesverwaltungsgesetz (LVwG) enthalten -) anzuwenden (vgl. § 1 Abs. 1 - 3 BVwVfG). (Da die Gesetze im wesentlichen gleichlauten, wird in diesem Kurs vereinfachend vom "VwVfG" gesprochen und die Bundesfassung zugrunde gelegt.)

   Für alle VwVfGe gelten folgende Einschränkungen:

   Erstens erfassen sie nur die öffentlichrechtliche Verwaltungstätigkeit (§ 1 Abs. 1 VwVfG).

   Zweitens sind in § 2 VwVfG einzelne Sondermaterien ausdrücklich ausgenommen (entsprechend den unterschiedlichen Zuständigkeiten enthalten das BVwVfG und die LVwVfGE insoweit voneinander abweichende Aufzählungen).

Drittens beschränkt § 9 VwVfG den Begriff des Verwaltungsverfahrens und damit die Anwendbarkeit der folgenden Vorschriften auf die nach außen wirkende Tätigkeit der Behörden, die auf die Prüfung der Voraussetzungen, die Vorbereitung und den Erlaß eines Verwaltungsaktes oder auf den Abschluß eines öffentlichrechtlichen Vertrages gerichtet ist.

Viertens gehen inhaltsgleiche oder entgegenstehende Bestimmungen in Spezialgesetzen den Regelungen des VwVfGes vor (§ 1 Abs. 1 S. 1 und Abs. 2 S. 1 VwVfG a.E.).

(Sehr instruktiv zum Anwendungsbereich und zu den Grundzügen des VwVfGes Schmidt-Aßmann, Jura 1979, 505.)

10. Die wichtigste Anforderung an das Verwaltungshandeln ist die Rechtmäßigkeit. Sie ist in Art. 20 Abs. 3 GG festgeschrieben, wonach die vollziehende Gewalt an Gesetz und Recht gebunden ist (vgl. zu den Einwirkungen des Verfassungsrechts auf das Verwaltungsrecht Achterberg, JA 1980, 210 und 273).

Ein weiterer wichtiger Grundsatz der Verwaltungstätigkeit ist die Zweckmäßigkeit (angesprochen z.B. in § 68 Abs. 1 VwGO).

Zu beachten sind darüber hinaus insbesondere die Wirtschaftlichkeit und Einsichtigkeit des Handelns.

(Achterberg, JA 1982, 237.)

11. a) Das Prinzip des Vorrangs des Gesetzes besagt, daß keine Verwaltungstätigkeit gegen Rechtsnormen verstoßen darf.

Es beruht auf der Gewaltenteilung und erklärt sich aus der unterschiedlichen demokratischen Legitimation von gesetzgebender und vollziehender Gewalt. In einem verallgemeinernden Sinne bedeutet es, daß alle staatlichen Akte an die jeweils höherrangigen Akte gebunden sind.

(Pietzcker, JuS 1979, 710.)

b) Das Prinzip des Vorbehalts des Gesetzes besagt, daß die Verwaltung nur tätig werden darf, wenn sie dazu durch ein Gesetz oder eine aufgrund eines Gesetzes erlassene sonstige Rechtsnorm ermächtigt ist.

Es ist entstanden im 19. Jahrhundert als ein Instrument des Bürgertums zur Beschränkung der Macht des Monarchen zugunsten einer Mitwirkung der Volksvertretung. Eine zweite historische Wurzel bildet die auf die Aufklärungszeit zurückgehende Vorstellung, daß allgemein gefaßte Regeln notwendig sind, um die Ausübung der staatlichen Macht vorhersehbar, beschränkbar und kontrollierbar zu machen.

Zu diesen weiterhin gültigen demokratischen und rechtsstaatlichen Aspekten ist in letzter Zeit noch ein grundrechtlicher Ansatz getreten, der den Gesetzesvorbehalt für grundrechtsrelevante Maßnahmen als verfahrensrechtliche Absicherung zum Schutze der Grundrechte begreift.

Der Anwendungsbereich des Vorbehaltsprinzips ist zu einem der meistdiskutierten verwaltungsrechtlichen Streitfragen geworden.

Nach traditionellem Verständnis galt der Vorbehalt des Gesetzes nur für Eingriffe in Freiheit und Eigentum des Bürgers im Rahmen des allgemeinen Verwaltungsrechtsverhältnisses. Ausgeklammert waren die gesamte Leistungsverwaltung und der Bereich des "besonderen Gewaltverhältnisses" (vgl. Frage 15).

Seit Anfang der siebziger Jahre hat das Bundesverfassungsgericht in einer ganzen Reihe von Entscheidungen klargemacht, daß Eingriffe in die grundrechtlich geschützte Individualsphäre auch in verwaltungsrechtlichen Sonderverhältnissen einer gesetzlichen Grundlage bedürfen. Die Wende wurde mit dem Strafgefangenen-Beschluß (BVerfGE 33, 1) vollzogen und insbesondere durch Entscheidungen zum Schul- und Hochschulbereich verfestigt. Noch keine Einigkeit ist hingegen über die Bedeutung des Vorbehaltsprinzips für die Leistungsverwaltung erzielt. Die Lehre vom Totalvorbehalt will es uneingeschränkt auch auf Leistungen des Staates anwenden mit der Begründung, der Freiheitsbereich des Bürgers werde heute weit mehr durch Art und Umfang der staatlichen Leistungen als durch Eingriffe bestimmt. Die Gegenmeinung befürchtet von einer weiteren Ausdehnung des Prinzips einerseits eine Lähmung der pflegenden Verwaltung, andererseits eine Überproduktion von Normen.

Für die Fallbearbeitung bedeutet der Vorbehalt des Gesetzes, daß zumindest im gesamten Bereich der Eingriffsverwaltung eine Rechtsgrundlage (Ermächtigungsgrundlage) benannt, auf ihre Gültigkeit hin überprüft und der Sachverhalt darunter subsumiert werden muß.

Das Prinzip des Vorbehalts des Gesetzes verlangt nur, daß die Tätigkeit der Verwaltung auf einen Willensakt des Gesetzgebers zurückführbar sein muß, läßt aber ausdrücklich die Möglichkeit einer Delegation der Rechtsetzungsbefugnisse auf die Exekutive zu. Unter dem Schlagwort "Parlamentsvorbehalt" ist in zunehmendem Maße die Fragestellung in den Vordergrund gerückt, ob es eine Grenze der Delegationsbefugnis gibt. Nach der Rechtsprechung des Bundesverfassungsgerichts hat der Gesetzgeber die "wesentlichen Entscheidungen" selbst zu treffen. Eine ausschließliche Regelungskompetenz des Gesetzgebers ist insbesondere dann anzunehmen, wenn die in Frage stehenden Grundrechtsgüter quantitativ und qualitativ in besonderem Maße betroffen sind.

(Krebs, Jura 1979, 304; Pietzcker, JuS 1979, 710.)

12. Der für die gesamte Staatstätigkeit geltende Grundsatz der Verhältnismäßigkeit beinhaltet im einzelnen drei Anforderungen:

Erstens muß die staatliche Maßnahme geeignet sein, den angestrebten Zweck zu erreichen (Geeignetheit, Zwecktauglichkeit).

Zweitens ist von mehreren möglichen und geeigneten Mitteln dasjenige zu wählen, das den Einzelnen und die Allgemeinheit voraussichtlich am wenigsten beeinträchtigt (Erforderlichkeit, Prinzip des mildesten Mittels, Übermaßverbot).

Drittens darf der bei der Durchführung der Maßnahme entstehende Nachteil nicht größer sein als derjenige, der durch die Maßnahme abgewendet werden soll (Angemessenheit, Verhältnismäßigkeit im engeren Sinne, richtige Zweck-Mittel-Relation).

(Beispielfälle in Teil 2 Fragen 25 d, e, f.)

13. Als Ermessen bezeichnet man die Befugnis der Verwaltung, zwischen mehreren Lösungsmöglichkeiten nach Zweckmäßigkeitsgesichtspunkten auswählen zu dürfen. Es handelt sich um einen ihr vom Gesetzgeber eingeräumten Entscheidungsspielraum, der ausschließlich die zu treffende Rechtsfolge und keinesfalls die Feststellung des Tatbestandes zum Gegenstand hat. Man spricht daher auch von Rechtsfolge- oder Handlungsermessen.

Ermessen wird eröffnet durch die ausdrückliche Verwendung des Wortes "Ermessen" oder durch Formulierungen wie "kann", "darf, "ist befugt". Das Wort "soll" beinhaltet eine engere Handlungsanweisung, wonach die getroffene Rechtsfolgebestimmung regelmäßig verbindlich ist, nur in begründeten Ausnahmefällen von ihr abgewichen werden darf.

Ermessensnormen sind unabdingbar, um die Lebensnähe und Anpassungsfähigkeit des Verwaltungshandelns sicherzustellen und eine Überforderung des Gesetzgebers zu verhindern. Der Handlungsspielraum der öffentlichen Verwaltung kann unterschiedlich weit sein. Das Ermessen kann sich auf die Frage, ob die Behörde überhaupt tätig werden soll (Entschließungsermessen), und/oder auf die Frage, wie sie handeln soll (Auswahlermessen), beziehen.

Die Anerkennung eines Handlungsspielraums der Verwaltung begrenzt auch die Kontrollbefugnis der Gerichte; die Ermessensentscheidung als solche ist ihnen nicht zugänglich (vgl. § 114 VwGO; die Aufzählung der Überprüfungsbefugnisse hat Begrenzungsfunktion, so daß das Wort "auch" besser als "nur" zu lesen ist).

Während das Wesen des Ermessens somit darin besteht, daß die Verwaltung bei Vorliegen der Tatbestandsvoraussetzungen die Wahl zwischen mehreren Rechtsfolgen hat, sind unbestimmte Rechtsbegriffe Tatbestandsmerkmale, deren genaue Bedeutung nicht unmittelbar erkennbar ist und daher im Wege der Auslegung ermittelt werden muß. Ungeachtet der Tatsache, daß die Auslegung sehr schwierig sein kann und unterschiedliche Ergebnisse vertretbar erscheinen mögen, gesteht die Rechtsprechung der Verwaltung bei der Subsumtion unter unbestimmte Rechtsbegriffe grundsätzlich keinen Beurteilungsspielraum zu mit dem Hinweis darauf, seine Anerkennung verkürze den durch Art. 19 Abs. 4 GG grundrechtlich gewährleisteten Rechtsschutz.

Eine Ausnahme macht die Rechtsprechung nur dann, wenn die Subsumtion wegen der Nichtwiederholbarkeit und Einzigartigkeit der Entscheidungssituation von niemand anderem als von der Verwaltung selbst getroffen werden kann. Anerkannt ist ein Beurteilungsspielraum insbesondere bei Prüfungsentscheidungen und ähnlichen pädagogisch-wissenschaftlichen Wertungen, bei der Beurteilung von Beamten, Richtern und Soldaten, bei Entscheidungen pluralistisch zusammengesetzter Gremien (z.B. Bundesprüfstelle für jugendgefährdende Schriften) sowie bei verwaltungspolitischen Entscheidungen.

Ermessen bedeutet nicht, daß die Verwaltung völlig ungebunden nach Gutdünken handeln dürfte. Ermessen ist stets pflichtgemäßes Ermessen (vgl. z.B. § 3 Abs. 1 PolG NW). Die Verwaltung hat ihr Ermessen entsprechend dem Zwecke der Ermächtigung auszuüben und die gesetzlichen Grenzen des

Ermessens einzuhalten (§ 40 VwVfG). Eine Ermessensentscheidung kann deshalb auch fehlerhaft sein. Als Ermessensfehler unterscheidet man den Ermessensnichtgebrauch, die Ermessensüberschreitung und den Ermessensmißbrauch.

Von Ermessensnichtgebrauch (oder Ermessensunterschreitung bzw. Ermessensmangel) spricht man, wenn die Behörde ihr Ermessen ganz oder teilweise nicht ausgeübt hat, insbesondere weil sie den ihr eingeräumten Handlungsspielraum nicht erkannt hat.

Eine Ermessensüberschreitung liegt dann vor, wenn die Verwaltung die gesetzlichen Grenzen des Ermessens nicht eingehalten hat. Derartige Grenzen können sich aus der Ermessensnorm selbst oder aus anderen Rechtsvorschriften (z.B. aus den Grundrechten oder dem Rechts- und Sozialstaatsprinzip) ergeben.

Ermessensmißbräuchlich ist eine Maßnahme dann, wenn die Behörde ihre Entscheidung nicht am Zweck der Ermächtigung ausgerichtet, sondern aus sachfremden Erwägungen getroffen hat.

Der Verpflichtung der Verwaltung zur pflichtgemäßen Ausübung ihres Ermessens entspricht ein Recht des Bürgers auf ermessensfehlerfreie Entscheidung, das gerichtlich durchgesetzt werden kann (vgl. § 114 VwGO). Regelmäßig verleiht es dem Bürger aber nur einen Anspruch auf einen rechtsfehlerfreien Entscheidungsfindungsprozeß. Einen Anspruch auf eine bestimmte Maßnahme begründet es ausnahmsweise dann, wenn nur eine einzige Entscheidung als ermessensfehlerfrei angesehen werden kann (sog. Ermessensreduzierung oder Ermessensschrumpfung auf Null). Im übrigen kann der Betroffene die bloße Zweckmäßigkeit der Verwaltungsentscheidung wegen des Grundsatzes der Gewaltenteilung (Art. 20 Abs. 2 S. 2 GG) nur von der Verwaltung selbst (vgl. § 68 VwGO), nicht aber vom Gericht überprüfen lassen.
(Meyn, JA 1980, 327; Seewald, Jura 1980, 175; speziell zum Anspruch auf ermessensfehlerfreie Entscheidung Pietzcker, JuS 1982, 106.)

14. Der Gleichheitsgrundsatz des Art. 3 GG wird von der Rechtsprechung als allgemeines Willkürverbot gedeutet. Danach sind alle nicht durch sachliche Gründe gerechtfertigten staatlichen Maßnahmen unzulässig. Die Verwaltung darf weder gleichgelagerte Sachverhalte willkürlich ungleich noch wesentlich Ungleiches willkürlich gleich behandeln.
(Gusy, JuS 1982, 30.)

15. Unter einem Verwaltungsrechtsverhältnis versteht man die bei der Tätigkeit der Verwaltung entstehenden Rechtsbeziehungen zwischen Verwaltung und Bürger oder zwischen mehreren Verwaltungsträgern, die durch öffentlichrechtliche Rechtsnormen nichtverfassungsrechtlicher Art geprägt sind.

Als verwaltungsrechtliche Sonderverhältnisse oder besondere Verwaltungsrechtsverhältnisse bezeichnet man besonders enge, meist länger andauernde Beziehungen zu einem Träger öffentlicher Verwaltung. Gemeint sind damit insbesondere die Rechtsbeziehungen des Beamten, Richters, Soldaten und Wehrpflichtigen zum Dienstherrn, des Schülers zur Schule, des Strafgefangenen und Untersuchungshäftlings zum Staat. Da auch in diesen Rechtsverhältnissen das Recht und nicht die Gewalt bestimmend ist, sollte man die herkömmliche Bezeichnung "besonderes Gewaltverhältnis" nicht mehr verwenden.

16. Die Rechtsfähigkeit betrifft die Frage, wem die das Verwaltungsrechtsverhältnis bildenden Rechte und Pflichten zustehen können. Sie wird im VwVfG nicht ausdrücklich geregelt, sondern als allgemeiner Rechtsbegriff vorausgesetzt. Voll rechtsfähig sind natürliche und juristische Personen. Soziale Gebilde, die keine juristischen Personen sind (z.B. nichtrechtsfähige Vereine, offene Handelsgesellschaften), können entsprechend ihrer Eigenart auf einzelnen Rechtsgebieten öffentlichrechtliche Rechte und Pflichten haben (Teilrechtsfähigkeit). Behörden haben Rechte und Pflichten von der juristischen Person, der sie angehören, zur Wahrnehmung übertragen bekommen (sog. Wahrnehmungs-Rechtsfähigkeit).

Als Beteiligungsfähigkeit bezeichnet man die rechtliche Fähigkeit, Rechte und Pflichten im Hinblick auf das Verwaltungsverfahren haben zu können. Sie ist die verfahrensrechtliche Seite der Rechtsfähigkeit und in § 11 VwVfG sinnvollerweise entsprechend der Rechtsfähigkeit geregelt.

Die in § 12 VwVfG festgelegt Handlungsfähigkeit hat die rechtliche Fähigkeit zum Gegenstand, selbst Verfahrenshandlungen vorzunehmen.

17. Die Rechtsordnung, das sog. objektive Recht, richtet vielfältige Verhaltensanweisungen an die öffentliche Verwaltung. Damit ist aber noch nicht entschieden, ob der Bürger von der Verwaltung auch ein bestimmtes Verhalten erzwingen kann. Das ist nur dann der Fall, wenn er ein subjektives öffentliches Recht hat. Darunter versteht man die dem einzelnen

Bürger kraft objektiven öffentlichen Rechts verliehene Rechtsmacht, vom Staat zur Verfolgung eigener Interessen ein Tun, Dulden oder Unterlassen zu verlangen.

Das subjektive öffentliche Recht ist über seine materiellrechtliche Funktion hinaus von wesentlicher Bedeutung für das Verwaltungsverfahrens- und das Verwaltungsprozeßrecht. So verleiht das subjektive öffentliche Recht seinem Inhaber auch in verfahrensrechtlicher Hinsicht eine stärkere Stellung, etwa indem § 28 VwVfG vorschreibt, daß, bevor ein Verwaltungsakt erlassen wird, der in Rechte eines Beteiligten eingreift, diesem grundsätzlich Gelegenheit zur Äußerung gegeben werden muß. Gerichtlicher Rechtsschutz kann regelmäßig nur derjenige erlangen, der geltend machen kann, in eigenen (subjektiven öffentlichen) Rechten verletzt zu sein (vgl. Art. 19 Abs. 4 GG zur Rechtsweggarantie, § 42 Abs. 2 VwGO zur Zulässigkeit und § 113 Abs. 1 und 4 VwGO zur Begründetheit einer Anfechtungs- oder Verpflichtungsklage).

Die Feststellung, daß ein subjektives öffentliches Recht vorliegt, bereitet keine Schwierigkeiten, solange das Gesetz dem Bürger ausdrücklich ein Recht zuerkennt (Beispiele: Grundrechte, §§ 2 ff. SGB-AT, §§ 48 ff. BRRG).

Aber auch Vorschriften, die ihrem Wortlaut nach die Verwaltung nur objektiv zu einem bestimmten Verhalten zwingen, können subjektive öffentliche Rechte enthalten. Das ist dann der Fall, wenn die Auslegung ergibt, daß der Rechtssatz zumindest auch den Zweck verfolgt, das Interesse einer bestimmten Person oder eines abgrenzbaren Personenkreises zu schützen.

2. ABSCHNITT: DIE LEHRE VOM VERWALTUNGSAKT

I. Bedeutung und Begriff des Verwaltungsakts

A. Fragen

18. Welche Bedeutung hat der Verwaltungsakt?
19. Gibt es eine für das gesamte Verwaltungsrecht gültige gesetzliche Definition des Verwaltungsakts?
20. Welche Definitionselemente sind für den Begriff des Verwaltungsakts unabdingbar?

21. Welche Funktion kommt dem Begriff "Maßnahme" zu?

22. Ist die Qualifizierung der Maßnahme als "hoheitlich" gleichbedeutend mit dem Merkmal "auf dem Gebiet des öffentlichen Rechts"?

23. Wie definiert das VwVfG den Begriff "Behörde"? Welche Abgrenzungsabsicht ist damit verbunden?

24. Wann erfolgt eine Maßnahme "auf dem Gebiet des öffentlichen Rechts"?

25. Was bedeutet das Merkmal "Regelung"? Welche anerkannten Regelungsarten gibt es? Welche Tätigkeiten der Verwaltung haben keinen Regelungscharakter?

26. Welche Aufgabe hat das Merkmal der Außenwirkung? Wie stellt man die Außenwirkung im allgemeinen und im besonderen Verwaltungsrechtsverhältnis fest?

27. Gegen welche Handlungsformen will das Definitionsmerkmal des Einzelfalls den Verwaltungsakt abgrenzen? Welche inhaltlichen Kriterien sind für die Abgrenzung bestimmend? Welchen Einfluß hat die Form der Maßnahme auf ihre Einstufung?

28. Prüfen Sie, ob in den folgenden Fällen ein Verwaltungsakt vorliegt:

a) Der Polizist A verursacht auf einer Streifenfahrt einen Verkehrsunfall.

b) Der Gewohnheitsverbrecher B hat bei einem Einbruch ins Einwohnermeldeamt Personalausweisvordrucke und amtliche Stempel entwendet und stellt nun gegen gute Bezahlung Personalausweise auf jeden gewünschten Namen aus.

c) Der Präsident des Deutschen Bundestages fordert gem. § 20 Abs. 4 Parteiengesetz (PartG) die an die C-Partei geleisteten Abschlagszahlungen zurück, da ein Anspruch auf Wahlkampfkostenerstattung nach dem Wahlergebnis nicht entstanden ist (vgl. § 18 Abs. 2 PartG).

d) Der Autofahrer D führt seinen PKW bei einer vom TÜV eingerichteten Prüfstelle zur Hauptuntersuchung nach § 29 StVZO vor. Der dort tätige amtlich anerkannte Sachverständige für den Kraftfahrzeugverkehr E vermerkt im Prüfbescheid Mängel an Bremsen und Reifen und macht die Zuteilung einer Prüfplakette von der Wiedervorführung des Fahrzeugs nach Mängelbeseitigung abhängig.

e) Der Oberstadtdirektor erteilt F, G und H ein Hausverbot für das Rathaus. F hatte die Ablehnung einer Baugenehmigung nicht verwinden können und wiederholt den zuständigen Beamten aufgesucht und beleidigt. G hat in allzu aufdringlicher Art und Weise versucht, die Reinigung des Stadthauses übertragen zu bekommen. H ist Fotograph und hat täglich im Rathaus vor dem Standesamt Brautpaaren seine Dienste aufzudrängen versucht.

f) Die Stadt I unterhält eine Stadthalle, die sie regelmäßig politischen Parteien für Veranstaltungen zur Verfügung stellt. Die Vermietung der Halle an die unkonventionelle J-Partei lehnt sie jedoch ab mit der Begründung, es seien Beschädigungen der Halle und des Inventars zu befürchten.

g) Der Bundesbeamte K ist wegen Betrugs zu drei Jahren Freiheitsstrafe verurteilt worden. Das hat gem. § 48 BBG zur Folge, daß das Beamtenverhältnis mit der Rechtskraft des Urteils endet. K richtet ein Gnadengesuch an den Bundespräsidenten, dem nach § 50 Abs. 1 BBG in Verbindung mit Art. 1 Nr. 2 der Anordnung des Bundespräsidenten über die Ausübung des Begnadigungsrechts des Bundes das Gnadenrecht zusteht. Das Gesuch wird abgelehnt.

h) Die Polizei hat während einer völligen Neuordnung des ruhenden Verkehrs in der Innenstadt, die vorübergehend eine drastische Reduzierung des Parkraums notwendig machte, das Parken in eingeschränkten Halteverbotszonen weitgehend geduldet. Nach der Eröffnung der neuerrichteten Parkhäuser heftet sie an die verbotswidrig abgestellten Fahrzeuge Handzettel mit dem Hinweis, daß das Parken an dieser Stelle verboten sei und in Zukunft streng geahndet werde.

i) Die Bauaufsichtsbehörde sichert dem Bauherrn L, der sein Wohnhaus ohne Baugenehmigung und im Widerspruch zum materiellen Baurecht aufgestockt hat, schriftlich zu, keine Abrißverfügung zu erlassen.

j) Der Autofahrer M hat bei einem Verkehrsunfall schwere Kopfverletzungen erlitten. Nach seiner Entlassung aus dem Krankenhaus verschuldet er in kurzer Zeit mehrere Unfälle, die Anlaß zu der Annahme geben, daß er zum Führen von Kraftfahrzeugen nicht mehr geeignet ist. Die Verwaltungsbehörde gibt ihm zur Vorbereitung der Entscheidung über die Entziehung der Fahrererlaubnis gem. § 3

Abs. 2 StVZO auf, ein Gutachten einer anerkannten medizinisch-psychologischen Untersuchungsstelle beizubringen, um die bestehenden Zweifel an seiner Fahrtüchtigkeit zu beseitigen.

k) Die Verwaltungsbehörde verweigert dem Beteiligten N im Rahmen eines Verwaltungsverfahrens die Akteneinsicht.

l) Der Dienstvorgesetzt O fertigt eine dienstliche Beurteilung eines ihm unterstellten Beamten an.

m) Der Präsident des Landesarbeitsamtes legt im Rahmen von Sparmaßnahmen zwei Arbeitsamtsbezirke zusammen und schließt daraufhin ein Arbeitsamt. Für viele Bürger ergeben sich daraus längere Anmarschwege.

n) Nach § 31 Abs. 2 BBauG kann die Baugenehmigungsbehörde im Einvernehmen mit der Gemeinde und mit Zustimmung der höheren Verwaltungsbehörde Befreiung von den Festsetzungen des Bebauungsplans erteilen. Welchen Rechtscharakter haben diese Mitwirkungsakte?

o) Der Schulleiter ordnet an, daß vom neuen Schuljahr an der Schulbeginn von 8.00 Uhr auf 7.45 Uhr vorverlegt wird. Er teilt den Eltern des Schülers P mit, daß ihr Sohn nicht in die nächsthöhere Klasse versetzt worden ist.

p) Amtmann Q hat zwei Jahre lang die Personalabteilung geleitet. Sein Dienstherr setzt ihn in die Zentralabteilung um, wodurch er seine Abteilungsleiter- und Vorgesetztenfunktion verliert.

q) Das Ordnungsamt gibt der Kirchengemeinde St. Marien auf, die Wege des zur Kirche gehörenden Friedhofs bei Schnee- und Eisglätte zu streuen.

r) Die Stadt Erlangen hat die Geschwindigkeit auf dem "Frankenschnellweg" aus Lärmschutzgründen in ihrem Stadtgebiet auf 80 km/h beschränkt.

s) Die Gemeinde R erläßt einen Bebauungsplan.

B. Antworten

18. Der Verwaltungsakt nimmt unter den Handlungsformen der öffentlichen Verwaltung eine zentrale Stellung ein, die durch vier Funktionen bestimmt wird:

Materiellrechtliche Funktion - Der Verwaltungsakt konkretisiert und individualisiert die abstrakt-generelle Aussage des Gesetzes. Er legt verbindlich fest, welche Rechte und Pflichten im Einzelfall zwischen Verwaltung und Bürger bestehen. Diese Klarstellungsfunktion erfüllt auch ein (schlicht) rechtswidriger Verwaltungsakt, solange er nicht aufgehoben ist.

Verfahrensrechtliche Funktion - Ist die Tätigkeit der Behörde auf die Prüfung der Voraussetzungen, die Vorbereitung und den Erlaß eines Verwaltungsakts gerichtet, hat sie die Verfahrensvorschriften des Verwaltungsverfahrensgesetzes zu beachten (§ 9 VwVfG).

Prozeßrechtliche Funktion - Seit dem Inkrafttreten der Verwaltungsgerichtsordnung (VwGO) im Jahr 1960 mit der Generalklausel des § 40 Abs. 1 ist die Möglichkeit verwaltungsgerichtlichen Rechtsschutzes nicht mehr wie früher vom Vorliegen eines Verwaltungsakts abhängig. Die Handlungsform, die die Verwaltung gewählt hat, entscheidet aber über die Klageart und damit über die besonderen Zulässigkeitsvoraussetzungen (vgl. §§ 42 Abs. 2, 68 ff., 74 VwGO für Klagen auf Aufhebung oder Vornahme eines Verwaltungsakts).

Vollstreckungsrechtliche Funktion - Mit dem Erlaß eines Verwaltungsakts kann sich die Verwaltung selbst einen Vollstreckungstitel verschaffen, den sie auch nach Maßgabe der Verwaltungsvollstreckungsgesetze selbst vollstrecken darf.
(Löwer, JuS 1980, 805.)

19. Die Legaldefinition des Verwaltungsakts in § 35 S. 1 VwVfG gilt unmittelbar nur für den Anwendungsbereich des Verwaltungsverfahrensgesetzes. Für die Ausnahmebereiche des § 2 Nr. 1 und 4 BVwVfG enthalten § 118 AO und § 31 SGB-X inhaltsgleiche Definitionen. Über ihren ausdrücklichen Regelungsbereich hinaus können diese gesetzlichen Bestimmungen sinngemäß aber auch zur Auslegung des Verwaltungsaktbegriffs in anderen Gesetzen (z.B. in der VwGO oder im VwVG) herangezogen werden, da sie lediglich die allgemein anerkannte Begriffsbestimmung des Verwaltungsakts wiedergeben.

20. Der Begriff des Verwaltungsakts setzt sich aus sechs Definitionselementen zusammen: Hoheitliche Maßnahme - einer Behörde - auf dem Gebiet des öffentlichen Rechts - zur Regelung - mit Außenwirkung - eines Einzelfalls.

21. Mit dem Begriff der Maßnahme will das Gesetz jedes zweckgerichtete Verhalten mit Erklärungscharakter erfassen.

Ausgeschieden werden sollen damit rein tatsächliche Auswirkungen des Verwaltungshandelns, insbesondere ungewollte Fernwirkungen.

Bei der Fallbearbeitung kommt diesem Merkmal im wesentlichen die Funktion zu, für die gesamte weitere Prüfung verbindlich festzulegen, welches Verhalten der Verwaltung auf seine Verwaltungsaktqualität hin untersucht werden soll.

22. Entgegen einer verbreiteten Ansicht kann das Definitionselement "hoheitlich" nicht mit der Gebietsklausel ("auf dem Gebiet des öffentlichen Rechts") gleichgesetzt und damit vernachlässigt werden. Der Begriff "hoheitlich" enthält eine engere Aussage als das Wort "öffentlichrechtlich". Hoheitlich ist nur ein Teil der öffentlichrechtlichen Verwaltungstätigkeit, nämlich die einseitig verbindliche Zuerkennung von Rechten und Auferlegung von Pflichten. Öffentlichrechtlich, aber nicht hoheitlich ist z.B. die Handlungsform des öffentlichrechtlichen Vertrages, da er nur durch übereinstimmenden Willensakt aller Vertragspartner zustande kommt.

23. Behörde im Sinne des Verwaltungsverfahrensgesetzes ist nach der Legaldefinition des § 1 Abs. 4 "jede Stelle, die Aufgaben der öffentlichen Verwaltung wahrnimmt".

Mit dieser funktionalen Betrachtungsweise verfolgt der Gesetzgeber die Absicht, umfassend jede Art von Verwaltungstätigkeit ohne Rücksicht auf die Organisationsform und die sonstigen Funktionen der handelnden Stelle zu erfassen und dem VwVfG zu unterstellen.

Danach kommen als Behörden neben den Verwaltungsbehörden im organisationsrechtlichen Sinne noch in Betracht: Privatpersonen, soweit sie öffentlichrechtliche Aufgaben im Auftrag des Staates im eigenen Namen erfüllen (sog. Beliehene, z.B. anerkannte Sachverständige des Technischen Überwachungsvereins bei der Prüfung überwachungsbedürftiger Anlagen oder Kraftfahrzeuge; Schornsteinfeger als Organe der Feuerbeschau; Notare; staatlich anerkannte Privatschulen) sowie Organe der Gesetzgebung, Rechtsprechung und Regierung, soweit sie ausnahmsweise Aufgaben der öffentlichen Verwaltung wahrnehmen (z.B. ein parlamentarischer Untersuchungsausschuß bei der Verhängung eines Ordnungsgeldes gegen einen Zeugen; ein Richter bei der Erteilung von Stationszeugnissen im Rahmen der Referendarausbildung; Ernennung oder Entlassung eines Beamten durch einen Minister).

24. Eine Maßnahme erfolgt auf dem Gebiet des öffentlichen Rechts, wenn ihre Rechtsgrundlage dem öffentlichen Recht zuzuordnen ist. Es muß deshalb geprüft werden, nach welchen rechtlichen Vorschriften sich das Verwaltungshandeln richtet und zu welchem Rechtsgebiet diese Normen gehören (vgl. dazu bereits Frage 7).

Ausgegliedert werden sollen damit aus dem Verwaltungsaktbegriff der gesamte privatrechtliche Tätigkeitsbereich der öffentlichen Verwaltung sowie alle solche Maßnahmen, die außerrechtlichen Kriterien folgen (sog. Gnadenakte; im einzelnen sehr umstritten, vgl. dazu Frage 28 g).

25. Von einer Regelung spricht man dann, wenn eine Maßnahme ihrem Ausspruch nach unmittelbar auf die Herbeiführung von Rechtsfolgen gerichtet ist.

Anerkannte Regelungsarten sind: Gebot, Verbot, Rechtsgewährung, Rechtsversagung, Umgestaltung einer Rechtsstellung, Feststellung und dingliche Regelung (vgl. § 35 S. 2 VwVfG).

Keine Regelung stellt zum einen das schlichte Verwaltungshandeln dar (klausurrelevant sind insbesondere die Fallgruppen: Auskünfte, Hinweise auf die Rechtslage; Wiederholung einer bereits durch Verwaltungsakt getroffenen Regelung; verwaltungsrechtliche Willenserklärungen wie Aufrechnung und Stundung).

(Noch) keine Regelung enthalten zum anderen vorbereitende Maßnahmen wie die Informationsbeschaffung, die Ankündigung eines Verwaltungsakts, sofern sie keine Zusicherung im Sinne des § 38 VwVfG ist, sowie alle sonstigen Vorstufen der Entscheidungsfindung, soweit sie nicht bereits endgültige materiell- oder verfahrensrechtliche Teilentscheidungen enthalten.

26. Das Definitionsmerkmal der Außenwirkung soll alle rein verwaltungsinternen Regelungen aus dem Begriff des Verwaltungsakts ausgliedern, um den ureigensten Bereich der öffentlichen Verwaltung vor verfahrensformalisierten Behinderungen durch den Bürger und richterlicher Einmischung weitgehend zu bewahren.

Keine besonderen Probleme bereitet die Feststellung der Außenwirkung im allgemeinen Verwaltungsrechtsverhältnis. Sie ist dann gegeben, wenn die Regelung unmittelbare Rechtsfolgen gegenüber einer außerhalb der Verwaltung stehenden natürlichen oder juristischen Person entfaltet.

Schwieriger ist die Prüfung der Außenwirkung hingegen im besonderen Verwaltungsrechtsverhältnis, insbesondere im Beamten- und Schulverhältnis. Auszugehen ist von der Überlegung, daß der Beamte, Richter, Soldat, Schüler, Student usw. zum einen integrierter Bestandteil der öffentlichen Verwaltung ist, zum anderen aber auch dem Staat als eigenständige Rechtspersönlichkeit gegenübersteht. Es muß deshalb bei jeder einzelnen Maßnahme geprüft werden, welcher dieser beiden Rechtskreise näher geregelt werden soll. Verwaltungsakte sind nur solche Regelungen, die ihrem Ausspruch nach darauf gerichtet sind, die individuelle Rechtsstellung des Betroffenen zu gestalten (z.B. Versetzung oder Nichtversetzung des Schülers; Ernennung, Versetzung oder Entlassung des Beamten, Gewährung oder Ablehnung von Beihilfe, Reisekosten, Urlaub usw.; vgl. zur Vertiefung Fragen 28 o, p).

27. Das Merkmal der Einzelfallregelung will den Verwaltungsakt von Maßnahmen mit Rechtsnormcharakter (Rechtsverordnung und Satzung) abgrenzen.

Maßgebliche Kriterien für die Abgrenzung sind der geregelte Fall, der entweder konkret oder abstrakt sein kann, sowie die Adressaten der Regelung, die individuell oder generell bestimmt sein können.

Die typische Erscheinungsform der Rechtsnorm ist die abstrakt-generelle Regelung, während ein Verwaltungsakt typischerweise eine konkret-individuelle Regelung enthält.

Die abstrakt-individuelle Regelung wird ebenfalls als Verwaltungsakt behandelt, da seine Wirksamkeitsvoraussetzungen und die mit ihm verbundenen Rechtsschutzmöglichkeiten auf den individuellen Bezug besser passen.

Eine konkret-generelle Regelung kann sowohl Verwaltungsakt als auch Rechtsnorm sein. Die Grenzziehung nach dem Inhalt der Regelung erleichtert § 35 S. 2 VwVfG, wonach auch Regelungen, die sich an einen größeren Personenkreis wenden, Verwaltungsakte sein können (sog. Allgemeinverfügungen). Dieser Vorschrift läßt sich der Grundgedanke entnehmen, daß eine konkrete Regelung solange als Verwaltungsakt anzusehen ist, wie der künftig betroffene Personenkreis noch genauer festgelegt werden kann, als es bei der Rechtsnorm der Fall ist.

Inhaltliche Kriterien entscheiden nur dann ausschließlich über die Abgrenzung von Verwaltungsakt und Rechtsnorm, wenn die Regelung erst noch erlassen werden soll oder wenn die gewählte Form mehrdeutig ist. Hat die Behörde ausdrücklich die äußere Form der Rechtsverordnung oder Satzung gewählt, ist diese nach wohl überwiegender Meinung, jedenfalls was den Rechtsschutz anbelangt, maßgeblich. Umgekehrt ist eine von einer Behörde als Verwaltungsakt gewollte und in der gesamten Form sowie der Veröffentlichungsart als solche ausgestaltete Anordnung (wichtig ist vor allem die Rechtsbehelfsbelehrung) grundsätzlich auch dann als Verwaltungsakt anzusehen, wenn sie ihrem wesentlichen Inhalt nach etwas regelt, was nur durch eine Rechtsnorm festgelegt werden dürfte (BVerwGE 18, 1). Die Rechtsprechung hält die Verwaltung im Interesse eines effektiven Rechtsschutzes des Bürgers an der unrichtig gewählten Handlungsform fest.

Fallen Form und Inhalt des Staatsaktes auseinander, ist dieser rechtswidrig und damit nichtig oder zumindest aufhebbar.

28. Wegen der zentralen Bedeutung der Begriffsbestimmung des Verwaltungsakts für Ausbildung und Prüfung ist es unabdingbar, über die Grundlagen hinaus einige wichtige Problemfälle zu kennen. Die Fälle zum Begriff des Verwaltungsakts dienen deshalb nicht nur der Übung, sondern vor allem auch der Vertiefung. Es kann dabei im folgenden nur auf die problematischen Definitionsmerkmale eingegangen werden. Sie sollten aber übungshalber bei jedem Fall alle Merkmale sorgfältig durchprüfen.

a) Es fehlt schon am Merkmal der Maßnahme. Die Verursachung eines Verkehrsunfalls ist weder zweckgerichtet noch beinhaltet sie eine Erklärung. Es handelt sich vielmehr um eine ungewollte, rein tatsächliche Auswirkung der Verwaltungstätigkeit.

b) Die Ausstellung von Personalausweisen durch eine dazu nicht berechtigte Privatperson ist keine Maßnahme einer Behörde. Es liegt ein sog. Nicht(verwaltungs)akt vor, der keinerlei Rechtswirkung äußert (vgl. Frage 49).

c) Von den Definitionselementen des Verwaltungsakts ist nur das Merkmal der Behörde problematisch. Der Präsident des Deutschen Bundestags scheidet nicht generell als Behörde aus, weil er Teil eines Verfassungsorgans ist, das zur rechtsetzenden Gewalt gehört. Nach

§ 1 Abs. 4 VwVfG ist auf die wahrzunehmende Aufgabe abzustellen. § 21 Abs. 2 PartG überträgt dem Präsidenten ausdrücklich die Aufgabe, die Mittel für die Wahlkampfkostenerstattung zu verwalten. Er entscheidet über die Festsetzung, Auszahlung und Rückforderung von Erstattungsbeträgen und Abschlagszahlungen (§§ 19, 20 PartG). Insoweit nimmt er Aufgaben der öffentlichen Verwaltung wahr, ist Behörde im Sinne des § 35 S. 1 in Verbindung mit § 1 Abs. 4 VwVfG (vgl. BVerfGE 27, 152, 157).

d) Die Zuteilung einer Prüfplakette gem. § 29 StVZO durch amtlich anerkannte, der Technischen Prüfstelle bei einem Technischen Überwachungsverein angehörende Sachverständige oder Prüfer für den Kraftfahrzeugverkehr stellt ebenso wie deren Versagung einen Verwaltungsakt dar (BayVGH DÖV 1975, 210; VG Münster NJW 1967, 171). Die Tatsache, daß die amtlich anerkannten Sachverständigen und Prüfer Bedienstete eines privatrechtlichen Vereins sind, steht der Annahme einer hoheitlichen Maßnahme einer Behörde nicht entgegen. Es ist anerkannt, daß die öffentliche Verwaltung sich bei der Wahrnehmung öffentlicher Aufgaben auch der Mitwirkung von Privatpersonen oder privatrechtlich organisierten Institutionen bedienen kann. Ist diesen die Befugnis eingeräumt, hoheitliche Kompetenzen im eigenen Namen wahrzunehmen, bezeichnet man sie als Beliehene oder beliehene Unternehmen. Die Sicherung des Straßenverkehrs vor Gefahren durch verkehrsuntüchtige Fahrzeuge ist eine öffentliche Aufgabe, die ihre Rechtsgrundlage in öffentlichrechtlichen Normen (StVG, StVZO) findet. Diese verleihen nicht nur der Zulassungsstelle, sondern auch dem einzelnen amtlich anerkannten Sachverständigen und Prüfer hoheitliche Befugnisse.

Fraglich ist nur, ob sich die den Sachverständigen und Prüfern zugewiesene Tätigkeit in der technischen Begutachtung, der Vorbereitung, Ausführung und Verlautbarung von Entscheidungen der Zulassungsbehörde erschöpft (so BGHZ 49, 108 zur Erteilung der Betriebserlaubnis für Einzelfahrzeuge gem. § 21 StVZO) oder ob sie die Entscheidung mitumfaßt. § 29 Abs. 4 S. 3 StVZO bestimmt ausdrücklich, daß die Prüfplakette "von der Zulassungsstelle oder vom amtlich anerkannten Sachverständigen oder Prüfer zugeteilt" wird. Der Sachverständige oder Prüfer ist damit im Rahmen des § 29 StVZO auch mit der

Befugnis beliehen, die Zuteilung der Plakette im eigenen Namen vorzunehmen, so daß er insoweit als Behörde im Sinne des § 1 Abs. 4 VwVfG anzusehen ist.

e) Die Prüfung der Verwaltungsaktqualität eines behördlichen Hausverbots bereitet deshalb Schwierigkeiten, weil es sowohl auf die privatrechtlichen Eigentums- und Besitzschutzrechte des Behördenleiters als auch auf seine öffentlichrechtliche Sachherrschaft gestützt werden kann.

Das BVerwG differenziert nach dem Charakter der Rechtsbeziehung zwischen Behörde und Bürger, die den Anlaß für das Hausverbot gegeben hat: Betritt ein Besucher das Behördengebäude zur Wahrnehmung öffentlichrechtlicher Angelegenheiten (wie der F), soll ein dadurch ausgelöstes Hausverbot auf dem Gebiet des öffentlichen Rechts erfolgen und damit ein Verwaltungsakt sein. Ist das Ziel des Besuchs aber privatrechtlicher Natur (wie bei G, der einen Werkvertrag im Sinne des § 631 BGB abschließen will), soll auch das Hausverbot privatrechtlich und deshalb kein Verwaltungsakt sein. Offen bleibt danach, wie das Hausverbot einzuordnen ist, wenn es einen hoheitlichen Akt vor privaten Geschäftsinteressen schützen will (wie bei H).

In der Literatur wird deshalb überwiegend das Unterscheidungskriterium des BVerwG als ungeeignet und gekünstelt abgelehnt und statt dessen auf den Zweck des Hausverbots abgestellt. Demzufolge ist ein Hausverbot immer dann eine öffentlichrechtliche Maßnahme, wenn es die Erfüllung öffentlicher Aufgaben im Verwaltungsgebäude sichern soll, was praktisch durchgehend der Fall sein wird. Nach dieser Ansicht sind alle drei Hausverbote im Beispielsfall Verwaltungsakte.

f) Die Gebietsklausel bereitet auch bei der Leistungsverwaltung häufig Probleme, da es der Verwaltung weitgehend freigestellt ist, ob sie ihre Leistung in öffentlich- oder privatrechtlicher Form erbringt. So ist beispielsweise das Benutzungsverhältnis bei der Deutschen Bundespost öffentlichrechtlich (vgl. § 14 Postverwaltungsgesetz und § 7 PostG; BGHZ 20, 102; 56, 395), bei der Deutschen Bundesbahn hingegen privatrechtlich ausgestaltet (Rechtsgrundlagen sind die §§ 453 ff. HGB in Verbindung mit der Eisenbahn-Verkehrsordnung -EVO-). Fehlen eindeutige gesetzliche Grundlagen, muß anhand aller vorhandenen Indizien festgestellt werden, wie die Verwaltung hat handeln wollen.

Die Benutzung der Stadthalle erfolgt aufgrund eines privatrechtlichen Mietvertrags im Sinne der §§ 535 ff. BGB. Andererseits ist der Anspruch auf Zulassung zur Benutzung einer gemeindlichen Einrichtung öffentlichrechtlich geregelt (vgl. z.B. § 18 GO NW). Der zu beurteilende Lebensvorgang unterliegt somit sowohl öffentlichrechtlichen als auch privatrechtlichen Vorschriften. Um die unterschiedlichen Teile der Rechtsordnung angehörenden Regelungen in eine sinnvolle Ordnung zu bringen, ist die sog. Zwei-Stufen-Theorie entwickelt worden (grundlegend BVerwGE 1, 308). Auf der ersten Stufe ergeht aufgrund öffentlichrechtlicher Vorschriften eine gesonderte Entscheidung darüber, ob die Leistung gewährt wird. Im Falle einer positiven Entscheidung erfolgt auf der zweiten Stufe die tatsächliche Erbringung der Leistung und genaue Ausgestaltung der Rechtsbeziehungen in privatrechtlicher Form. Die Anwendung der Zwei-Stufen-Theorie hat also zur Folge, daß die Frage nach dem "Ob" der Leistung sich nach öffentlichem Recht richtet und für Streitigkeiten der Verwaltungsrechtsweg gegeben ist, während für die Frage nach dem "Wie" der Leistung Privatrecht einschlägig ist und Streitigkeiten darüber vor den Zivilgerichten auszutragen sind. Mit der Ablehnung des Antrags auf Überlassung der Stadthalle hat die Stadt I demnach eine Regelung auf dem Gebiet des öffentlichen Rechts getroffen, einen Verwaltungsakt erlassen (vgl. BVerwGE 32, 333).

Ist keine ernsthafte Gefahr von Beschädigungen nachweisbar, ist die Verweigerung der Räume rechtswidrig, da alle erlaubten politischen Parteien einen Anspruch auf gleichmäßigen Zugang zu öffentlichen Einrichtungen aus Art. 3 GG und dem Grundsatz der Chancengleichheit der Parteien, gegebenenfalls auch aus § 18 GO NW bzw. den parallelen Vorschriften der anderen Bundesländer, haben (BVerwGE 31, 368; 32, 333).
(Zum Anspruch auf Zulassung zu öffentlichen Einrichtungen vgl. Püttner/Lingemann, JA 1984, 121 und 274.)

g) Wenn § 35 S. 1 VwVfG eine Maßnahme auf dem Gebiet des öffentlichen Rechts verlangt, so wird damit nicht nur eine Abgrenzung zum Privatrecht geschaffen, sondern auch die vorgelagerte Frage aufgeworfen, ob sich die Maßnahme überhaupt nach rechtlichen Kriterien richtet.

Die Rechtsprechung lehnt eine rechtliche Bindung des Inhabers des Gnadenrechts und damit auch eine gerichtliche Nachprüfbarkeit der

Ablehnung eines Gnadenersuchs ebenso wie des positiven Gnadenerweises ab (BVerfGE 25, 352; BVerwG JZ 1983, 495 mit umfassenden Nachweisen zum Meinungsstand). Zur Begründung wird zum einen angeführt, das auf ein Organ der Exekutive übertragene, in Art. 60 Abs.2 GG anerkannte Begnadigungsrecht verleihe eine Gestaltungsmacht besonderer Art, die nicht den Sicherungen der Gewaltenverschränkung unterliege, sondern allein der politischen Verantwortlichkeit der Verfassungsorgane überantwortet sei. Zum anderen wird vorgebracht, es entspreche der Eigenart des Gnadenrechts, daß es an allgemeingültigen Gesichtspunkten für die Gewährung oder Nichtgewährung von Gnade fehle, weshalb eine sinnvolle gerichtliche Überprüfung nicht möglich sei.

Gegen diese Auffassung bestehen Bedenken. Kein staatliches Handeln darf willkürlich sein. Insoweit muß in jedem Fall mit Rücksicht auf Art. 1 Abs. 3, 19 Abs. 4 GG gerichtlicher Rechtsschutz möglich sein. Mit der überwiegenden Meinung in der Literatur ist daher die Ablehnung eines Gnadengesuchs als gerichtlich in beschränktem Umfang nachprüfbarer Verwaltungsakt anzusehen.

h) Eine Maßnahme stellt nur dann einen Verwaltungsakt dar, wenn sie eine Regelung enthält, d.h. ihrem Ausspruch nach unmittelbar auf die Herbeiführung von Rechtsfolgen gerichtet ist. Das ist nicht der Fall, wenn sie lediglich auf eine sich aus einer Rechtsnorm oder einen bereits erlassenen Verwaltungsakt ergebende Rechtsfolge hinweist. Demnach ist der Handzettel der Polizei kein Verwaltungsakt, denn er belehrt die Autofahrer nur über das bestehende Verbot und die sich aus der Zuwiderhandlung ergebenden Befugnisse der Polizei (vgl. zu einem ähnlichen Fall BVerwGE 48, 259, 264). Auch der Hinweis auf eine Änderung der bisherigen Verwaltungspraxis kann nicht als Regelung gewertet werden.

i) Vom Hinweis auf die Rechtslage und von der bloßen Mitteilung ist die Zusage, einen bestimmten Verwaltungsakt später zu erlassen oder zu unterlassen, zu unterscheiden. Diese in § 38 VwVfG geregelte sog. Zusicherung wird heute überwiegend selbst als Verwaltungsakt angesehen. Ihre unmittelbare Rechtswirkung besteht in der verbindlichen Festlegung der Behörde hinsichtlich ihres künftigen Verhaltens und in der Begründung eines entsprechenden Anspruchs des Bürgers.

j) Greift die Behörde einen Lebenssachverhalt auf, so erläßt sie nur selten sofort einen Verwaltungsakt. In den meisten Fällen geht der endgültigen Regelung ein (längeres) Verwaltungsverfahren voraus, in dem der Sachverhalt aufgeklärt und die spätere Entscheidung vorbereitet wird. Die Behörde kann sich auch in diesem Verfahrensstadium schon an den Bürger wenden und ihn zur Mitwirkung auffordern. Dahingehende Maßnahmen sind, solange sie ausschließlich der Vorbereitung der Sachentscheidung dienen und nicht bereits materiell- oder verfahrensrechtliche endgültige Teilentscheidungen enthalten, noch keine Verwaltungsakte.

Dementsprechend stellt die Anordnung der Verwaltungsbehörde nach § 3 Abs. 2 StVZO zur Beibringung eines medizinisch-psychologischen Gutachtens keinen Verwaltungsakt dar. Sie begründet keine selbständige Pflicht des Betroffenen, sich einer Untersuchung zu unterziehen, sondern konkretisiert lediglich seine schon nach allgemeinen Rechtsgrundsätzen bestehende Mitwirkungspflicht an der Aufklärung des Sachverhalts. Die Behörde kann die Beibringung des Gutachtens nicht erzwingen. Daß sie aus einer Weigerung des Bürgers, sich der Untersuchung zu unterziehen oder das Gutachten vorzulegen, Schlüsse ziehen wird, macht die Anordnung nicht zu einem Verwaltungsakt, da dies nicht das Ziel der Maßnahme ist. Ein (anfechtbarer) Verwaltungsakt ist erst die Entscheidung über die Entziehung der Fahrerlaubnis (BVerwGE 34, 248).

k) § 29 Abs. 1 VwVfG räumt den Beteiligten im Verwaltungsverfahren ein Recht auf Akteneinsicht ein, soweit kein Versagungsgrund nach § 29 Abs. 2 VwVfG gegeben ist. Die Entscheidung über die Gewährung von Akteneinsicht ist nicht nur als eine Vorstufe zum Erlaß eines späteren Verwaltungsakts in der Sache anzusehen. Sie trifft vielmehr in erster Linie eine abschließende Regelung über die Gewährung oder Versagung eines Verfahrensrechts und ist damit ein (verfahrensrechtlicher) Verwaltungsakt (BVerwGE 12, 296, 297).

Zu beachten ist, daß die Versagung der Akteneinsicht nach § 44 a VwGO von den betroffenen Verfahrensbeteiligten nur im Rahmen von Rechtsbehelfen gegen die abschließende Entscheidung angegriffen werden kann.

l) Die dienstliche Beurteilung eines Beamten durch den Dienstvorgesetzten ist grundsätzlich kein Verwaltungsakt (BVerwGE 28, 191; 49, 351). Mit der Beurteilung trifft die Dienstbehörde nicht eine Regelung mit bestimmten unmittelbaren Rechtswirkungen. Vielmehr handelt es sich um eine Wertung der Eignung und fachlichen Befähigung des Beamten. Die eventuelle Bedeutung einer dienstlichen Beurteilung für eine mögliche spätere Beförderung reicht nicht aus, um schon die Beurteilung als eine rechtliche Regelung anzusehen, da für eine Beförderung noch andere Kriterien wie die Prüfungsnote und das Dienstalter maßgebend sein können.

Hingewiesen sei noch darauf, daß die Einstufung der dienstlichen Beurteilung als schlichtes Verwaltungshandeln die Rechtsschutzmöglichkeiten des Beamten nicht einschränkt, sondern erweitert. Da die dienstliche Beurteilung keine Rechtsverbindlichkeit im Sinne einer nach kurzer Frist eintretenden Bestandskraft beansprucht, kann der Beamte sie nämlich noch nach längerer Zeit mit förmlichen Rechtsbehelfen angreifen.

m) Auf der <u>Organisationsgewalt des Staates</u> beruhende Maßnahmen (Errichtung und Aufhebung von Behörden, Veränderung der Amtsbezirke) sind grundsätzlich keine Verwaltungsakte (BVerwG NJW 1961, 1323; OVG Rheinland-Pfalz DVBl 1954, 745). Regelmäßig erzeugen sie Rechtswirkungen nur im Verhältnis zu einzelnen Organen des Staates, sind ihrem Wesen nach aber nicht geeignet, die rechtlich geschützte Sphäre Dritter zu berühren. Das gilt auch dann, wenn diese Personen Nachteile erleiden, die von der organisatorischen Maßnahme nicht zu trennen sind. Es gehört zu den ureigensten Rechten des Staates, sich seine Organisation selbst zu schaffen. Organisationsakte sind als solche daher von der verwaltungsgerichtlichen Kontrolle ausgenommen.

Eine Maßnahme darf aber nicht isoliert nur vom organisatorischen Standpunkt her beurteilt werden. Vielmehr muß sie unter Einbeziehung aller Rechtsvorschriften umfassend gewürdigt werden. Ergibt sich dabei, daß die Maßnahme zugleich in die rechtlich geschützte Sphäre einer Person oder Körperschaft eingreift, ist sie unter diesem Aspekt als anfechtbarer Verwaltungsakt zu qualifizieren. So ist z.B. die Schließung einer Volksschule wegen Art. 6 GG gegenüber den Eltern der Kinder, die diese Schule besuchten, als Verwaltungsakt gewertet worden (BVerwGE 18, 40). Ein weiteres Beispiel ist die

Veränderung der Bezirke von Selbstverwaltungskörperschaften, die in deren von Art. 28 GG geschützten Rechtssphäre eingreift (BVerwG DÖV 1964, 346).

Der organisatorischen Maßnahme des Präsidenten des Landesarbeitsgerichts kommt aber keine solche Außenwirkung zu. Die Verlängerung des Anmarschweges für einen Teil der Besucher ist eine rein tatsächliche Nebenfolge der Maßnahme, die die Betroffenen hinnehmen müssen.

n) Es ist keine seltene Erscheinung im Verwaltungsrecht, daß eine Behörde nicht völlig selbständig entscheiden darf, sondern eine Beteiligung anderer Stellen gesetzlich vorgeschrieben ist. Ausschlaggebend dafür ist entweder, daß Interessen dieser Organe berührt werden (so beim Einvernehmen der Gemeinde), oder, daß der Gesetzgeber eine Kontrolle der Maßnahme durch eine höhere Behörde - etwa um die Einheitlichkeit der Verwaltungspraxis sicherzustellen - für notwendig erachtet (so bei der Zustimmung der höheren Verwaltungsbehörde nach § 31 Abs. 2 BBauG). Das Beteiligungsverhältnis kann nun so ausgestaltet sein, daß die in ihrer Entscheidungsbefugnis verbundenen Behörden die Rechtsbeziehungen zum Bürger nur durch Erlaß eines gemeinsamen Verwaltungsakts regeln können. Eine solche verbundene Regelungskompetenz schafft aber vielfältige Probleme sowohl zwischen den beteiligten Behörden als auch für den Bürger (z.B. im Hinblick auf das Rechtsbehelfsverfahren). Aus diesem Grunde hat der Gesetzgeber regelmäßig einer Behörde das Handeln nach außen gegenüber dem Bürger allein übertragen. Die Beteiligung der anderen Behörde(n) vollzieht sich als interner Vorgang der Willensbildung der öffentlichen Verwaltung.

So ist es auch bei der Erteilung einer Befreiung von den Festsetzungen des Bebauungsplans. Gegenüber dem Bürger handelt nur die Baugenehmigungsbehörde. Sie allein ist befugt, durch Verwaltungsakt verbindlich über den Befreiungsantrag zu entscheiden. Die Beteiligung der Gemeinde und der höheren Verwaltungsbehörde ist ein rein verwaltungsinterner Abstimmungsvorgang, in dem mangels Außenwirkung kein (selbständig anfechtbarer) Verwaltungsakt erblickt werden kann (BVerwG DVBl 1966, 177; OVG Koblenz DVBl 1964, 540).

Lehnt die Baugenehmigungsbehörde den Antrag ab, weil die Gemeinde ihr Einvernehmen bzw. die höhere Verwaltungsbehörde die Zustimmung versagt hat, kann der Bürger nur gegen den Bescheid der Baugenehmigungsbehörde, nicht aber unmittelbar gegen die Gemeinde bzw. die höhere Verwaltungsbehörde vorgehen. Im Rahmen eines Verwaltungsrechtsstreits überprüft das Gericht auch, ob die Versagung des Einvernehmens bzw. der Zustimmung, auf die sich die negative Entscheidung im Verwaltungsakt der Baugenehmigungsbehörde stützt, zu Recht erfolgt ist. Kommt es dabei zu einem abweichenden Ergebnis, wird die Äußerung der zu beteiligenden Behörde wirkungslos und die Entscheidungsbehörde zum Erlaß eines positiven Verwaltungsakts verpflichtet. Die gleichen Grundsätze gelten für den Fall, daß die nach außen handelnde Behörde über einen Antrag des Bürgers deshalb nicht entscheidet, weil das Einvernehmen bzw. die Zustimmung noch nicht erklärt worden ist. Auch hier muß der Bürger Untätigkeitsklage gegen die Erstbehörde erheben, in deren Rahmen dann der fehlende Mitwirkungsakt überwunden werden kann. Ferner folgt daraus, daß ein Verwaltungsakt nicht schon deshalb fehlerhaft ist, weil er ohne das Einvernehmen bzw. die Zustimmung einer anderen Behörde oder trotz deren Versagung erlassen worden ist. Ergibt die rechtliche Prüfung, daß das Einvernehmen bzw. die Zustimmung zu erteilen gewesen wäre, ist die Entscheidung nach außen rechtmäßig (vgl. OVG Koblenz DVBl 1964, 540, 542). Im gegenteiligen Fall ist der Verwaltungsakt allenfalls aufhebbar, nicht aber nichtig, wie § 44 Abs. 3 Nr. 4 VwVfG ausdrücklich klarstellt.

o) Besondere Probleme bereitet die Prüfung, ob die Maßnahme "auf unmittelbare Rechtswirkung nach außen gerichtet ist", innerhalb von verwaltungsrechtlichen Sonderverhältnissen (vgl. bereits Frage 9).

Maßnahmen der Schulverwaltung sind dann Verwaltungsakte, "wenn sie den Schüler nicht nur in seiner Eigenschaft als Glied der Schulgemeinschaft berühren, sondern in seine allgemeine Rechtssphäre oder die seiner Erziehungsberechtigten eingreifen" (LVG Düsseldorf DÖV 1954, 696). Das ist jedenfalls bei allen das Schulverhältnis begründenden, aufhebenden und verändernden Maßnahmen wie Aufnahme in eine Schule, Schulverweis, Zeugnis über die Abschlußprüfung der Fall. Aber auch die Nichtversetzung trifft unmittelbar die persönliche Rechtsstellung des Schülers und seiner Erziehungsberechtigten, da sie den Schulabschluß um ein Jahr hinausschiebt (BVerwGE 1, 260; LVG Düsseldorf DÖV 1954, 696; a.A. OVG Rheinland-Pfalz DVBl 1954, 579).

Keine Verwaltungsakte sind alle Maßnahmen, die lediglich der Aufrechterhaltung und Durchführung des internen Schulbetriebs dienen, z.B. die Einteilung zum Tafeldienst, das Schreiben einer Klassenarbeit, das Stellen von Hausaufgaben. Zu dieser Kategorie zählen auch die Festsetzung der Schulanfangs- und -schlußzeit sowie die Bestimmung der Pausenzeiten, jedenfalls soweit sie sich im üblichen, meist durch Erlaß des Kultusministers näher festgelegten Rahmen halten. Lebhaft umstritten ist noch die Rechtsnatur der einzelnen Zeugnisnote (vgl. dazu Bryde, DÖV 1981, 193).

p) Ausgangspunkt und Bewährungsprobe für alle Versuche, das Merkmal der Außenwirkung in verwaltungsrechtlichen Sonderverhältnissen näher zu bestimmen, ist das Beamtenverhältnis, weil es den Einzelnen am stärksten in den Innenbereich des Staates integriert.

Lange Zeit herrschend war die Abgrenzung anhand des von Ule entwickelten Unterscheidungspaars Betriebsverhältnis/Grundverhältnis. Zum Betriebsverhältnis wurden alle Maßnahmen gerechnet, die sich auf die Aufrechterhaltung und Ausgestaltung des behördeninternen Dienstbetriebs beschränken (z.B. Weisungen des Vorgesetzten hinsichtlich der Bearbeitung einzelner Vorgänge, Festlegung der Dienstzeiten, Neuverteilung der Dienstzimmer usw.). Mit der Feststellung, daß Maßnahmen im Betriebsverhältnis mangels Außenwirkung keine Verwaltungsakte darstellen, wurde weitgehend die Folgerung verbunden, daß sie wegen der ohnehin gegebenen Unterworfenheit des Beamten unter die verwaltungsinterne Betriebsordnung damit auch der verwaltungsgerichtlichen Kontrolle entzogen seien (vgl. BVerwGE 14, 84). Als im Verwaltungsrechtsweg anfechtbare Verwaltungsakte wurden hingegen die Maßnahmen im Grundverhältnis angesehen. Dazu wurden alle Akte gezählt, die das "besondere Gewaltverhältnis" begründen, beenden oder inhaltlich umgestalten, also geeignet sind, über die Konkretisierung der Gehorsamspflicht hinaus in die individuelle Rechtsstellung des "Gewaltunterworfenen" einzugreifen.

Das Gegensatzpaar Betriebsverhältnis/Grundverhältnis ist mit der Zeit abgelöst worden durch die Unterscheidung, ob von der Maßnahme das funktionelle Amt im konkreten Sinne betroffen ist (dann bloße Innenwirkung) oder ob sie das statusrechtliche Amt oder das funktionelle Amt im abstrakten Sinne berührt (dann Außenwirkung). Eine sachliche Änderung ist mit dieser begrifflichen Neuorientierung aber zunächst nicht verbunden gewesen. Dafür setzte sich die Erkenntnis durch, daß die Gewährung gerichtlichen Rechtsschutzes (auch) im Beamtenverhältnis nicht von der Bejahung eines Verwaltungsakts abhängig sein kann. Bei innerdienstlichen Maßnahmen ist zwar eine Anfechtungs- und Verpflichtungsklage mangels Verwaltungsakts unzulässig, was aber die Zulässigkeit einer anderen Klageart, insbesondere einer Leistungs- oder Feststellungsklage, nicht ausschließt (vgl. § 126 BRRG).

Zu einer grundlegenden Neuorientierung hinsichtlich der Abgrenzung zwischen Innen- und Außenwirkung selbst hat erst das Urteil des Bundesverwaltungsgerichts vom 22. Mai 1980 (BVerwGE 60, 144, Pflichtlektüre! Hingewiesen sei auch auf die Besprechung von Teufel in ZBR 1981, 20) geführt. War bis dahin gefragt worden, wie sich die Maßnahme im Einzelfall tatsächlich auswirkt, so soll das Vorliegen einer unmittelbaren rechtlichen Außenwirkung nunmehr davon abhängen, ob die Regelung "ihrem objektiven Sinngehalt nach dazu bestimmt ist, Außenwirkung zu entfalten". Begründet wird dieser Neuansatz mit der gesetzlichen Definition des Verwaltungsakts in § 35 S. 1 VwVfG, die u.a. eine hoheitliche Maßnahme verlangt, "die auf unmittelbare Rechtswirkung nach außen *gerichtet* ist".

Konkrete Bedeutung erlangt die Frage, ob die Ausrichtung oder die Auswirkung der Maßnahme über die Außenwirkung entscheidet, bei der Umsetzung eines Beamten. Im Unterschied zur Versetzung oder Abordnung, bei denen der Beamte einer anderen Behörde zugeordnet wird, ist die Umsetzung lediglich die das statusrechtliche Amt und das funktionelle Amt im abstrakten Sinne unberührt lassende Zuweisung eines anderen Dienstpostens (funktionelles Amt im konkreten Sinne) innerhalb der Behörde. Ihrem objektiven Sinngehalt nach zielt sie ausschließlich auf die innerbehördliche Organisation ab. Dabei kann sie aber auch Auswirkungen auf die Individualsphäre des Beamten haben, etwa indem er infolge der Umsetzung Beförderungschancen oder Leitungsfunktionen verliert oder sich durch einen mit der Umsetzung verbundenen Wechsel des Dienstgebäudes sein Anfahrtsweg verlängert. Bezieht man das Merkmal der Außenwirkung auf die tatsächlichen Auswirkungen der Regelung, so gelangt man bei der Umsetzung zu schwerverständlichen einzelfallabhängigen Differenzierungen. Demgegenüber ist die Umsetzung nach der neueren höchstrichterlichen Rechtsprechung unabhängig von ihren Auswirkungen im Einzelfall immer eine behördeninterne Maßnahme und kein Verwaltungsakt. Bedeutsam ist die Frage, ob sie sich im Einzelfall möglicherweise doch als Verletzung der individuellen Rechtssphäre des Beamten auswirkt, nur für die Möglichkeit, verwaltungsgerichtlichen Schutz in Anspruch zu nehmen, da der Kläger dazu eine Rechtsverletzung geltend machen muß (vgl. Art. 19 Abs. 4 GG, § 42 Abs. 2 VwGO analog für die Leistungsklage und § 43 VwGO für die Feststellungsklage).

Für die Umsetzung des Amtmanns Q bedeutet das: Die Anordnung des Dienstherrn ist kein Verwaltungsakt. Da Q geltend machen kann, in seiner individuellen Rechtssphäre verletzt zu sein, ist verwaltungsgerichtlicher Rechtsschutz in Form einer allgemeinen Leistungsklage möglich. Eine Klage hätte aber wenig Aussicht auf Erfolg, weil dem Dienstherrn bei behördeninternen Entscheidungen ein weiter Ermessensspielraum eingeräumt ist (vgl. BVerwGE 60, 144, 150 ff.).

q) Es handelt sich um eine abstrakt-individuelle Regelung. Dem genau bezeichneten Adressaten wird ein Gebot auferlegt für eine unbestimmbare Anzahl künftiger Sachverhalte. Mit Rücksicht auf die Ausrichtung der Regelung auf einen einzelnen Adressaten und auf seinen konkreten Lebensbereich ist es angebracht, diese Fallgruppe noch als Einzelfallregelung und damit als Verwaltungsakt anzusehen (vgl. OVG Münster OVGE 16, 289, das bei einer ähnlichen Anordnung ohne weiteres von einem Verwaltungsakt ausgeht).

r) Die Frage nach der Rechtsnatur von Verkehrsregelungen durch amtliche Verkehrszeichen hat Rechtsprechung und Literatur immer wieder beschäftigt. Zunächst ist festzuhalten, daß das Problem sich nur auf Gebots- und Verbotszeichen (§§ 41, 42 StVO) bezieht, da sie allein eine Regelung enthalten, indem sie die Handlungsfähigkeit des Verkehrsteilnehmers beschränken. Hinweiszeichen (§ 40 StVO) mahnen lediglich, sich auf die angekündigte Gefahr einzurichten, haben somit keinen Regelungscharakter.

Fraglich ist, ob es sich bei Gebots- und Verbotszeichen um eine Einzelfallregelung oder um eine allgemeine Regelung handelt. Verkehrszeichen stellen einen typischen Grenzfall dar, dessen Zuordnung entweder zum Verwaltungsakt oder zur Rechtsnorm erhebliche Schwierigkeiten bereitet. Das BVerwG sieht Verkehrszeichen in Übereinstimmung mit der wohl h.M. in der Literatur als Verwaltungsakte

an (BVerwGE 27, 181; 35, 334; 59, 221). Dabei vermag allerdings der anfängliche Versuch, mit Hilfe der Gegensatzpaare abstrakt/konkret und generell/individuell eine Einzelfallregelung zu begründen, nicht zu überzeugen. Die Auslegung des Verkehrszeichens als eine sich in einer konkreten örtlichen Verkehrssituation stets wiederholende Bekanntmachung einer Verkehrsbeschränkung gegenüber dem einzelnen, individuell genau bestimmten Verkehrsteilnehmer, der die Straße ohne die Beschränkung in Anspruch nehmen will (so BVerwGE 27, 181, 183 f.), erscheint gekünstelt. Bei unbefangener Betrachtung regeln Verkehrsschilder sowohl in zeitlicher als auch in personeller Hinsicht eine unbestimmte Vielzahl von Fällen, weshalb sie nach allgemeinen Grundsätzen als Rechtsnormen anzusehen wären (so VGH München NJW 1978, 1988). Das krampfhafte Bemühen, eine konkret-individuelle Regelung zu konstruieren, erklärt sich daraus, daß bei einer Einordnung von Verkehrszeichen als Rechtsnorm das Vorliegen einer wirksamen Ermächtigungsgrundlage problematisch wäre, die Folge der Nichtigkeit bei jedem Fehler die Verkehrssicherheit gefährden würde und der Rechtsschutz des Verkehrsteilnehmers erschwert wäre. Seit dem Inkrafttreten des Verwaltungsverfahrensgesetzes kann die Verwaltungsaktqualität von Verkehrszeichen mit § 35 S. 2 VwVfG begründet werden. Verkehrszeichen regeln die Benutzung der Straße, einer öffentlichen Sache, durch die Allgemeinheit und sind deshalb nach § 35 S. 2 3. Alternative VwVfG Verwaltungsakte in Form der Allgemeinverfügung (vgl. auch BVerwGE 59, 221, 225). § 35 S. 2 VwVfG hat entgegen der Ansicht des BVerwG (a.a.O.) nicht nur klarstellende Bedeutung, sondern stellt teilweise eine echte Erweiterung des Begriffs "Verwaltungsakt" dar, mit der der Gesetzgeber u.a. den Streit über die Rechtsnatur der Verkehrsregelung durch Verkehrszeichen beenden wollte. Die allgemeinen Charakteristika der Einzelfallregelung brauchen daher nicht geprüft zu werden.
(Zur Vertiefung vgl. Lohse, VR 1980, 424 und Prutsch, JuS 1980, 566. In der Sache hat der VGH München (NVwZ 1984, 383) die Geschwindigkeitsbeschränkung auf 80 km/h als teilweise ermessensfehlerhaft angesehen.)

s) § 10 Bundesbaugesetz schreibt vor, daß der <u>Bebauungsplan</u> von der Gemeinde als Satzung zu beschließen ist. Diese gesetzlich angeordnete

Form stimmt auch mit dem Inhalt des Bebauungsplans überein. Der Bebauungsplan selbst ändert unmittelbar noch nichts am tatsächlichen und rechtlichen Zustand der in seinem Geltungsbereich gelegenen Grundstücke. Er bildet nur die Grundlage für eine bei seinem Inkrafttreten weder zeitlich noch zahlenmäßig noch vom Adressaten her bestimmbare Mehrzahl von Vollzugsmaßnahmen. Erst diese Einzelfallentscheidungen (Erteilung oder Versagung einer Baugenehmigung, Bebauungsgenehmigung, Befreiung usw.) sind Verwaltungsakte. Der vorgeschaltete Plan kann nur Rechtsnormcharakter haben (Stich, DVBl 1973, 589, 590).

II. Arten des Verwaltungsakts

A. Fragen

29. In welche Arten kann man die Verwaltungsakte dem Inhalt nach einteilen?

30. Der Wirkung nach unterscheidet man begünstigende und belastende Verwaltungsakte. Hat diese Zweiteilung rechtliche Bedeutung? Gibt es eine gesetzliche Definition des begünstigenden oder belastenden Verwaltungsakts?

31. Was ist der Unterschied zwischen einem Verwaltungsakt mit Doppelwirkung und einem Verwaltungsakt mit Drittwirkung?

32. Was versteht man unter einem Verwaltungsakt mit Dauerwirkung?

33. Was sind mitwirkungsbedürftige und mehrstufige Verwaltungsakte?

B. Antworten

29. Dem Inhalt nach kann man befehlende (Gebote und Verbote), gestaltende (Begründung, Änderung oder Aufhebung eines Rechtsverhältnisses sowie Ablehnung einer derartigen Rechtsgestaltung) und feststellende Verwaltungsakte (verbindliche Feststellung des Bestehens oder Nichtbestehens von Rechtsverhältnissen oder bestimmter Eigenschaften von Personen oder Sachen) unterscheiden.

30. Die Aufteilung in begünstigende und belastende Verwaltungsakte hat erhebliche materiell- und verfahrensrechtliche Bedeutung.

    Erstens gilt nach bisherigem Rechtsverständnis das Prinzip des Vorbehalts des Gesetzes uneingeschränkt nur für belastendes Verwaltungshandeln.

Zweitens ist die Aufhebung eines belastenden Verwaltungsakts nach den §§ 48, 49 VwVfG wegen der unterschiedlichen Interessenlage des Bürgers sehr viel leichter möglich als die Rücknahme oder der Widerruf eines begünstigenden Verwaltungsakts.

Drittens bietet § 42 Abs. 1 VwGO für die Abwehr belastender Verwaltungsakte die Anfechtungsklage, für die Erzwingung eines begünstigenden Verwaltungsakts die Verpflichtungsklage an.

§ 48 Abs. 1 S. 2 VwVfG definiert den begünstigenden Verwaltungsakt als einen Verwaltungsakt, "der ein Recht oder einen rechtlich erheblichen Vorteil begründet oder bestätigt hat".

Alle Verwaltungsakte, die diese Merkmale nicht erfüllen, sind nach der Terminologie des Gesetzes (vgl. § 49 Abs. 1 VwVfG) "nicht begünstigende" oder - positiv ausgedrückt - belastende Verwaltungsakte.

31. Verwaltungsakte mit Doppelwirkung entfalten gegenüber dem Adressaten teils begünstigende, teils belastende Wirkung. Beispiele sind die Beamtenernennung sowie alle Verwaltungsakte mit Nebenbestimmungen.

Verwaltungsakte mit Drittwirkung erschöpfen sich nicht in der Regelung der Rechtsbeziehungen zwischen der Behörde und dem Adressaten, sondern wirken zugleich begünstigend oder belastend auf die Rechtssphäre Dritter ein. Hauptfälle sind die Erteilung einer Baugenehmigung oder immissionsrechtlichen Genehmigung unter ausdrücklicher Freistellung oder schlichter Mißachtung von nachbarschützenden Vorschriften sowie die Gewährung oder Ablehnung von Subventionen unter Verletzung des Gleichheitsgrundsatzes. Verwaltungsakte mit Drittwirkung werfen eine Reihe sehr schwieriger Fragen, insbesondere im Hinblick auf den Rechtsschutz und die Aufhebbarkeit durch die Verwaltung auf.

32. Als Verwaltungsakte mit Dauerwirkung bezeichnet man solche Verwaltungsakte, die ein auf gewisse Dauer berechnetes Rechtsverhältnis begründen oder inhaltlich ändern, das in seinem Bestand vom Verwaltungsakt abhängig ist. Dazu gehören z.B. die Ernennung zum Beamten, die Widmung einer Straße, die Verkehrsregelung durch Gebots- oder Verbotszeichen, die Erteilung einer Fahrerlaubnis oder einer Gaststättenerlaubnis.

Die Besonderheit der Verwaltungsakte mit Dauerwirkung besteht darin, daß für die Beurteilung der Rechtmäßigkeit nicht nur wie beim Verwaltungsakt mit einmaliger Rechtsfolge die Sach- und Rechtslage zur Zeit seines Erlasses maßgeblich ist, sondern daß die Voraussetzungen während der gesamten Geltungsdauer des Verwaltungsakts vorliegen müssen. Entfallen sie später, kann oder muß die Behörde den Verwaltungsakt aufheben (vgl. allgemein §§ 49 Abs. 2 Nr. 3 und 4, 51 Abs. 1 VwVfG und speziell z.B. zur Entziehung der Fahrerlaubnis § 4 StVG sowie zur Rücknahme von gewerberechtlichen Konzessionen, Erlaubnissen und Genehmigungen § 53 Abs. 2 Nr. 2 GewO).

33. Mitwirkungsbedürftigen und mehrstufigen Verwaltungsakten ist gemeinsam, daß die Behörde nicht allein über den Erlaß des Verwaltungsakts entscheiden darf.

Bei mitwirkungsbedürftigen Verwaltungsakten ist ihr Handeln abhängig von einem Antrag des betroffenen Bürgers (z.B. Beamtenernennung, Baugenehmigung, Ausbildungsförderung) oder sogar davon, daß er eine bestimmte Verpflichtung übernimmt (sog. Verwaltungsakt auf Unterwerfung, z.B. die gebührenpflichtige Verwarnung nach § 56 Abs. 2 OWiG, die nur bei positiver Einverständniserklärung und sofortiger oder fristgerechter Zahlung wirksam ist).

Mehrstufige Verwaltungsakte zeichnen sich demgegenüber dadurch aus, daß außer der erlassenden Behörde noch andere Behörden mitzuwirken haben (zu den damit verbundenen Problemen vgl. bereits Frage 28 n).

III. Das Zustandekommen des Verwaltungsakts

A. Fragen

34. Welche allgemeinen Grundsätze prägen das Verwaltungsverfahren? Welche Verfahrensrechte hat der beteiligte Bürger?

35. Ist für den Verwaltungsakt eine bestimmte Form vorgeschrieben?

36. Welche Anforderungen werden an einen schriftlichen Verwaltungsakt gestellt?

37. Zu welchem Zeitpunkt wird ein Verwaltungsakt wirksam?

B. Antworten

34. Die Gestaltung des Verwaltungsverfahrens durch die Behörde wird vor allem durch zwei Maxime bestimmt.

Die eine ist der Grundsatz der Nichtförmlichkeit des Verwaltungsverfahrens. Nach § 10 VwVfG ist das Verwaltungsverfahren grundsätzlich an bestimmte Formen nicht gebunden und einfach und zweckmäßig durchzuführen.

Die andere ist der Untersuchungsgrundsatz. Nach § 24 VwVfG ist die Ermittlung des Sachverhalts Aufgabe der Behörde. Sie bestimmt insbesondere Art und Umfang der Ermittlungen. An Beweisanträge der Beteiligten ist sie nicht gebunden.

Weitere objektive Verfahrensmaxime enthalten u.a. die Vorschriften über die Amtssprache (§ 23 VwVfG) und den Ausschluß bestimmter Personen (§§ 20 f. VwVfG).

Verfahrensrechte der Beteiligten sind das Recht auf Anhörung (§ 28 VwVfG), das Recht auf Akteneinsicht (§ 29 VwVfG), das Recht auf Geheimhaltung (§ 30 VwVfG) sowie das Recht auf Beratung und Auskunft (§ 25 VwVfG).

(Eine sehr empfehlenswerte Einführung in die Praxis des Verwaltungsverfahrens gibt Martens, JuS 1977, 664, 809; 1978, 99, 247, 331, 468, 607, 761; 1979, 114, 262, 416. Zur Kurzinformation sei auf Schmidt-Aßmann, Jura 1979, 505 und Schütz, VR 1980, 363 verwiesen.)

35. § 37 Abs. 2 S. 1 VwVfG legt als Grundsatz in Ausführung der allgemeinen Verfahrensmaxime der Nichtförmlichkeit (§ 10 VwVfG) fest, daß ein Verwaltungsakt schriftlich, mündlich oder in anderer Weise (z.B. durch Handzeichen des Verkehrspolizisten oder Lichtzeichen einer Ampelanlage) erlassen werden kann.

Spezialgesetzlich ist aber häufig eine bestimmte Form, insbesondere Schriftform (z.B. § 20 OBG NW für die Ordnungsverfügung und § 88 Abs. 1 S. 2 BauO NW für die Baugenehmigung), vorgeschrieben.

36. Ein schriftlicher Verwaltungsakt muß die erlassende Behörde erkennen lassen und die Unterschrift oder die Namenswiedergabe des Behördenleiters, seines Vertreters oder seines Beauftragten enthalten (§ 37 Abs. 3 VwVfG). Für Verwaltungsakte, die mit Hilfe automatischer Einrichtungen erlassen werden, sieht § 37 Abs. 4 VwVfG Erleichterungen vor.

Außerdem ist ein schriftlicher oder schriftlich bestätigter Verwaltungsakt grundsätzlich schriftlich zu begründen (§ 39 Abs. 1 VwVfG). In der Begründung sind die tatsächlichen und rechtlichen Gründe mitzuteilen, die die Behörde zu ihrer Entscheidung bewogen haben. Dazu gehören auch die für die Ermessensbetätigung ausschlaggebenden Gesichtspunkte. § 39 Abs. 2 VwVfG läßt einige Ausnahmen von der Begründungspflicht zu.

37. Ein Verwaltungsakt wird gegenüber demjenigen, für den er bestimmt ist, oder der von ihm betroffen wird, in dem Zeitpunkt wirksam, in dem er ihm bekanntgegeben wird (§ 43 Abs. 1 VwVfG). Nähere Bestimmungen über die Bekanntgabe enthält § 41 VwVfG. Die förmliche Zustellung (vorgeschrieben z.B. nach § 73 Abs. 3 S. 1 VwGO für den Widerspruchsbescheid) ist geregelt in Verwaltungszustellungsgesetzen des Bundes und der Länder.

IV. Nebenbestimmungen zum Verwaltungsakt

A. Fragen

38. Was ist eine Nebenbestimmung? Welche Arten von Nebenbestimmungen gibt es?

39. Worin besteht der Unterschied zwischen einer Befristung und einer Bedingung? Welcne Arten von Befristung und Bedingung gibt es? Wann wird der unter einer aufschiebenden Befristung oder Bedingung erlassene Verwaltungsakt wirksam?

40. Welche Funktion hat ein Widerrufsvorbehalt? Was unterscheidet ihn von der auflösenden Bedingung?

41. Was ist eine Auflage? Welchen Rechtscharakter hat sie? Welche Folgerungen ergeben sich daraus? Welche Bedeutung hat die Rechtsfigur der modifizierenden Auflage?

42. Welche Kriterien sind für die Abgrenzung zwischen Bedingung und Auflage bedeutsam? Um welche Art von Nebenbestimmung handelt es sich in den folgenden Fällen?

    a) Der Autofahrer X besitzt einen Führerschein der Klasse 3 mit folgendem Eintrag: "Der Führerscheininhaber muß beim Führen eines Kraftfahrzeuges eine vom Arzt verordnete, die Sehschärfe ausreichend korrigierende Brille tragen."

    b) Der Bauherr Y hat bei der Errichtung eines Geschäfts- und Wohnhauses die Nutzungsart von Räumen gegenüber den Angaben in den genehmigten

Plänen geändert. So hat er im Untergeschoß anstelle des genehmigten Lagers einen Damenfriseursalon mit 16 Plätzen und im Erdgeschoß eigenmächtig eine Kaffeebar mit 20 Sitzplätzen eingerichtet. Obwohl er keinen Anspruch auf diese zusätzliche Nutzung hat, erteilt die Bauaufsichtsbehörde eine Nachtragsbauerlaubnis "unter der Bedingung, daß nach § 2 der Reichsgaragenordnung zusätzlich zu den bereits nachgewiesenen 9 Einstellplätzen weitere vier Einstellplätze für Kraftfahrzeuge geschaffen werden".

43. In welchem Umfang sind Nebenbestimmungen zulässig?

B. Antworten

38. Als Nebenbestimmung bezeichnet man solche Zusätze zum Verwaltungsakt, die einen eigenen Regelungsgehalt haben, der mit dem des Verwaltungsakts in innerem Zusammenhang steht.

Keine Nebenbestimmung ist danach die nähere Festlegung des Inhalts des Verwaltungsakts (sog. Inhaltsbestimmung, z.B. die Beschränkung der Baugenehmigung auf eine bestimmte Geschoßzahl, der Gaststättenerlaubnis auf eine bestimmte Betriebsart). Ebenso stellen bloße Hinweise auf die kraft Gesetzes mit dem Verwaltungsakt verbundenen Rechtswirkungen keine Nebenbestimmung dar (z.B. der Hinweis darauf, daß die Baugenehmigung gem. § 91 Abs. 1 BauO NW erlischt, wenn innerhalb eines Jahres nach ihrer Erteilung mit der Ausführung des Bauwerks nicht begonnen oder die Bauausführung ein Jahr unterbrochen worden ist).

Nebenbestimmungen haben im Zusammenhang mit begünstigenden Verwaltungsakten eine große Bedeutung, da sie die krasse Alternative, die Begünstigung entweder vollständig zu gewähren oder zu versagen, um den häufig gangbaren Mittelweg einer dem Einzelfall angepaßten eingeschränkten Bewilligung erweitern.

Die Arten der Nebenbestimmungen sind aufgezählt und definiert in § 36 Abs. 2 VwVfG. Danach zählen zu den Nebenbestimmungen die Befristung, die Bedingung, der Widerrufsvorbehalt, die Auflage und der Auflagenvorbehalt. (Vgl. zu den Nebenbestimmungen Gern/Wachenheim, JuS 1980, 276; Rademacher, BWVPr 1984, 6; Schachel, Jura 1981, 449.)

39. Befristung und Bedingung sind Nebenbestimmungen, die die Geltungsdauer der vom Verwaltungsakt gewährten Vergünstigung oder auferlegten Belastung begrenzen. Nach der Legaldefinition des § 36 Abs. 2 Nr. 1 VwVfG

ist die Befristung eine Bestimmung, "nach der eine Vergünstigung oder Belastung zu einem bestimmten Zeitpunkt beginnt, endet oder für einen bestimmten Zeitraum gilt". Demgegenüber ist nach § 36 Abs. 2 Nr. 2 VwVfG die Bedingung eine Bestimmung, "nach der der Eintritt oder der Wegfall einer Vergünstigung oder einer Belastung von dem ungewissen Eintritt eines zukünftigen Ereignisses abhängt".

Die gesetzliche Definition der Befristung ist insofern irreführend, als sie die Vermutung nahelegt, der Zeitpunkt bzw. Zeitraum müsse von vornherein kalendermäßig bestimmt sein. Bei einer solchen Auslegung bestünde aber eine Gesetzeslücke für den Fall, daß der Eintritt des Ereignisses zwar gewiß, sein Zeitpunkt aber ungewiß ist (z.B. Tod eines Menschen, Eintritt eines Beamten in den Ruhestand). Es ist deshalb anerkannt, daß der Zeitpunkt bei der Befristung sowohl kalendermäßig als auch durch den hinreichend gewissen Eintritt eines konkret bezeichneten Ereignisses bestimmt sein kann (vgl. BVerwGE 60, 269, 275 f.) Der Unterschied zwischen Befristung und Bedingung besteht folglich nur darin, ob die Rechtswirkungen des Verwaltungsakts vom gewissen oder ungewissen Eintritt eines künftigen Ereignisses abhängen.

Befristung und Bedingung können zunächst den Beginn der im Verwaltungsakt ausgesprochenen Begünstigung oder Belastung hinausschieben (sog. <u>aufschiebende</u> Befristung bzw. Bedingung).

Weiter können sie für die Rechtswirkungen der Regelung einen Endpunkt setzen (sog. <u>auflösende</u> Befristung bzw. Bedingung).

Schließlich können auch beide Formen miteinander verbunden werden, so daß die Begünstigung oder Belastung für einen künftigen bestimmten oder ungewissen <u>Zeitraum</u> gilt.

Auch ein mit einer aufschiebenden Befristung oder Bedingung versehener Verwaltungsakt wird mit seiner Bekanntgabe gem. § 43 Abs. 1 VwVfG wirksam. Er kann wie jeder andere Verwaltungsakt angefochten und nach Fristablauf bestandskräftig werden. Hingegen tritt die von ihm angeordnete Begünstigung oder Belastung erst zu einem späteren Zeitpunkt ein. Um diese Unterscheidung deutlich zu machen, spricht man zum einen von äußerer Wirksamkeit, zum anderen von innerer Wirksamkeit (vgl. BVerwG DVBl 1978, 628, 629).

40. Nach § 49 Abs. 2 S. 1 Nr. 1 VwVfG kann ein rechtmäßiger begünstigender Verwaltungsakt, auch nachdem er unanfechtbar geworden ist, ganz oder

teilweise mit Wirkung für die Zukunft widerrufen werden, wenn der Widerruf durch Rechtsvorschrift zugelassen oder im Verwaltungsakt vorbehalten ist. Die Funktion des Widerrufsvorbehalts besteht folglich darin, daß er ein schutzwürdiges Vertrauen des Bürgers in den Bestand des Verwaltungsakts, das einem späteren Widerruf entgegenstehen könnte, verhindert. Die Verwaltung nimmt deshalb häufig einen Widerrufsvorbehalt rein vorsorglich in begünstigende Verwaltungsakte (mit Dauerwirkung) auf, um sich ihre künftige Handlungsfreiheit zu sichern.

Bei der auflösenden Bedingung führt der Eintritt des fraglichen künftigen Ereignisses automatisch den Wegfall der Begünstigung oder Belastung herbei.

Der Widerrufsvorbehalt schafft demgegenüber nur die rechtliche Grundlage für eine spätere Aufhebung des Verwaltungsakts. Die Rechtswirkungen des Verwaltungsakts erlöschen erst, wenn die Behörde den Widerruf erklärt. Da die Ausübung des Widerrufs ein künftiges ungewisses Ereignis ist, kann man den Widerrufsvorbehalt als einen Sonderfall der auflösenden Bedingung ansehen. Der Vorteil des Widerrufsvorbehalts gegenüber der auflösenden Befristung oder Bedingung besteht darin, daß die Behörde sich nicht schon bei Erlaß des Verwaltungsakts festlegen muß, sondern die Entwicklung der Dinge abwarten und, wenn es sich als notwendig erweisen sollte, jederzeit korrigierend eingreifen kann. Der Widerruf selbst stellt einen (anfechtbaren) Verwaltungsakt dar.

41. Eine Auflage ist gem. § 36 Abs. 2 Nr. 4 VwVfG eine Bestimmung, "durch die dem Begünstigten ein Tun, Dulden oder Unterlassen vorgeschrieben wird". Sie muß einem begünstigenden Verwaltungsakt beigefügt sein und mit dessen Regelung inhaltlich in Zusammenhang stehen.

Im Unterschied zu Befristung, Bedingung und Widerrufsvorbehalt, bei denen es sich um unselbständige Bestandteile eines Verwaltungsakts handelt, ist die Auflage selbst ein Verwaltungsakt. Sie stellt einen belastenden Verwaltungsakt dar, der mit einem begünstigenden Verwaltungsakt verknüpft ist.

Der Verwaltungsaktcharakter der Auflage hat folgende Konsequenzen:

Die Auflage kann vom Betroffenen grundsätzlich selbständig angefochten werden. Er kann damit im Rechtsbehelfsverfahren isoliert die Aufhebung der Auflage betreiben, ohne daß dadurch der Bestand der Begünstigung gefährdet wäre.

Die Auflage enthält eine selbständig mit Mitteln der Verwaltungsvollstreckung erzwingbare hoheitliche Anordnung.

Ihre Unwirksamkeit oder Aufhebung berührt grundsätzlich den Bestand des Hauptverwaltungsakts nicht.

Die Eigenschaft der Auflage als Nebenbestimmung hat folgende Auswirkungen:

Die Auflage ist abhängig vom Bestand des Hauptverwaltungsakts; isoliert ist sie nicht lebensfähig. Bei Unwirksamkeit, Aufhebung oder Erlöschen des begünstigenden Verwaltungsakts entfällt auch die Auflage.

Hat der Begünstigte die Auflage nicht oder nicht innerhalb einer ihm gesetzten Frist erfüllt, kann die Behörde den begünstigenden Verwaltungsakt widerrufen (§ 49 Abs. 2 S. 1 Nr. 2 VwVfG). Sie hat folglich die Wahl zwischen der Vollstreckung der Auflage und dem Widerruf des Hauptverwaltungsakts, wobei der Grundsatz der Verhältnismäßigkeit zu beachten ist.

Die sich aus ihrem Verwaltungsaktcharakter ergebende relative Selbständigkeit der Auflage wird zum Problem, wenn Hauptregelung und Auflage in einem untrennbaren inneren Zusammenhang stehen. Das ist insbesondere dann der Fall, wenn die Auflage praktisch den Inhalt und Umfang der Begünstigung näher festlegt oder wenn Begünstigung und Auflage das Ergebnis einer unaufteilbaren Ermessensentscheidung sind. Solche Nebenbestimmungen bezeichnet man als "modifizierende Auflagen".

Die Rechtsprechung hat anerkannt, daß der Grundsatz der isolierten Anfechtbarkeit und Aufhebbarkeit von Auflagen nicht dazu führen darf, daß der Behörde ein Verwaltungsakt untergeschoben wird, der sinnentstellt ist oder gar ihren Absichten zuwiderläuft. Dieser Grundsatz gilt deshalb nur dann, wenn nach der Teilaufhebung der Verwaltungsakt ohne inhaltliche Änderung bestehen bleibt und nach dem von der Verwaltungsbehörde hergestellten Zusammenhang zwischen Begünstigung und Auflage sinnvollerweise bestehen bleiben kann. Steht die Nebenbestimmung hingegen mit dem Gesamtinhalt des Verwaltungsakts in einem untrennbaren Zusammenhang, so scheidet die selbständige Anfechtung und Aufhebung der Nebenbestimmung aus (BVerwG DÖV 1974, 380 für eine Lärmschutzauflage zu einer Baugenehmigung; BVerwGE 55, 135 für die Genehmigung zum Abbruch von Wohngebäuden unter der Auflage, eine Abstandssumme zur Förderung des sozialen Wohnungsbaus zu entrichten).

Der Rechtsschutz gegen modifizierende Auflagen vollzieht sich damit wie bei Befristung, Bedingung und Widerrufsvorbehalt: Der Betroffene muß Verpflichtungsklage erheben mit dem Ziel, den Erlaß eines uneingeschränkten begünstigenden Verwaltungsakts zu erzwingen.

42. Einen ersten Anhaltspunkt kann die Bezeichnung der Nebenbestimmung durch die Behörde oder durch das Gesetz liefern. Dabei handelt es sich aber nur um ein Indiz, da immer die wirkliche Rechtsnatur der Nebenbestimmung ausschlaggebend ist.

Entscheidend ist daher die an den unterschiedlichen Rechtswirkungen von Bedingung und Auflage orientierte Ermittlung von Sinn und Zweck der einzelnen Nebenbestimmung (teleologische Auslegung). Man muß sich vor Augen halten, daß die Bedingung der Behörde nicht die zwangsweise Durchsetzung eines Gebots oder Verbots ermöglicht, dafür aber automatisch die Wirksamkeit des Verwaltungsakts beeinflußt, während die Auflage der Behörde die Wahl zwischen ihrer Erzwingung und dem Widerruf der Begünstigung läßt. Es ist zu prüfen, welche Nebenbestimmung im Einzelfall sachgerecht ist.

Dabei kann auch der Gesichtspunkt weiterhelfen, daß die Behörde im Zweifel die rechtmäßige Nebenbestimmung wählen will (gesetzeskonforme Auslegung). Ist nicht eine bestimmte Art von Nebenbestimmung gesetzlich (vgl. z.B. § 53 Abs. 1 GewO) oder nach der Natur des Verwaltungsakts (z.B. sind statusbegründende Verwaltungsakte wie die Einbürgerung bedingungsfeindlich) ausgeschlossen, ergibt sich aus dem Grundsatz der Verhältnismäßigkeit, daß im Zweifel eher eine Auflage anzunehmen ist, da sie für Bürger und Behörde regelmäßig günstiger ist.

a) § 12 Abs. 2 S. 1 StVZO bestimmt, daß die Verwaltungsbehörde die Fahrerlaubnis "unter den erforderlichen Auflagen" erteilen kann, wenn der Antragsteller zum Führen von Kraftfahrungen bedingt geeignet ist, und verpflichtet den Betroffenen, "den Auflagen nachzukommen". Die Wortwahl des Gesetzgebers gewinnt besonderes Gewicht dadurch, daß das in der ursprünglichen Fassung verwendete Wort "Bedingungen" 1960 "aus rechtstheoretischen Erwägungen" durch das Wort "Auflagen" ersetzt wurde.

Wäre die Verpflichtung, eine Brille zu tragen, eine Bedingung, hinge die Rechtswirksamkeit der Fahrerlaubnis vom künftigen ungewissen Verhalten des Betroffenen ab. Je nachdem, ob er eine Brille aufsetzt oder nicht, würde er das eine Mal mit, das andere Mal ohne

Fahrerlaubnis ein Kraftfahrzeug führen und sich damit in letzterem Falle nach § 21 Abs. 1 Nr. 1 StVG strafbar machen. Stellt der Vermerk hingegen eine Auflage dar, berührt eine Zuwiderhandlung den Bestand der Fahrerlaubnis nicht. Der Betroffene hat eine Ordnungswidrigkeit nach § 24 StVG begangen, weil er der im Führerschein eingetragenen Anordnung nicht nachgekommen ist. Außerdem kann ihm die Fahrerlaubnis wegen Nichtbefolgung der Auflage entzogen werden. Diese differenzierten Rechtsfolgen werden dem fraglichen Lebenssachverhalt besser gerecht, so daß die teleologische Auslegung das aus dem Gesetzeswortlaut gewonnene Ergebnis bestätigt.

Schließlich bestünden auch angesichts der Rechtsnatur der Fahrerlaubnis, die als Dauererlaubnis klare Verhältnisse schaffen soll, erhebliche Bedenken gegen die Zulässigkeit einer Bedingung, die die Rechtswirksamkeit der Erlaubnis von dem ungewissen künftigen Verhalten des Erlaubnisinhabers abhängig macht.

Mit der höchstrichterlichen Rechtsprechung (BGH NJW 1969, 1213; VersR 1969, 1011) ist deshalb eine im Führerschein eingetragene Anordnung der Verwaltungsbehörde, die vom Fahrer ein bestimmtes persönliches Verhalten, insbesondere die Benutzung eines an seine Person gebundenen Hilfsmittels (z.B. das Tragen einer Brille), verlangt, als Auflage und nicht als Bedingung anzusehen.

b) Die Baugenehmigung kann unter Auflagen und Bedingungen oder befristet erteilt werden (vgl. z.B. § 88 Abs. 3 BauO NW), so daß das Gesetz keinen Anhaltspunkt liefert. Der Bezeichnung durch die Behörde ist gerade bei Baugenehmigungen mit Vorsicht zu begegnen, da diese überwiegend von technischem Personal gefertigt werden. Immerhin stellt die eindeutige Bezeichnung als Bedingung - insbesondere wenn die Nebenbestimmung anderen als Auflagen bezeichneten Anordnungen gegenübergestellt ist - ein Indiz dar.

Eine Würdigung der besonderen Umstände des Einzelfalls ergibt, daß die Behörde offenbar sehr bewußt das Instrument der Bedingung gewählt hat. Der Bauherr Y war vorsätzlich und zu seinen Gunsten von den genehmigten Plänen abgewichen. Auf die zusätzliche Nutzung hatte er keinen Anspruch. Die Bauaufsichtsbehörde hatte daher gute Gründe, die erweiterte Nutzung nur dann zu gestatten, wenn von vornherein sichergestellt war, daß Y die an den erhöhten Bedarf angepaßten

Einstellplätze zur Verfügung stellte. Das war aber nur über eine (aufschiebende) Bedingung zu erreichen.

Die Nebenbestimmung in der Nachtragsbauerlaubnis ist daher eine Bedingung und keine Auflage (vgl. BVerwGE 29, 261, 265).

43. Die Zulässigkeit von Nebenbestimmungen richtet sich in erster Linie nach spezialgesetzlichen Vorschriften, die weit verbreitet sind (z.B. § 12 BImSchG, §§ 3 Abs. 2, 5 GastG, §§ 33a ff. GewO; § 88 Abs. 3 BauO NW).

Fehlt eine spezialgesetzliche Regelung, gilt § 36 VwVfG, der eine selbständige Ermächtigungsgrundlage für den Erlaß von Nebenbestimmungen darstellt. Danach besteht ein entscheidender Unterschied im Hinblick auf die Zulässigkeit von Nebenbestimmungen zwischen gebundener und Ermessensverwaltung.

§ 36 Abs. 1 VwVfG stellt den Grundsatz auf, daß Nebenbestimmungen in Verwaltungsakten, auf die ein Anspruch besteht, unzulässig sind. Außerhalb von spezialgesetzlichen Ermächtigungen sind sie ausschließlich dann erlaubt, wenn sie sicherstellen sollen, daß die gesetzlichen Voraussetzungen des Verwaltungsakts erfüllt sind.

Demgegenüber können Nebenbestimmungen Verwaltungsakten, deren Erlaß im Ermessen der Behörde liegt, nach pflichtgemäßem Ermessen beigefügt werden (§ 36 Abs. 2 VwVfG). Diese weitgehende Ermächtigung rechtfertigt sich daraus, daß die Behörde bei Ermessensakten regelmäßig den Verwaltungsakt auch ganz versagen dürfte, weshalb der Erlaß unter Nebenbestimmungen für den Bürger das kleinere Übel bedeutet.

Eine allgemeine Grenze der Zulässigkeit von Nebenbestimmungen enthält § 36 Abs. 3 VwVfG, wonach eine Nebenbestimmung dem Zweck des Verwaltungsakts nicht zuwiderlaufen darf. Daneben sind die allgemeinen Anforderungen der Bestimmtheit und Verhältnismäßigkeit sowie das Verbot, etwas tatsächlich oder rechtlich Unmögliches zu verlangen, zu beachten.

V. Fehlerhafte Verwaltungsakte

A. Fragen

44. Bedeuten die Gegensatzpaare fehlerfrei/fehlerhaft, rechtmäßig/rechtswidrig und wirksam/unwirksam im Zusammenhang mit Verwaltungsakten das gleiche?

45. Wann ist ein Verwaltungsakt fehlerhaft?

46. Was versteht man unter einem unrichtigen Verwaltungsakt?

47. Welche Rechtsfolgen hat die (schlichte) Rechtswidrigkeit?

48. Wann ist ein Verwaltungsakt nichtig? Was kann man gegen einen nichtigen Verwaltungsakt unternehmen?

49. Was ist ein Nicht(verwaltungs)akt? Warum ist diese Kategorie zusätzlich zum nichtigen Verwaltungsakt entwickelt worden? Welche Rechtsschutzmöglichkeiten gibt es gegen Nicht(verwaltungs)akte?

50. Welche rechtlichen Auswirkungen haben folgende Fehler?

a) Die Stadt A ordnet die Beseitigung einer Jagdhütte an, die der Eigentümer B auf einem im Außenbereich gelegenen Grundstück errichtet hat. Dabei übersieht sie, daß das Grundstück seit kurzem infolge einer kommunalen Neugliederung zum Gebiet der Stadt C gehört.

b) Die zuständige Stelle hat das Ruhegeld des Ruhestandsbeamten D unrichtig festgesetzt. In dem Bescheid sind die einzelnen ruhegehaltsfähigen Dienstzeiten nach Jahren und Tagen zutreffend aufgeführt. Die Addition weist aber eine um ein Jahr zu hohe Summe aus, was einen überhöhten Ruhegehaltssatz zur Folge hat.

c) Der jähzornige E zwingt, nachdem er gerade zum dritten Mal durch die praktische Fahrprüfung gefallen ist, den Prüfer mit vorgehaltener Schußwaffe dazu, den vorbereiteten Führerschein zu vervollständigen und ihm auszuhändigen.

d) Die Gemeinde F erhebt Erschließungsbeiträge im Sinne des § 8 Kommunalabgabengesetz (KAG) NW, obwohl die dazu nach § 2 Abs. 1 KAG NW erforderliche Satzung nicht vorhanden ist.

e) Die örtliche Ordnungsbehörde stellt dem Bürger G aus Versehen nicht das Original, sondern die Durchschrift einer Ordnungsverfügung zu. Dieser fehlt sowohl der Briefkopf mit der Angabe der erlassenden Behörde als auch eine Unterschrift.

f) Die Abiturientin H erhält einen Musterungsbescheid.

g) Der Tierfreund I betreibt im Garten hinter seinem Haus in einem großen Holzschuppen eine Taubenzuchtanlage, die gegen bauplanungsrechtliche Vorschriften verstößt. Die Bauaufsichtsbehörde untersagt ihm die weitere Haltung von Tauben in einem schriftlichen Bescheid, der als Begründung nur den Hinweis darauf enthält, er verletze die öffentliche Sicherheit. Der Widerspruch des I wird mit der Begründung zurückgewiesen, es sei nicht ersichtlich, daß die Verfügung rechtswidrig oder unzweckmäßig sei. Erst im verwaltungsgerichtlichen Verfahren gibt der Vertreter der Behörde eine Erklärung ab, die eine tragfähige Begründung für die Maßnahme darstellt.

h) Der jugoslawische Staatsangehörige J wird, nachdem er wegen mehrerer Straftaten verurteilt worden ist, unbefristet aus dem Gebiet der Bundesrepublik Deutschland ausgewiesen, ohne dazu vorher angehört worden zu sein. Gegen die mit einer Rechtsbehelfsbelehrung versehene Ausweisungsverfügung legt J Widerspruch ein, der zurückgewiesen wird.

i) Die untere Flurbereinigungsbehörde bezieht nachträglich zwei insgesamt fast 150 ha große Waldgrundstücke in das ursprünglich 300 ha große Flurbereinigungsgebiet ein. Nach § 8 Abs. 1 FlurbG kann die untere Flurbereinigungsbehörde nur geringfügige Änderungen des Flurbereinigungsgebietes anordnen, für erhebliche Änderungen ist gem. § 8 Abs. 2 i.V.m. § 4 FlurbG die obere Flurbereinigungsbehörde zuständig. Außerdem ist die nach § 85 Nr. 2 FlurbG erforderliche Zustimmung der Forstaufsichtsbehörde nicht eingeholt worden.

j) K hat auf seinen Antrag hin die nach § 33 a Abs. 1 GewO erforderliche Erlaubnis zum Betrieb einer sog. Peep-Show erteilt bekommen.

B. Antworten

44. Nein. Das Gegensatzpaar fehlerfrei/fehlerhaft fragt ohne weitere Wertung danach, ob die Verwaltung sich an die Verhaltensmaßstäbe gehalten hat, die die Rechtsordnung ihr vorgibt. Es bezieht sich somit auf die Fehlerquellen. Demgegenüber befassen sich die Gegensatzpaare rechtmäßig/rechtswidrig und wirksam/unwirksam mit den Fehlerfolgen.

Die Begriffe rechtmäßig/rechtswidrig bringen zum Ausdruck, ob die Verwaltungsmaßnahme mit der Rechtsordnung übereinstimmt oder ob sie von ihr nicht akzeptiert wird. Ein fehlerfreies Verwaltungshandeln ist immer auch rechtmäßig, nicht aber ist jede fehlerhafte Maßnahme zugleich auch rechtswidrig mit der Folge, daß sie nichtig oder im Rechtsbehelfsverfahren aufzuheben wäre. Es gibt nämlich Fehler, die die Rechtsordnung ohne weiteres (vgl. § 46 VwVfG) oder mit abgewandelten Rechtswirkungen (z.B. § 58 Abs. 2 VwGO) hinnimmt.

Das Gegensatzpaar wirksam/unwirksam entscheidet schließlich über die Auswirkung des Fehlers auf den Bestand der staatlichen Handlung. Rechtmäßige Maßnahmen sind wirksam. Hingegen sind nicht alle rechtswidrigen Staatsakte unwirksam. Im Gegensatz zu rechtswidrigen Rechtsnormen sind rechtswidrige Verwaltungsakte in der Regel nicht nichtig, sondern nur aufhebbar. Bis zur ausdrücklichen Aufhebung in oder außerhalb eines Rechtsbehelfsverfahrens bleiben sie grundsätzlich wirksam, es sei denn, es liegt ausnahmsweise ein Nichtigkeitsgrund vor.

Die drei Gegensatzpaare haben somit nicht nur eigenständige Bedeutung, sondern stellen zugleich die drei Stufen dar, die bei fehlerhaften Verwaltungsakten nacheinander durchzugehen sind. Auf der 1. Stufe ist zu prüfen, ob der Verwaltungsakt mit einem Fehler behaftet ist. Ist das nicht der Fall, ist der Verwaltungsakt fehlerfrei und damit rechtmäßig und wirksam. Liegt ein fehlerhafter Verwaltungsakt vor, muß auf der 2. Stufe weiter untersucht werden, ob der Fehler den Verwaltungsakt rechtswidrig oder bloß unrichtig macht. Ist Rechtswidrigkeit im weiteren Sinne anzunehmen, muß auf der 3. Stufe nach deren Rechtsfolge (Nichtigkeit oder Aufhebbarkeit) gefragt werden.

45. Ein Verwaltungsakt ist fehlerhaft, wenn die Verwaltung die Verhaltensmaßstäbe nicht beachtet hat, die die Rechtsordnung ihr vorgibt. Diese generelle Aussage ergibt sich aus der in Art. 20 Abs. 3 GG festgelegten Bindung der Verwaltung an Gesetz und Recht.

Herkömmlicherweise unterscheidet man zwischen formellen und materiellen Fehlern.

Formelle Fehler sind solche, die sich auf das Zustandekommen des Verwaltungsakts beziehen. Typische formelle Fehler sind die Nichtbeachtung von Zuständigkeitsregelungen sowie die Verletzung von Form- und Verfahrensvorschriften.

Materielle Fehler sind solche, die sich auf den Inhalt des Verwaltungsakts beziehen. Dazu gehören insbesondere das Fehlen einer Ermächtigungsgrundlage bzw. die Nichtbeachtung einer Anspruchsgrundlage, inhaltliche Unbestimmtheit, rechtliche oder tatsächliche Unmöglichkeit, Mißachtung des Verhältnismäßigkeitsprinzips, fehlerhafte Ermessensbetätigung, Verstoß gegen Grundrechte oder sonstige Verfassungsprinzipien.
(Siehe auch das Prüfungsschema "Anforderungen an die Rechtmäßigkeit belastender Verwaltungsakte" im Anhang sowie zur Vertiefung Hoppenberg, JA 1983, 499 mit JA-Studienbogen Nr. 15.)

46. Unter dem Begriff der (bloßen) Unrichtigkeit faßt man die Fehler zusammen, die nicht zur Rechtswidrigkeit des Verwaltungsakts führen. Dazu gehören folgende Fallgruppen:

Nach § 42 VwVfG kann die Behörde Schreibfehler, Rechenfehler und ähnliche offenbare Unrichtigkeiten in einem Verwaltungsakt jederzeit einfach berichtigen.

Ist eine gesetzlich vorgeschriebene Rechtsbehelfsbelehrung nicht oder unrichtig erteilt worden, beginnt nicht die normale Rechtsbehelfsfrist, sondern regelmäßig eine Jahresfrist zu laufen (§ 58 Abs. 2 VwGO).

Nach § 46 VwVfG ist die Verletzung von Vorschriften über das Verfahren, die Form oder die örtliche Zuständigkeit dann rechtlich unerheblich, wenn keine andere Entscheidung in der Sache hätte getroffen werden können und der Fehler nicht zur Nichtigkeit führt.

Zur Kategorie der unrichtigen Verwaltungsakte kann man auch den bloß unzweckmäßigen Verwaltungsakt rechnen, den das nur zur Rechtmäßigkeitskontrolle aufgerufene Gericht nicht aufheben darf, wohl aber die Widerspruchsbehörde (vgl. § 68 VwGO).

47. Als (schlicht) rechtswidrig bezeichnet man einen Verwaltungsakt, der rechtswidrig, aber nicht nichtig ist. Zu dieser Gruppe zählen die allermeisten der fehlerhaften Verwaltungsakte.

Ein (schlicht) rechtswidriger Verwaltungsakt wird wie ein rechtmäßiger Verwaltungsakt mit der Bekanntgabe (zunächst) wirksam. Dies läßt sich § 43 VwVfG entnehmen, der die (schlichte) Rechtswidrigkeit nicht als Unwirksamkeitsgrund aufführt. Auch der (schlicht) rechtswidrige Verwaltungsakt entfaltet daher (zunächst) die ausgesprochenen Rechtswirkungen.

Die Rechtswidrigkeit eröffnet aber dem Betroffenen die Möglichkeit, den Verwaltungsakt in einem förmlichen Rechtsbehelfsverfahren von der Verwaltung oder vom Gericht aufheben zu lassen (vgl. §§ 42, 68, 113 VwGO). Erst mit der ausdrücklichen Aufhebung endet die Wirksamkeit des Verwaltungsakts (§ 43 Abs. 2 VwVfG). Man nennt den (schlicht) rechtswidrigen Verwaltungsakt daher auch "anfechtbar" oder "aufhebbar".

Unterläßt es der Betroffene, den (schlicht) rechtswidrigen Verwaltungsakt innerhalb der Rechtsbehelfsfristen anzufechten, wird er bestandskräftig, das heißt, es bleibt grundsätzlich endgültig dabei, daß er wirksam ist.

Der rechtspolitische Grund für diese auf den ersten Blick erstaunlichen Rechtswirkungen des (schlicht) rechtswidrigen Verwaltungsakts liegt in der Funktion des Verwaltungsakts, verbindlich Klarheit über die Rechte und Pflichten zwischen Staat und Bürger zu schaffen. Rechtssicherheit und damit Rechtsfrieden sind nur erreichbar, wenn auch der rechtswidrige Verwaltungsakt, solange er nicht förmlich aufgehoben ist, grundsätzlich wirksam ist. Wäre die Wirksamkeit an die Rechtmäßigkeit gebunden, hätte der Verwaltungsakt nicht mehr Bedeutung als ein bloßer Hinweis auf die Rechtslage. Härten im Einzelfall lassen sich dadurch vermeiden, daß die Behörde einen rechtswidrigen Verwaltungsakt auch noch nach Eintritt der Bestandskraft gem. § 48 VwVfG zurücknehmen kann.

48. Bei der Prüfung, ob ein Verwaltungsakt nichtig ist, empfiehlt sich, in folgender Reihenfolge vorzugehen:

In erster Linie sind spezialgesetzliche Vorschriften (z.B. § 11 BBG zur Nichtigkeit der Beamtenernennung) heranzuziehen.

Im übrigen gilt § 44 VwVfG, dessen Absätze bei der Rechtsanwendung umzustellen sind.

Die Prüfung beginnt sinnvollerweise mit dem Positivkatalog des Absatzes 2, der mit seinen absoluten (evidenzunabhängigen) Nichtigkeitsgründen eine sichere und schnelle Feststellung der Nichtigkeit ermöglicht.

Erst danach ist die Generalklausel des Absatzes 1 zu untersuchen, wobei vorab zu klären ist, ob der Fehler nicht nach dem Negativkatalog des Absatzes 3 nichtigkeitsirrelevant ist. Bei der Prüfung, ob es sich um einen besonders schwerwiegenden und offenkundigen Fehler handelt, ist auch vom Ergebnis her zu argumentieren. Einerseits sollen die Fälle der Nichtigkeit in engen Grenzen gehalten werden, andererseits müssen völlig untragbare Ergebnisse verhindert werden. Das führt dazu, daß die Anforderungen an die Offenkundigkeit mit steigender Schwere des Fehlers immer mehr gemindert werden.

Auf den ersten Blick erscheint es unnötig, gegen eine behördliche Maßnahme, die keinerlei Rechtswirkungen äußert, etwas zu unternehmen. Es darf aber nicht übersehen werden, daß auch ein nichtiger Verwaltungsakt zunächst einmal von außen als verbindliche staatliche Anordnung erscheint und von der erlassenden Behörde als solche auch behandelt wird.

Infolgedessen besteht häufig ein berechtigtes Interesse daran, den Rechtsschein eines Verwaltungsakts zu beseitigen. Das kann logischerweise nicht im Wege des Gestaltungsakts der Aufhebung erfolgen, da rechtlich nichts da ist, was aufgehoben werden könnte. Das richtige Mittel ist vielmehr die Feststellung der Nichtigkeit. Dazu sieht das Gesetz zwei verschiedene Wege vor.

Nach § 44 Abs. 5 VwVfG kann der Betroffene bei der Behörde, die den Verwaltungsakt erlassen hat, einen Antrag auf Feststellung der Nichtigkeit stellen. Diesem ist zu entsprechen, wenn der Antragsteller hieran ein berechtigtes Interesse hat. Im übrigen kann die Behörde die Nichtigkeit auch jederzeit von Amts wegen feststellen.

Zur gerichtlichen Klärung der Gültigkeit eines Verwaltungsakts stellt § 43 VwGO die Feststellungsklage zur Verfügung. Sie ist zulässig, wenn der Kläger ein berechtigtes Interesse an der alsbaldigen Feststellung der Nichtigkeit hat. Das ist insbesondere dann der Fall, wenn zu befürchten ist, daß die Verwaltung Konsequenzen aus dem nichtigen Verwaltungsakt ziehen wird.

Darüber hinaus ist allgemein anerkannt, daß der Adressat eines nichtigen Verwaltungsakts aber auch wie beim (schlicht) rechtswidrigen Verwaltungsakt Widerspruch einlegen und Anfechtungsklage erheben kann. Ein gesetzlicher Hinweis darauf läßt sich in § 43 Abs. 2 S. 2 VwGO finden. Dieser dogmatisch unrichtige Weg wird aus verfahrensökonomischen Gründen zugelassen. Die Entscheidung, ob ein Verwaltungsakt nichtig oder nur aufhebbar ist, bereitet sehr große Schwierigkeiten. Es kann dem Rechtsschutzsuchenden aber nicht zugemutet werden, sich bindend für eine der Alternativen entscheiden zu müssen und damit Gefahr zu laufen, durch einen unrichtigen Antrag den Prozeß zumindest teilweise zu verlieren, obwohl er in der Sache Recht hat.

49. Als Nichtakt oder Nichtverwaltungsakt werden solche Maßnahmen bezeichnet, die dem äußeren Erscheinungsbild nach einen Verwaltungsakt darstellen könnten, in Wirklichkeit aber nicht von einer Behörde stammen.

Erscheinungsformen des Nicht(verwaltungs)akts sind die Amtsanmaßung, der unmittelbare Zwang und die Scherzhandlung.

Die Schaffung einer besonderen Kategorie neben dem nichtigen Verwaltungsakt rechtfertigt sich damit, daß die fehlende Amtlichkeit der Maßnahme nicht unbedingt offenkundig sein muß, vielfach sogar mit aller

Anstrengung verborgen wird. Bei Anwendung der Evidenztheorie (§ 44 Abs. 1 VwVfG) könnte deshalb die Unwirksamkeit der Maßnahme problematisch sein. Es muß aber sichergestellt sein, daß Nicht(verwaltungs)-akte unter keinen Umständen Rechtswirkung erlangen.

Da der Nicht(verwaltungs)akt wie der nichtige Verwaltungsakt den Rechtsschein eines (gültigen) Verwaltungsakts erzeugen kann, sind gegen ihn die gleichen Rechtsbehelfe zulässig wie gegen den nichtigen Verwaltungsakt (siehe Frage 48).

50. a) Örtlich zuständig für den Erlaß einer Beseitigungsanordnung ist die Bauaufsichtsbehörde, in deren Bereich das Bauvorhaben durchgeführt wird (vgl. z.B. § 79 Abs. 1 BauO NW), im Beispielsfall also die Stadt C.

Die Verletzung der örtlichen Zuständigkeit wird vom Gesetz sehr unterschiedlich gewichtet. Nach § 44 Abs. 2 Nr. 3 VwVfG ist ein Verwaltungsakt nichtig, den eine Behörde außerhalb ihrer durch § 3 Abs. 1 Nr. 1 VwVfG begründeten Zuständigkeit erlassen hat, ohne dazu ermächtigt zu sein. Das betrifft die Fälle, in denen in Angelegenheiten, die sich auf unbewegliches Vermögen oder ein ortsgebundenes Recht oder Rechtsverhältnis beziehen, die Behörde (ausschließlich) örtlich zuständig ist, in deren Bezirk das Vermögen oder der Ort liegt. Im übrigen bestimmt § 44 Abs. 3 Nr. 1 VwVfG, daß ein Verwaltungsakt nicht schon deshalb nichtig ist, weil Vorschriften über die örtliche Zuständigkeit nicht eingehalten worden sind. Nach § 46 VwVfG sind solche Zuständigkeitsfehler sogar, wenn keine andere Entscheidung in der Sache hätte getroffen werden können, für den Bestand des Verwaltungsakts völlig rechtsunerheblich.

Beim Vollzug baurechtlicher Vorschriften richtet sich die örtliche Zuständigkeit nach der Belegenheit der Sache, so daß die Verletzung der örtlichen Zuständigkeit gem. § 44 Abs. 2 Nr. 3 VwVfG die Nichtigkeit des erlassenen Verwaltungsakts zur Folge hat (vgl. BayVGH BayVBl 1976, 726).

b) Nach § 42 S. 1 VwVfG können Schreibfehler, Rechenfehler und ähnliche offenbare Unrichtigkeiten in einem Verwaltungsakt jederzeit berichtigt werden.

Der entscheidende Oberbegriff sind die "offenbaren Unrichtigkeiten". Schreib- und Rechenfehler werden nur insoweit erfaßt, als sie offenkundig sind. Der Fehler, d.h. der Widerspruch zwischen dem, was die Behörde gewollt hat, und der objektiven Aussage des Verwaltungsakts muß ohne weiteres erkennbar sein (BVerwGE 40, 212, 216). Das ist bei Rechenfehlern z.B. dann nicht der Fall, wenn die Berechnungsgrundlagen im Bescheid nicht enthalten und auch aus den sonstigen Umständen nicht unschwer erkennbar sind.

Die Festsetzung des Ruhegeldes des D ist offenbar unrichtig, da sie auf einem aus dem Bescheid selbst unmittelbar ersichtlichen Additionsfehler beruht.

Mit der Berichtigung fällt der Rechtsgrund für den überzahlten Betrag rückwirkend weg. Einer Rücknahme im Sinne des § 48 VwVfG, die nur im Rahmen der in Absatz 2 aufgestellten Grundsätze über den Vertrauensschutz zulässig ist, bedarf es nicht. D muß deshalb die zuviel erhaltenen Beträge nach Maßgabe des § 87 Abs. 2 BBG (bzw. der entsprechenden landesrechtlichen Vorschriften) zurückerstatten (vgl. BVerwG DÖV 1970, 747).

c) Die Fahrerlaubnis wird gem. § 10 Abs. 1 StVZO erteilt, indem der anerkannte Sachverständige oder Prüfer für den Kraftfahrzeugverkehr dem Antragsteller nach bestandener Prüfung den von der Verwaltungsbehörde vorbereiteten Führerschein aushändigt. Der Prüfer hat die Aushändigung auf dem Führerschein zu vermerken und der Verwaltungsbehörde unter Angabe des Datums mitzuteilen.

   Wird eine Amtshandlung wie hier die Aushändigung des Führerscheins und die Eintragung des Aushändigungsvermerks durch unmittelbaren Zwang herbeigeführt, ist sie der Behörde nicht zurechenbar. Gehandelt hat in Wirklichkeit die Privatperson, die den Zwang ausgeübt hat. Es liegt ein Nicht(verwaltungs)akt vor, der keinerlei Rechtswirkung äußert. (Ein weiteres Beispiel für einen Nicht(verwaltungs)akt enthält Frage 28 b.)

d) Die Gemeinden und Gemeindeverbände dürfen nach Maßgabe des KAG Abgaben erheben. Voraussetzung ist nach § 2 Abs. 1 KAG NW eine Satzung, die den Kreis der Abgabeschuldner, den die Abgabe begründenden Tatbestand, den Maßstab und den Satz der Abgabe sowie den Zeitpunkt ihrer Fälligkeit angeben muß.

   Beitragsbescheide, die trotz Fehlens einer solchen Satzung oder aufgrund einer unwirksamen Satzung erlassen worden sind, sind mangels (wirksamer) Rechtsgrundlage fehlerhaft und rechtswidrig im weiteren Sinne. Mit Rücksicht darauf, daß das Prinzip des Vorbehalts des Gesetzes nach Art. 20 Abs. 3 GG eine der wichtigsten verfassungsrechtlichen Anforderungen an das Verwaltungshandeln überhaupt darstellt, müßte man annehmen, daß das Fehlen einer (gültigen) Rechtsgrundlage immer einen besonders schwerwiegenden und meist auch offenkundigen Fehler darstellt, der regelmäßig zur Nichtigkeit des Verwaltungsakts führt. Nach ständiger höchstrichterlicher Rechtsprechung (BVerwGE 1, 67, 69 f.; 19, 284, 287; NJW 1974, 1961, 1963) ist aber auch der sog. "gesetzlose" Verwaltungsakt im allgemeinen nicht nichtig, sondern nur anfechtbar. Jedem rechtswidrigen Verwaltungsakt fehlt die gesetzliche Grundlage, denn das allein ist der Grund für seine Rechtswidrigkeit. Der "gesetzlose" Verwaltungsakt kann deshalb keine eigene, einwandfrei vom (schlicht) rechtswidrigen Verwaltungsakt zu unterscheidende Kategorie darstellen. Deshalb muß auch in diesen Fällen immer im Einzelfall geprüft werden, ob der Fehler als besonders schwer erscheint und ob dies für einen verständigen Bürger offenkundig ist.

Ein Verwaltungsakt, der sich nicht auf eine gesetzlich vorgeschriebene Satzung stützen kann, wird regelmäßig als wirksam angesehen. Das Vorhandensein einer ausdrücklichen gesetzlichen Ermächtigung (hier §§ 1 Abs. 1 und 8 KAG NW) schließt es aus, den Verwaltungsakt als besonders schwer und offenkundig fehlerhaft zu werten. Solange die Beitragsbescheide nicht im Rechtsbehelfsverfahren aufgehoben oder nach § 48 Abs. 1 S. 1 VwVfG zurückgenommen sind, sind sie somit rechtswirksam (vgl. auch OVG Münster MDR 1978, 82 für aufgrund nichtigen Bebauungsplans (Satzung) erlassene Baugenehmigungen).

e) Nach § 37 Abs. 3 VwVfG muß ein schriftlicher Verwaltungsakt die erlassende Behörde erkennen lassen und die Unterschrift oder die Namenswiedergabe des Behördenleiters, seines Vertreters oder seines Beauftragten enthalten.

§ 44 Abs. 2 Nr. 1 VwVfG erhebt die Nichtbeachtung der ersten Anforderung zu einem absoluten Nichtigkeitsgrund. Läßt ein schriftlicher Verwaltungsakt den Urheber nicht erkennen, kann der Bürger nicht einmal mit Sicherheit feststellen, ob das Schreiben überhaupt von einer Behörde stammt oder ob es sich um einen Nicht(verwaltungs)akt handelt. Weiter ist nicht sicher, ob nicht vielleicht eine absolut unzuständige Behörde tätig geworden und der Verwaltungsakt deshalb unwirksam ist. Schließlich werden Rechtsbehelfe gegen den Verwaltungsakt zumindest erschwert, wenn nicht gar unmöglich gemacht. Die Erkennbarkeit der erlassenden Behörde stellt deshalb eine Mindestanforderung an einen wirksamen schriftlichen Verwaltungsakt dar. Daß die dem Bürger G zugestellte Ordnungsverfügung nicht auf einen Behördenbogen mit genauer Bezeichnung der erlassenden Stelle im Briefkopf geschrieben ist, begründet allein noch keinen Verstoß gegen § 37 Abs. 3 VwVfG. Nach der Fassung dieser Vorschrift ist es erforderlich, aber auch ausreichend, daß die Ausgangsbehörde aus dem Schriftstück selbst eindeutig ersichtlich ist. Die erlassende Behörde kann im Text des Verwaltungsakts, insbesondere in der Rechtsbehelfsbelehrung, oder auf dem Briefumschlag genannt sein. Die an G gerichtete Ordnungsverfügung ist deshalb nur dann nach § 44 Abs. 2 Nr. 1 VwVfG nichtig, wenn das Schriftstück gar keinen sicheren Anhaltspunkt für die Feststellung der erlassenden Behörde enthält.

Welche Folgen das Fehlen der in § 37 Abs. 3 VwVfG ebenfalls vorgeschriebenen Unterschrift oder Namenswiedergabe hat, ist umstritten. Teils wird grundsätzlich oder zumindest dann, wenn nicht mit hinreichender Sicherheit ausgeschlossen werden kann, daß der Akt noch nicht als endgültige Entscheidung der Behörde gewollt war, Nichtigkeit nach § 44 Abs. 1 VwVfG angenommen. Teils wird aus § 44 Abs.2 Nr. 1 VwVfG der Umkehrschluß gezogen, daß die Nichteinhaltung der zweiten Anforderung des § 37 Abs. 3 VwVfG den Verwaltungsakt nicht nichtig, sondern nur (schlicht) rechtswidrig macht. Dieser Ansicht ist der Vorzug zu geben. § 37 Abs. 4 VwVfG, der Unterschrift und Namenswiedergabe bei mit Hilfe automatischer Einrichtungen erlassenen Verwaltungsakten für entbehrlich erklärt, zeigt, daß die Unterschrift bzw. Namenswiedergabe nicht zu den unverzichtbaren Bestandteilen eines Verwaltungsakts gehört. Die Übersendung des Verwaltungsakts, insbesondere im Wege der förmlichen Zustellung, ist ein viel stärkeres Indiz für den Regelungswillen der Behörde als die Unterschrift oder gar die schon im Entwurf enthaltene Namenswiedergabe.

f) Der Verwaltungsakt leidet an einem besonders schwerwiegenden Fehler, da er in krassem Widerspruch zur Wertordnung des Grundgesetzes steht, das in Art. 12 a nur Männer der Wehrpflicht unterwirft. Dies ist für jeden verständigen Betrachter auch offenkundig, so daß der Musterungsbescheid nach § 44 Abs. 1 VwVfG nichtig ist.

g) § 39 Abs. 1 S. 1 VwVfG schreibt vor, daß ein schriftlicher oder schriftlich bestätigter Verwaltungsakt zu begründen ist. Die Begründungspflicht ist ein wesentliches Erfordernis jedes rechtsstaatlichen Verfahrens. Sie soll die Behörde zu sorgfältigem Vorgehen zwingen und dem Bürger die Möglichkeit geben, sich über die Erfolgsaussicht von Rechtsbehelfen schlüssig zu werden. Widerlegen kann man nur Argumente, die einem bekannt sind. Die an I gerichtete Untersagungsverfügung unterliegt der Begründungspflicht, da sie schriftlich ergangen ist und ein Ausnahmegrund gem. § 39 Abs. 2 VwVfG nicht eingreift.

§ 39 Abs. 1 S. 2 VwVfG legt Inhalt und Umfang der Begründungspflicht fest: "In der Begründung sind die wesentlichen tatsächlichen und rechtlichen Gründe mitzuteilen, die die Behörde zu ihrer Entscheidung bewogen haben." Für die Begründung von Ermessensentscheidungen fordert § 39 Abs. 1 S. 3 VwVfG darüber hinaus, daß sie auch die Gesichtspunkte erkennen lassen soll, von denen die Behörde bei der Ausübung ihres Ermessens ausgegangen ist. Diesen Anforderungen genügt weder die Untersagungsverfügung noch der Widerspruchsbescheid. Es fehlt in beiden Fällen sowohl die Angabe der Rechtsgrundlage als auch die Mitteilung der für die Entscheidung maßgeblichen tatsächlichen Gründe. § 39 Abs. 1 VwVfG ist damit verletzt.

Vergleicht man den Verstoß gegen § 39 Abs. 1 VwVfG mit den in § 44 Abs. 2 und 3 VwVfG aufgeführten formellen Fehlern, wird man jedenfalls im Falle einer unvollständigen Begründung keine Nichtigkeit nach § 44 Abs. 1 VwVfG annehmen können. Der Verwaltungsakt ist vielmehr grundsätzlich (schlicht) rechtswidrig. Bei Form- und Verfahrensfehlern, die nicht zur Nichtigkeit führen, sind die §§ 45, 46 VwVfG zu beachten.

§ 45 VwVfG sieht die Möglichkeit einer Heilung von bestimmten Verfahrens- und Formfehlern durch Nachholung der in Frage stehenden Verfahrenshandlung vor. Nach § 45 Abs. 1 Nr. 2 VwVfG kann auch die sich aus einem Verstoß gegen § 39 Abs. 1 VwVfG ergebende Rechtswidrigkeit wieder beseitigt werden, indem die erforderliche Begründung nachträglich gegeben wird. Die Bauaufsichtsbehörde hat ihre unzureichende Begründung im Verwaltungsprozeß vervollständigt. § 45 Abs. 2 VwVfG setzt der Möglichkeit der Nachholung von Verfahrenshandlungen aber eine zeitliche Grenze: Die Gestaltungsmöglichkeit der Verwaltung endet im Interesse einer sinnvollen Abgrenzung der Aufgaben der Verwaltung von denen der Gerichte mit dem Abschluß des Vorverfahrens oder, falls ein Vorverfahren nicht stattfindet, mit der Erhebung der verwaltungsgerichtlichen Klage. Danach ist die Nachholung der Begründung verspätet, so daß sie die Rechtswidrigkeit nicht beseitigt.

Nach § 46 VwVfG kann jedoch die Aufhebung eines (schlicht rechtswidrigen) Verwaltungsakts nicht allein deshalb beansprucht werden, weil er unter Verletzung von Vorschriften über das Verfahren, die Form oder die örtliche Zuständigkeit zustande gekommen ist, wenn keine andere Entscheidung in der Sache hätte getroffen werden können. Ob eine andere Entscheidung in der Sache hätte getroffen werden können, richtet sich nach ganz herrschender Meinung nicht nach der subjektiven Einstellung der Behörde im konkreten Einzelfall, sondern danach, ob abstrakt betrachtet rechtlich eine Entscheidungsalternative bestanden hat. § 46 VwVfG bezieht sich folglich grundsätzlich nur auf gebundene Verwaltungsakte. Im Bereich der Ermessensverwaltung ist, abgesehen vom Sonderfall der Ermessensreduzierung auf Null, immer eine andere Entscheidung möglich, so daß § 46 VwVfG regelmäßig nicht in Betracht kommt (BVerwG NJW 1981, 1683; OVG Münster NJW 1981, 936). Der Erlaß einer Bauordnungsverfügung steht als Maßnahme der Gefahrenabwehr grundsätzlich im Ermessen der Behörde (§ 76 BauO NW i.V.m. § 14 OBG NW). Es wäre demnach auch eine andere Sachentscheidung, etwa eine zahlenmäßige Begrenzung der Tauben oder ein Freiflugverbot, möglich gewesen, so daß der Fehler nicht nach § 46 VwVfG unbeachtlich ist.

Die Anfechtungsklage ist somit begründet, die Untersagungsverfügung aufzuheben. (Eine ausführliche klausurmäßige Lösung dieses Falls bietet Habermehl, JA 1983, Ü 78.)

Hingewiesen sei noch auf folgendes:
Von dem Problem der "Nachholung der Begründung" zu unterscheiden ist das sog. "Nachschieben von Gründen". Während im ersten Fall der Verwaltungsakt den formellen Anforderungen des § 39 Abs. 1 VwVfG nicht genügt, geht es beim Nachschieben von Gründen darum,

daß eine formal ausreichende Begründung materiellrechtlich die Entscheidung nicht zu rechtfertigen vermag und später durch die inhaltlich richtige Begründung ersetzt werden soll (treffender wäre deshalb der Ausdruck "Austausch von Gründen"). Nach ständiger höchstrichterlicher Rechtsprechung (vgl. BVerwG DVBl 1982, 548 m.w.N.) ist das Nachschieben von Gründen auch noch im Verwaltungsgerichtsprozeß zulässig, wenn die neuen Gründe schon bei Erlaß des Verwaltungsakts bestanden haben, der Verwaltungsakt dadurch nicht in seinem Wesen verändert und die Rechtsverteidigung des Klägers nicht unzumutbar beeinträchtigt wird. Während das BVerwG (a.a.O) auch nach Inkrafttreten der Verwaltungsverfahrensgesetze an diesen Grundsätzen festhält, wird zum Teil die zeitliche Grenze des § 46 Abs. 2 VwVfG auf das Nachschieben von Gründen übertragen (OVG Münster NJW 1981, 936; VG Köln NJW 1981, 780. Zur Vertiefung vgl. Schoch, DÖV 1984, 401).

h) § 28 Abs. 1 VwVfG verpflichtet die Behörde, bevor sie einen Verwaltungsakt erläßt, der in Rechte eines Beteiligten eingreift, diesem Gelegenheit zu geben, sich zu den für die Entscheidung erheblichen Tatsachen zu äußern.

Leider hat der Gesetzgeber diese zentrale Anforderung an ein rechtsstaatliches Verfahren bereits selbst erheblich relativiert. So sind nicht nur in § 28 Abs. 2 und 3 VwVfG in weitem Umfang Ausnahmen zugelassen, sondern Verstöße gegen die Anhörungspflicht sogar nach § 45 Abs. 1 Nr. 3 VwVfG durch Nachholung der Anhörung bis zum Abschluß des Vorverfahrens bzw. bis zur Erhebung der verwaltungsgerichtlichen Klage heilbar.

Darauf aufbauend hat das BVerwG die Durchsetzungskraft des § 28 Abs. 1 VwVfG weiter geschwächt. Die höchstrichterliche Entscheidung des Beispielsfalls (BVerwGE 66, 111) hat zu folgendem Leitsatz geführt: "Ergeht ein mit Gründen versehener Verwaltungsakt mit einer Belehrung darüber, daß dagegen Widerspruch erhoben werden kann, so wird ein ursprünglicher Verstoß gegen das Anhörungsgebot des § 28 Abs. 1 VwVfG in der Regel durch den Erlaß des Widerspruchsbescheids gemäß § 45 Abs. 1 Nr. 3 VwVfG geheilt, ohne daß es dazu einer besonderen Maßnahme der Behörde bedarf." Nach Ansicht des Gerichts muß dem Betroffenen bewußt sein, daß er mit Hilfe des Widerspruchs Gelegenheit hat, alles vorzubringen, was sich gegen den Verwaltungs-

akt anführen läßt. Ob er diese Gelegenheit nutzt, ist seine Sache. Im Leitsatz 4 zur Entscheidung BVerwGE 66, 184 wird dieser Grundsatz bestätigt und präzisiert: "Die Nachholung der Anhörung bedarf nur dann eines besonderen Hinweises an den Beteiligten, wenn die Behörde bei Erlaß des Verwaltungsakts eine nach ihrer rechtlichen Einschätzung entscheidungserhebliche Tatsache übersehen und der Beteiligte sich dazu auch nicht geäußert hat." Das BVerwG betont zwar weiter einschränkend, daß die Behörde ein etwaiges Vorbringen des Betroffenen zur Kenntnis nehmen und bei ihrer Entscheidung in Erwägung ziehen müsse und daß dafür bei Ermessensentscheidungen nicht die Widerspruchsbehörde, sondern die Ausgangsbehörde zuständig sei. Es ist aber nicht zu übersehen, daß die Rechtsprechung das Anhörungsgebot im Bewußtsein des Verwaltungsbeamten damit weitgehend entwertet hat und seine Einhaltung für die Ausgangsbehörde nicht mehr als rechtliche Notwendigkeit erscheinen läßt.
(Vgl. auch die Urteilsbesprechung von Osterloh in JuS 1984, 566 und Wittmann, APF 1984, 141.)

i) Nach der Aufgabenverteilung des § 8 FlurbG hat die <u>instanziell unzuständige Behörde</u> gehandelt, da eine Änderung, die das Flurbereinigungsgebiet um fast 50% erweitert, nicht mehr als geringfügig angesehen werden kann.

Das VwVfG geht ausdrücklich nur auf die Verletzung der örtlichen Zuständigkeit ein (§§ 44 Abs. 2 Nr. 3, Abs. 3 Nr. 1 und 46). Diese Vorschriften sind auf die Verletzung der sachlichen (einschließlich der instanziellen) Zuständigkeit nicht (auch nicht analog) anwendbar.

Insoweit verbleibt es beim Grundsatz des § 44 Abs. 1 VwVfG. Der Zuständigkeitsfehler führt deshalb nur dann zur Nichtigkeit, wenn er besonders schwerwiegend und offenkundig ist. Das ist bei einer Verletzung der sachlichen Zuständigkeit nur anzunehmen, wenn ein Fall der absoluten Unzuständigkeit vorliegt, d.h. die Behörde unter keinen wie immer gearteten Umständen mit der Sache befaßt sein kann, sei es, daß es sich um die Behörde eines anderen hoheitlichen Verbandes (Bund statt Land, Land statt Gemeinde), um die Behörde eines anderen Ressorts (z.B. Flurbereinigungsbehörde statt Straßenverkehrsbehörde, vgl. BayObLG NJW 1965, 1973, 1976) oder um eine Behörde handelt, die dem für den konkreten Fall eröffneten Instanzenzug nicht angehört (BVerwG DÖV 1972, 172, 173). Im Falle der instanziellen Zuständigkeit trifft das, wenn die untere statt der oberen Behörde desselben Ressorts oder umgekehrt die obere anstelle der unteren handelt, regelmäßig nicht zu. Das gilt besonders im vorliegenden Fall, bei dem nach § 8 FlurbG sowohl die obere als auch die untere Flurbereinigungsbehörde zuständig sein kann und die Abgrenzung der Zuständigkeiten von der Auslegung des Begriffs "geringfügig" abhängt. Der Zuständigkeitsmangel macht den Beschluß der unteren Flurbereinigungsbehörde somit nicht nichtig, sondern nur (schlicht) rechtswidrig (BVerwG a.a.O.).

Auch die unterlassene Beteiligung der Forstaufsichtsbehörde, deren Zustimmung nach § 85 Nr. 2 FlurbG erforderlich ist, führt nicht zur Nichtigkeit des Verwaltungsakts. Nach § 44 Abs. 3 Nr. 4 VwVfG ist ein Verwaltungsakt nicht schon deshalb nichtig, weil die nach einer Rechtsvorschrift erforderliche Mitwirkung einer anderen Behörde unterblieben ist (so auch BVerwG a.a.O. für die Rechtslage vor Inkrafttreten des VwVfGes). Der Fehler kann gem. § 45 Abs. 1 Nr. 5 VwVfG durch Nachholung der Mitwirkung geheilt werden. Ansonsten ist der Verwaltungsakt (schlicht) rechtswidrig.

j) Nach § 44 Abs. 2 Nr. 6 VwVfG ist ein Verwaltungsakt absolut nichtig, der gegen die guten Sitten verstößt. Es entspricht einem allgemeinen Rechtsgrundsatz, daß sittenwidrige Rechtshandlungen keine Rechtswirkungen entfalten (vgl. für das Privatrecht § 138 BGB).

Dem Wortlaut nach gilt § 44 Abs. 2 Nr. 6 VwVfG zunächst für Verwaltungsakte, die selbst nach Inhalt und Zweck gegen die guten Sitten verstoßen (z.B. ein baurechtlicher Vorbescheid, der von der kostenlosen Abtretung einer Grundstücksfläche für Verkehrszwecke abhängig gemacht wird, BayVGH BayVBl 1976, 237). Darüber hinaus ist die Vorschrift aber auch auf solche Verwaltungsakte anzuwenden, die dem Adressaten ein sittenwidriges Verhalten gebieten oder erlauben.

Das BVerwG hat in einer Aufsehen erregenden Entscheidung (NJW 1982, 664) festgestellt, daß der Betrieb einer Peep-Show den guten Sitten zuwiderläuft und eine dazu nach § 33 a Abs. 1 GewO erforderliche Erlaubnis gem. § 33 a Abs. 2 Nr. 1 GewO zu versagen ist. Teilt man diese Ansicht, so ist eine bereits erteilte Erlaubnis nach § 44 Abs. 2 Nr. 6 VwVfG nichtig, was die zuständigen Behörden nach § 15 Abs. 2 GewO regelmäßig verpflichtet, die Fortsetzung des Betriebes zu verhindern (a.A. Kirchberg, NVwZ 1983, 141).

Das BVerwG weist in der Urteilsbegründung zunächst darauf hin, daß der Begriff der guten Sitten ein unbestimmter, ausfüllungsbedürftiger Rechtsbegriff ist, mit dem das Gesetz auf die dem geschichtlichen Wandel unterworfenen sozialethischen Wertvorstellungen verweist, die in der Rechtsgemeinschaft als maßgebliche Ordnungsvoraussetzungen anerkannt sind. Im folgenden setzt das Gericht sich aber nicht damit auseinander, ob der Betrieb einer Peep-Show dem für den Begriff der guten Sitten maßgeblichen sozialethischen Unwerturteil der Rechtsgemeinschaft unterliegt, sondern weicht auf eine höhere, vorgeblich objektive Argumentationsebene aus. Im Ansatz unangreifbar erblickt es in den wertethischen Prinzipien des Grundgesetzes den Kernbestand des maßgeblichen Ordnungsgefüges. Ein Verhalten, das einer im Grundgesetz verankerten Wertstellung widerspricht, verletzt die guten Sitten. Art. 1 Abs. 1 GG erklärt die Würde des Menschen für unantastbar und macht ihre Achtung und ihren Schutz aller staatlichen Gewalt zur Verpflichtung. Die Menschenwürde ist verletzt, wenn die einzelne Person zum Objekt herabgewürdigt wird. Das ist nach Ansicht des BVerwGs bei der Peep-Show der Fall, wobei es zur Begründung (in schönstem Juristendeutsch) auf folgende Umstände der Veranstaltung hinweist:

"die durch die Art der Bezahlung vermittelte Atmosphäre eines mechanisierten und automatisierten Geschäftsvorganges bei dem der Anblick der nackten Frau wie die Ware eines Automaten durch Münzeinwurf verkauft und gekauft wird; die durch den Fensterklappenmechanismus und den einseitigen Sichtkontakt hervorgehobene verdingliche Isolierung der als Lustobjekt zur Schau gestellten Frau vor im Verborgenen bleibenden Voyeuren; der durch diesen Geschehensablauf besonders kraß hervortretende Eindruck einer entpersonifizierenden Vermarktung der Frau; die Isolation auch des allein in der Kabine befindlichen Zuschauers und das damit verbundene Fehlen einer sozialen Kontrolle; die durch das System der Einzelkabine bewußt geschaffene Möglichkeit der Selbstbefriedigung und deren kommerzielle Ausnutzung."

In der juristischen Literatur (vgl. insbesondere Bücking, VR 1984, 210, Gusy, DVBl 1982, 984, Hoerster, JuS 1983, 93 und 647 mit Gegenrede von Wildanger-Hofmeister, JuS 1983, 407 sowie von Olshausen, NJW 1982, 2221) wie in den Medien ist dieses Urteil überwiegend heftig kritisiert worden. Bedenken ergeben sich vor allem daraus, daß die Frau sich bewußt selbst zur Schau stellt und daß die Differenzierung zwischen erlaubter Prostitution und Striptease-Darbietung einerseits und verbotener Peep-Show andererseits wenig überzeugend ist.

VI. Bestandskraft, Rücknahme und Widerruf von Verwaltungsakten

A. Fragen

51. Was versteht man unter der formellen und der materiellen Bestandskraft?

52. Ist eine Durchbrechung der (materiellen) Bestandskraft möglich?

53. Welches Verhältnis besteht zwischen der Aufhebung des Verwaltungsakts und dem Wiederaufgreifen des Verfahrens?

54. In welchem Umfang hat der Betroffene einen Anspruch auf das Wiederaufgreifen des Verfahrens?

55. Was ist der Unterschied zwischen wiederholender Verfügung und Zweitbescheid?

56. Welche Eigenschaften des Verwaltungsakts hat der Gesetzgeber in den §§ 48 und 49 VwVfG zum Anlaß für unterschiedliche Regelungen über die Aufhebbarkeit von Verwaltungsakten genommen?

57. Welcher grundlegende Unterschied besteht in zeitlicher Hinsicht zwischen Rücknahme und Widerruf?

58. Wie ist es zu erklären, daß belastende Verwaltungsakte grundsätzlich nach Ermessen, begünstigende aber nur unter besonderen Voraussetzungen aufgehoben werden können?

59. Warum führt ein schutzwürdiges Vertrauen des Betroffenen in den Bestand des Verwaltungsakts bei rechtswidrigen Verwaltungsakten, die eine Geldleistung oder teilbare Sachleistung gewähren oder hierfür Voraussetzung sind, nach § 48 Abs. 2 VwVfG zur Unzulässigkeit der Rücknahme, bei allen anderen Verwaltungsakten gem. § 48 Abs. 3 VwVfG aber nur zum Ersatz des Vertrauensschadens?

60. Warum klammert § 49 Abs. 5 VwVfG, der einen Anspruch auf Ersatz des Vertrauensschadens beim Widerruf begünstigender Verwaltungsakte begründet, die Fälle des § 49 Abs. 2 Nr. 1 und 2 VwVfG aus?

61. Ist die Aufhebung von Verwaltungsakten durch die Verwaltung zeitlich unbegrenzt möglich?

62. Übungsfälle:

a) Der Familienvater L hatte 1976 im öffentlich geförderten sozialen Wohnungsbau ein Einfamilien-Reihenhaus errichtet. Mit Bewilligungsbescheid vom 23.12.1975 war ihm ein Aufwendungsdarlehn bewilligt worden, wobei ein Förderungsatz von 8 DM pro m² Wohnfläche zugrunde gelegt wurde. 1979 beantragte L, den Bewilligungsbescheid aufzuheben und den Förderungsbetrag neu festzusetzen. Anlaß dafür war ein Urteil vom BVerwG (BVerwGE 57, 290), in dem die bisherige Praxis der Ermittlung des Förderungssatzes beanstandet und der Betrag von 8 DM für zu niedrig erachtet worden ist. Der Antrag des K wurde - wie auch alle übrigen diesbezüglichen Anträge - mit der Begründung abgelehnt, das Wiederaufgreifen des Verfahrens mit der Folge einer Abänderung des Bewilligungsbescheids gefährde die Planung und Vergabe der begrenzten Mittel, die für die Förderung des sozialen Wohnungsbaus zur Verfügung stehen.

b) Die Bauaufsichtsbehörde hat die Beseitigung eines Wohnhauses angeordnet, das dem M gehört. Diese Verfügung wird darauf gestützt, das Haus sei einsturzgefährdet und nicht mehr sanierbar. Bevor es zum Abriß des Gebäudes kommt, stellt sich heraus, daß die statischen Berechnungen unrichtig waren, eine Einsturzgefahr in Wirklichkeit gar nicht besteht. Kann die Behörde ihre Anordnung noch zurücknehmen? Hat M darauf auch dann einen Anspruch, wenn er die Widerspruchsfrist ungenutzt hat verstreichen lassen?

c) Das Besoldungsdienstalter des Postinspektors N war zunächst zu günstig festgesetzt worden, weil der Sachbearbeiter irrtümlich nach § 28 Abs. 3 Nr. 4 Buchst. a BBesG Wehrdienstzeiten angerechnet hatte, die N nicht geleistet und auch nicht angegeben hatte. N hat dadurch längere Zeit zuviel Gehalt bekommen. Nach Entdeckung des Fehlers wird das Besoldungsdienstalter rückwirkend korrigiert und der überzahlte Betrag zurückgefordert. N wehrt sich dagegen mit der Begründung, er habe sein Gehalt immer restlos ausgegeben. Die Unrichtigkeit der ursprünglichen Festsetzung des Besoldungsdienstalters sei ihm nicht bekannt gewesen, da er sich den Bescheid nicht näher angesehen habe. Schließlich müsse man doch wohl auf die Richtigkeit staatlicher Maßnahmen vertrauen können.

d) Der Unternehmer O führt seit kurzem für seine Schmalzsiederei Schweineschmalz in Kisten zu je 25 kg aus dem Ausland ein. Für die Untersuchungen der Lieferungen wurde zunächst eine Fleischbeschaugebühr von 0,01 DM pro kg erhoben. Nach einiger Zeit erhält O jedoch einen Bescheid, in dem ihm mitgeteilt wird, man habe bei den ersten Gebührenbescheiden übersehen, daß für Packstücke unter einem Gewicht von 40 kg eine Gebühr von 0,40 DM pro Stück zu berechnen sei, weshalb die bisherigen Gebührenbescheide entsprechend abgeändert würden und der Differenzbetrag nachgefordert werde. O macht geltend, er habe bei der Preiskalkulation des Schmalzes die tatsächliche Gebührenhöhe nicht gekannt und deshalb die Gebühren nicht in voller Höhe auf seine Abkäufer abwälzen können.

e) Die Bundesbeamtin P beantragte Sonderurlaub "analog den Mutterschutzfristen", nachdem sie ein zehn Tage altes Kind mit dem Ziel der Adoption in ihren Haushalt aufgenommen hatte. § 3 Abs. 1 der Verordnung über den Mutterschutz für Beamtinnen (MuSchV) verbietet es, eine Beamtin in den ersten acht Wochen nach der Entbindung zur Dienstleistung heranzuziehen. § 4 S. 1 MuSchV stellt klar, daß die Zahlung der Dienstbezüge davon nicht berührt wird. Der Dienstherr gewährte Sonderurlaub unter Fortzahlung der Dienstbezüge. Er fügte aber einen Widerrufsvorbehalt bei, da er wegen der grundsätzlichen Bedeutung der Angelegenheit der obersten Dienstbehörde berichtet hatte. Als diese ihn zu Recht belehrte, daß eine analoge Anwendung der genannten Vorschriften der MuSchV angesichts des klaren Wortlauts und der Zielsetzung, die Gesundheit der Mutter nach der Geburt zu schützen, nicht gerechtfertigt sei, "widerrief" er den Sonderurlaubsbescheid mit rückwirkender Kraft.

f) Das Erstlingswerk des Schriftstellers Q war von der Bundesprüfstelle in die Liste der jugendgefährdenden Schriften aufgenommen worden. Jahre später, als die künstlerischen Qualitäten des Buches anerkannt worden sind und sein früher als im höchsten Maße unsittlich angesehener Inhalt nach einer tiefgreifenden Änderung der Anschauungen als vergleichsweise harmlos erscheint, beantragt Q, sein Werk aus der Liste zu streichen. Ist der Vorsitzende der Bundesprüfstelle dazu verpflichtet?

g) Der Apotheker R hat von der Straßenverkehrsbehörde für sein Geschäftsfahrzeug gem. § 46 Abs. 1 S. 1 Nr. 3 StVO die Genehmigung bekommen, vor seiner Apotheke in zweiter Reihe parken zu dürfen, um stets einen Wagen für eilige Arzneimitteltransporte in Bereitschaft zu haben. Ein Jahr später wird die ruhige Nebenstraße durch eine Änderung der Verkehrsführung zu einer Hauptdurchgangsstraße. Kann die Straßenverkehrsbehörde ihre Ausnahmegenehmigung zur Vermeidung von Verkehrsstörungen widerrufen?

B. Antworten

51. Ein Verwaltungsakt, auch ein (schlicht) rechtswidriger, wird nach § 43 Abs. 1 VwVfG mit der Bekanntgabe wirksam. Diese Wirksamkeit ist aber insoweit erst vorläufiger Natur, als der Betroffene noch im Rechtsbehelfsverfahren möglicherweise die Aufhebung des Verwaltungsakts erreichen kann. Erst wenn eine rechtskräftige gerichtliche Entscheidung in der Sache vorliegt oder die Rechtsbehelfsfristen ungenutzt verstrichen sind oder der Anfechtungsberechtigte auf alle Rechtsbehelfe verzichtet hat, steht die Wirksamkeit des Verwaltungsakts endgültig fest. Einen solchen Verwaltungsakt, der mit förmlichen Rechtsbehelfen nicht mehr angreifbar ist, bezeichnet man als unanfechtbar oder formell bestandskräftig.

Unter der materiellen Bestandskraft versteht man die mit der formellen Bestandskraft eintretende Rechtsbeständigkeit der Maßnahme: Behörde und Bürger sind grundsätzlich gleichermaßen an die im Verwaltungsakt getroffene Regelung gebunden.
(Eingehend zur Bestandskraft von Verwaltungsakten Erichsen/Knoke, NVwZ 1983, 185.)

52. Die (materielle) Bestandskraft bedeutet nicht, daß eine Neuregelung des Lebenssachverhalts völlig ausgeschlossen wäre. Eine Aufhebung oder inhaltliche Änderung eines bestandskräftigen Verwaltungsakts ist dann möglich, wenn eine entsprechende gesetzliche Ermächtigung vorhanden ist. Eine begrenzte Durchbrechung der Bestandskraft ist unabdingbar für eine effektive und gerechte Verwaltung, da nach Erlaß des Verwaltungsakts eintretende Ereignisse oder neue Erkenntnisse die ursprüngliche Entscheidung in einem völlig neuen Licht erscheinen lassen können. Der Gesetzgeber hat deshalb - teilweise in Spezialgesetzen, im übrigen in

§§ 48 ff. VwVfG - eine Durchbrechung der Bestandskraft eines Verwaltungsakts aus Gründen des öffentlichen Interesses oder im Interesse eines Betroffenen zugelassen.

53. Ebenso wie dem Erlaß des ursprünglichen Verwaltungsakts ein Verwaltungsverfahren vorangeht, muß auch vor einer Neuregelung des gleichen Lebenssachverhalts die Behörde zunächst in die Prüfung eintreten, ob die Voraussetzungen dafür gegeben sind. Das Verwaltungsverfahren beginnt mit der Entscheidung darüber, ob und wann ein Verwaltungsverfahren durchgeführt werden soll (vgl. § 22 VwVfG). Damit ist auch die erste Entscheidung der Behörde im Zusammenhang mit der Durchbrechung der Bestandskraft die, ob sie überhaupt bereit ist, sich noch einmal mit der Sache zu befassen. Die Frage, inwieweit sie berechtigt oder gar verpflichtet ist, ein durch bestandskräftig gewordenen Verwaltungsakt abgeschlossenes Verfahren wieder aufzugreifen, ist in § 51 VwVfG geregelt.

Die Aufhebung (bzw. Änderung oder Bestätigung) des ursprünglichen Verwaltungsakts, des sog. Erstbescheids, ist das Verfahrensergebnis, die Sachentscheidung, mit der das Wiederaufnahmeverfahren abschließt. Dafür gelten die §§ 48 bis 50 VwVfG.

Das Wiederaufgreifen des Verfahrens und die Aufhebung des Verwaltungsakts sind folglich zwei nacheinandergeschaltete Stufen des Wiederaufnahmeverfahrens. Das erste ist eine verfahrensrechtliche Frage, letzteres ein materiellrechtliches Problem. Bei der Fallbearbeitung müssen die beiden Problemkreise streng auseinander gehalten werden, was leider auch in der Literatur nicht immer konsequent geschieht, woran die Umkehrung der logischen und zeitlichen Reihenfolge im VwVfG und die mißverständliche Formulierung des § 51 VwVfG nicht ganz unschuldig sein dürften (vgl. Sachs, JuS 1982, 264).

54. § 51 Abs. 1 VwVfG gibt dem Betroffenen in drei Fällen ein subjektives öffentliches Recht auf Wiederaufnahme des Verfahrens und neue Entscheidung in der Sache:

Nach § 51 Abs. 1 Nr. 1 VwVfG ist ein Wiederaufnahmegrund gegeben, wenn "sich die dem Verwaltungsakt zugrunde liegende Sach- oder Rechtslage nachträglich zugunsten des Betroffenen geändert hat".

Das gleiche gilt, wenn "neue Beweismittel vorliegen, die eine dem Betroffenen günstige Entscheidung herbeigeführt haben würden" (§ 51 Abs. 1 Nr. 2 VwVfG).

§ 51 Abs. 1 Nr. 3 VwVfG verweist schließlich noch auf die Wiederaufnahmegründe des § 580 der Zivilprozeßordnung.

Bei Vorliegen eines dieser Wiederaufnahmegründe besteht nach der weiteren Regelung des § 51 VwVfG eine Pflicht der Behörde zum Wiederaufgreifen des Verfahrens nur, wenn der Betroffene einen Antrag (Abs. 1) binnen drei Monaten nach Kenntniserlangung vom Wiederaufnahmegrund (Abs. 3) bei der nach Abs. 4 zuständigen Behörde eingebracht hat und ohne grobes Verschulden außerstande war, den Grund für das Wiederaufgreifen in dem früheren Verfahren, insbesondere durch Rechtsbehelf, geltend zu machen (Abs. 2).

§ 51 Abs. 5 VwVfG stellt klar, daß die Behörde unabhängig von der Regelung des § 51 Abs. 1 bis 4 VwVfG auch einen bestandskräftigen Verwaltungsakt nach pflichtgemäßem Ermessen gem. § 48 Abs. 1 S. 1 und § 49 Abs. 1 VwVfG zurücknehmen bzw. widerrufen kann. Da der Sachentscheidung denknotwendig die Entscheidung über die Durchbrechung der Bestandskraft vorausgeht, hat der Gesetzgeber damit zugleich das Wiederaufgreifen des Verfahrens grundsätzlich in das Ermessen der Behörde gestellt. Das bedeutet für den Betroffenen, daß er, sofern er keinen Anspruch auf Wiederaufnahme des Verfahrens aus § 51 Abs. 1 bis 4 VwVfG herleiten kann, zumindest ein subjektives öffentliches Recht auf ermessensfehlerfreie Entscheidung über seinen diesbezüglichen Antrag, im Falle der Ermessensreduzierung auf Null sogar einen Rechtsanspruch auf Wiederaufnahme und neue Sachentscheidung hat (BVerwG und VG Berlin NJW 1981, 2595).

55. Wie bereits gesehen, läuft das Wiederaufnahmeverfahren zweistufig ab. Auf der ersten Stufe entscheidet die Behörde darüber, ob sie das Verwaltungsverfahren überhaupt wieder aufgreifen soll. Nur im Falle einer positiven Entscheidung tritt sie in eine neue Sachprüfung ein. Ergebnis dieser zweiten Stufe kann die Aufhebung oder Abänderung des Erstbescheides (sog. positiver Zweitbescheid), aber auch die Bestätigung der ursprünglichen Entscheidung (sog. negativer Zweitbescheid) sein. Dementsprechend kann die Ablehnung eines Antrags auf Aufhebung oder Abänderung eines bestandskräftigen Verwaltungsakts zwei grundsätzlich verschiedene Gründe haben: entweder lehnt die Behörde bereits eine Wiederaufnahme des Verfahrens ab oder sie kommt trotz neuer Prüfung zum gleichen sachlichen Ergebnis. Die Mitteilung der Entscheidung gegen-

über dem Antragsteller bezeichnet man im ersten Fall als "wiederholende Verfügung", im zweiten als "(negativen) Zweitbescheid".

Obwohl das unmittelbare Ergebnis für den Betroffenen gleich ist, beinhalten die wiederholende Verfügung und der Zweitbescheid zwei gänzlich unterschiedliche Regelungen, was vor allem für den Rechtsschutz des Bürgers von ausschlaggebender Bedeutung ist.

Die wiederholende Verfügung enthält zwei Erklärungen: Zum einen beruft sich die Behörde auf die Regelung des bestandskräftigen Verwaltungsakts (daher die Bezeichnung wiederholende Verfügung). Da in der Sache keine (neue) Regelung erfolgt, sondern nur auf die Rechtslage hingewiesen wird, liegt insoweit kein Verwaltungsakt vor, so daß auch keine Anfechtungsmöglichkeit in der Sache gegeben ist. Zum anderen stellt die wiederholende Verfügung eine rechtsverbindliche Ablehnung des Wiederaufgreifens dar. Das ist eine neue Regelung, deren Angreifbarkeit durch die Bestandskraft der früheren Regelung der Sachfrage nicht blockiert werden kann. Die wiederholende Verfügung ist deshalb insoweit ein Verwaltungsakt, als die Wiederaufnahme des Verfahrens abgelehnt wird. Gegen diese Verfahrensentscheidung kann der Betroffene Widerspruch einlegen und sein Begehren nach neuer Sachentscheidung gerichtlich im Wege der Verpflichtungsklage weiterverfolgen. Gegenstand des Verfahrens ist ausschließlich die Frage, ob die Ablehnung des Antrags auf Wiederaufnahme des Verfahrens rechtmäßig war oder nicht (vgl. BVerwG NJW 1980, 135, 136). Die Sachentscheidung selbst steht nicht zur Disposition.

Der Zweitbescheid stellt demgegenüber eine neue Sachentscheidung dar, die die Behörde nach Entscheidung für das Wiederaufgreifen und Durchführung eines neuen Verwaltungsverfahrens trifft. Damit ist er, auch wenn er im Ergebnis nicht vom Erstbescheid abweicht, ein neuer Verwaltungsakt in der Sache, der an die Stelle des alten Verwaltungsakts tritt und nach allgemeinen Grundsätzen mit Rechtsbehelfen angegriffen werden kann. Die Bedeutung des negativen Zweitbescheids besteht also darin, daß er dem Betroffenen die Rechtsschutzmöglichkeit gegen die Sachentscheidung, die bisher durch die Bestandskraft des Erstbescheids verschlossen war, wieder eröffnet.

56. Die sehr komplizierte Regelung der §§ 48, 49 VwVfG wird transparenter, wenn man sich vor Augen führt, daß das Gesetz nach bestimmten Eigenschaften des Verwaltungsakts differenziert.

Die erste Aufspaltung erfolgt danach, ob der Verwaltungsakt, um dessen Aufhebung es geht, rechtswidrig oder rechtmäßig ist. Die vollständige oder teilweise Aufhebung eines rechtswidrigen Verwaltungsakts durch die Behörde außerhalb eines Rechtsbehelfsverfahrens richtet sich nach § 48 VwVfG und wird als Rücknahme bezeichnet. Demgegenüber befaßt sich § 49 VwVfG mit der Aufhebung rechtmäßiger Verwaltungsakte, die Widerruf genannt wird. Wichtig zu wissen ist, daß sich die Frage, ob der Verwaltungsakt rechtswidrig oder rechtmäßig ist, nach der Sach- und Rechtslage im Zeitpunkt seines Erlasses bestimmt (vgl. Frage 62 f).

Sowohl § 48 als auch § 49 VwVfG differenzieren weiter danach, ob es sich um einen begünstigenden oder belastenden Verwaltungsakt handelt. Dabei ist die unterschiedliche Gesetzgebungstechnik zu beachten: § 48 Abs. 1 S. 1 VwVfG legt einen allgemeinen Grundsatz fest, der für beide Arten von Verwaltungsakten gilt. § 48 Abs. 1 S. 2 VwVfG schreibt sodann vor, daß begünstigende Verwaltungsakte nur unter den Einschränkungen der Absätze 2 bis 4 zurückgenommen werden dürfen. § 49 VwVfG enthält demgegenüber getrennte Bestimmungen über den Widerruf belastender (Abs. 1) und begünstigender (Abs. 2) Verwaltungsakte. Ob ein Verwaltungsakt begünstigend oder belastend (nach der Terminologie des § 49 Abs. 1 "nicht begünstigend") ist, richtet sich nach der Legaldefinition des § 48 Abs. 1 S. 2 VwVfG.

Die einschränkenden Bestimmungen über die Rücknahme begünstigender Verwaltungsakte unterscheiden noch weiter danach, ob der Verwaltungsakt eine einmalige oder laufende Geldleistung oder teilbare Sachleistung gewährt oder hierfür Voraussetzung ist (dann gilt § 48 Abs. 2 VwVfG) oder ob es sich um sonstige Verwaltungsakte handelt (dann ist § 48 Abs. 3 VwVfG anzuwenden).
(Vgl. Erichsen, Jura 1981, 534 und 590 mit Übungsfall in Jura 1982, 46; Martens, Jura 1979, 83; Möller, VR 1984, 112; Roters, VR 1982, 226.)

57. Ein rechtswidriger Verwaltungsakt kann mit Wirkung für die Zukunft oder auch für die Vergangenheit zurückgenommen werden (§ 48 Abs. 1 S. 1 VwVfG). Der Widerruf ist hingegen nach § 49 Abs. 1 und 2 VwVfG (vgl. auch Absatz 3) nur mit Wirkung für die Zukunft gestattet.

Dahinter dürfte die Ansicht des Gesetzgebers stehen, bei einem rechtmäßigen Verwaltungsakt fehle das Bedürfnis oder die Berechtigung für eine rückwirkende Aufhebung. Im Einzelfall kann diese zeitliche Begrenzung der Widerrufsmöglichkeit jedoch zu sehr unbefriedigenden Ergebnissen führen. Bund und Länder haben deshalb in Gestalt des § 44 a BHO und paralleler landesrechtlicher Bestimmungen für staatliche Subventionen ein Sonderrecht geschaffen, das den rückwirkenden Widerruf einer Zuwendung wegen Zweckverfehlung erlaubt.

58. Die Interessenlage ist völlig unterschiedlich je nachdem, ob die Aufhebung eines belastenden oder eines begünstigenden Verwaltungsakts in Frage steht.

Entscheidet sich die Behörde für die Aufhebung eines belastenden Verwaltungsakts, befinden sich ihre Interessen im Einklang mit denen des Bürgers. Für die Aufhebung sprechen sowohl die Grundsätze der Gesetz- oder Zweckmäßigkeit des Verwaltungshandelns als auch das Individualinteresse an der Befreiung von unnötigen Belastungen, dagegen streitet allein das Prinzip der Rechtssicherheit in seiner objektiven Ausgestaltung. Es ist deshalb sachgerecht, die Aufhebung belastender Verwaltungsakte in das Ermessen der Behörde zu stellen. Streitpunkt zwischen Verwaltung und Bürger ist hier nicht die Frage, ob die Behörde den Verwaltungsakt aufheben darf, sondern ob sie die Belastung beseitigen muß. Da eine verwaltungsgerichtliche Klärung dieser Frage nur möglich ist, wenn die Behörde eine Entscheidung in der Sache getroffen hat, verlagert sich die rechtliche Problematik im Konfliktfall regelmäßig in den § 51 Abs. 1 VwVfG.

Im Gegensatz dazu entsteht ein Interessenkonflikt bei der Aufhebung begünstigender Verwaltungsakte genau umgekehrt nur bei einer positiven Entscheidung der Behörde. Der Betroffene wehrt sich gegen die Aufhebung, wobei zu seinen Gunsten der Grundsatz der Rechtssicherheit in der individuellen Ausgestaltung des Vertrauensschutzes angeführt werden kann. Der Gesetzgeber mußte deshalb zwischen den widerstreitenden Interessen von Verwaltung und Bürger, hinter denen sich auch ein Konflikt zwischen Verfassungsprinzipien verbirgt, einen gerechten Ausgleich schaffen. Dazu war eine differenzierende Regelung nötig, die genaue Voraussetzungen für die Aufhebung begünstigender Verwaltungsakte aufstellen mußte.

59. Die Begründung des Regierungsentwurfes (BT-Drucks. 7/910, S. 71) versucht die Differenzierung damit zu rechtfertigen, die von § 48 Abs. 3 VwVfG erfaßten Verwaltungsakte seien im Unterschied zu den vermögens-

rechtlichen Geld- und Sachleistungsverwaltungsakten des § 48 Abs. 2 VwVfG "stärker staatsbezogen", weshalb ihre Rücknahme stets möglich sein müsse.

Diese Argumentation überzeugt nicht, da auch mit der Gewährung von Geld- und Sachleistungen regelmäßig unmittelbar staatliche Aufgaben erfüllt werden. Deshalb ist die unterschiedliche Ausgestaltung des Vertrauensschutzes zum einen als Bestandsschutz, zum anderen als Vermögensschutz aber noch nicht verfassungswidrig, wie teilweise angenommen wird. Es lassen sich nämlich durchaus tragfähige Gründe für diese Lösung finden. Würde der Vertrauensschutz durchgängig als Bestandsschutz gewährt, könnte dem Betroffenen bei sonstigen Verwaltungsakten im Sinne des § 48 Abs. 3 VwVfG, die regelmäßig nicht teilbar sind, nur alles oder nichts gegeben werden. Diese häufig unbefriedigende Regelung, die der Rechtsprechungspraxis vor Erlaß der Verwaltungsverfahrensgesetze entsprach, hat der Gesetzgeber durch eine flexible Lösung ersetzt, die einen gerechten Ausgleich zwischen dem öffentlichen und dem privaten Interesse erlaubt (vgl. Roters, VR 1982, 226, 231). Bei Verwaltungsakten, die eine einmalige oder laufende Geldleistung oder teilbare Sachleistung gewähren oder hierfür Voraussetzung sind, ist demgegenüber eine angemessene Berücksichtigung schutzwürdigen Vertrauens über den Umfang der Rücknahme möglich. Eine Übertragung der in § 48 Abs. 3 VwVfG gefundenen Lösung würde nur ein völlig unnötiges Hin- und Herrechnen mit wechselseitigem Leistungsaustausch zur Folge haben.

60. Der Widerruf eines rechtmäßigen begünstigenden Verwaltungsakts ist in den Fällen des § 49 Abs. 2 Nr. 1 und 2 VwVfG entschädigungslos möglich, weil der Betroffene sich hier nicht auf ein schutzwürdiges Vertrauen berufen kann.

Ist der Widerruf durch Rechtsvorschrift zugelassen oder im Verwaltungsakt vorbehalten, muß dem Betroffenen von vornherein klar sein, daß er nur eine unsichere Rechtsposition erlangt hat, die ihm auch wieder entzogen werden kann. Schutzwürdiges Vertrauen kann damit gar nicht erst entstehen.

Erfüllt der Begünstigte eine mit dem Verwaltungsakt verbundene Auflage nicht oder nicht innerhalb einer ihm gesetzten Frist, so hat er selbst den Anlaß für den Widerruf des Verwaltungsakts gegeben, weshalb er sich nicht auf verletztes Vertrauen berufen kann.

61. Nein. Nach § 48 Abs. 4 VwVfG ist die Rücknahme eines rechtswidrigen begünstigenden Verwaltungsakts, soweit er nicht durch arglistige Täuschung, Drohung oder Bestechung erwirkt worden ist, nur innerhalb eines Jahres seit dem Zeitpunkt, zu dem die Behörde von Tatsachen Kenntnis erhalten hat, welche die Rücknahme rechtfertigen, zulässig. Das gleiche gilt kraft Verweisung in § 49 Abs. 2 S. 2 VwVfG auch für den Widerruf rechtmäßiger begünstigender Verwaltungsakte.

62. a) Die Behörde hat bereits die Wiederaufnahme des durch bestandskräftig gewordenen Verwaltungsakt abgeschlossenen Verwaltungsverfahrens abgelehnt. Prüfungsgegenstand ist damit nur die verfahrensrechtliche Frage, ob die Ablehnung rechtmäßig ist oder ob die Behörde zum Wiederaufgreifen des Verfahrens verpflichtet ist. Maßgebliche Rechtsgrundlage dafür ist § 51 VwVfG.

Von den Wiederaufnahmegründen des § 51 Abs. 1 VwVfG, die dem Betroffenen einen Rechtsanspruch auf das Wiederaufgreifen des Verfahrens geben, kommt hier nur der in Nr. 1 geregelte Fall einer nachträglichen Änderung der dem bestandskräftigen Verwaltungsakt zugrunde liegenden Rechtslage zugunsten des Betroffenen in Betracht.

Fraglich ist, ob ein Wandel in der Rechtsauffassung aufgrund höchstrichterlicher Rechtsprechung als eine Änderung der Rechtslage im Sinne dieser Vorschrift anzusehen ist. Das BVerwG hat mehrfach entschieden, daß die Verwaltungsbehörden grundsätzlich nicht verpflichtet sind, ein durch unanfechtbar gewordenen Verwaltungsakt abgeschlossenes Verfahren deshalb wieder aufzugreifen, weil sich der Verwaltungsakt nachträglich im Lichte höchstrichterlicher Rechtsprechung als rechtswidrig erweist, und diese Ansicht nach Inkrafttreten des Verwaltungsverfahrensgesetzes ausdrücklich bestätigt (BVerwG NJW 1981, 2595 m. w. N.; vgl. auch VG Berlin an gleicher Stelle zum Beispielsfall). Höchstrichterliche Entscheidungen, die einen Wandel in der Verwaltungspraxis zur Folge haben, ändern nicht die Rechtslage, sondern vermitteln nur ein vertieftes Verständnis von der in Rechtsnormen niedergelegten Rechtslage. Eine Gleichstellung des Wandels in der Rechtsauffassung mit der Änderung der Rechtslage würde, da § 51 Abs. 1 VwVfG keine differenzierende Behandlung zuläßt, zur Folge haben, daß bei jeder neuen, für den Bürger günstigeren Rechtsprechung auf Antrag selbst seit vielen Jahren abgeschlossene Verfahren wieder aufgegriffen werden müßten.

Dadurch würde aber eine unerträgliche Rechtsunsicherheit eintreten, die Rechtsfindung ihres eigentlichen Sinns, Rechtsfrieden zu gewährleisten, beraubt und das Vertrauen in staatliches Handeln aufs schwerste erschüttert(vgl. BVerfGE 2, 380, 395 f.). "Rechtsfriede und Rechtssicherheit sind von so zentraler Bedeutung für die Rechtsstaatlichkeit, daß um ihretwillen die Möglichkeit einer im Einzelfall vielleicht unrichtigen Entscheidung in Kauf genommen werden muß" (BVerfGE 2, 380, 403). Aus diesem Grunde bestimmt selbst § 79 Abs. 2 BVerfGG für den noch gravierenderen Fall, daß das BVerfG eine Rechtsnorm für nichtig erklärt, daß nicht mehr anfechtbare Entscheidungen, die auf dieser Norm beruhen, grundsätzlich unberührt bleiben. § 51 Abs. 1 Nr. 1 VwVfG ist deshalb im Falle eines Wandels der Rechtsauffassung durch höchstrichterliche Rechtsprechung nicht anwendbar.

Damit steht aber noch nicht fest, daß die Ablehnung des Wiederaufgreifens im Beispielsfall rechtmäßig war. Der Regelungsgehalt des § 51 VwVfG besteht nämlich nur darin, daß er für besondere Fälle ausnahmsweise einen Anspruch auf Wiederaufgreifen einräumt. Im übrigen verbleibt es bei dem schon vor Inkrafttreten des Verwaltungsverfahrensgesetzes gültigen Grundsatz, daß das Wiederaufgreifen eines abgeschlossenen Verwaltungsverfahrens im pflichtgemäßen Ermessen der Verwaltungsbehörde steht (vgl. BVerwG und VG Berlin NJW 1981, 2595). Die ablehnende Entscheidung muß deshalb auf Ermessensfehler (vgl. § 40 VwVfG) untersucht werden, wobei insbesondere Art. 3 GG zu beachten ist. Der Behörde steht es grundsätzlich frei, in sämtlichen betroffenen Fällen trotz eines Wandels in der Rechtsauffassung infolge der höchstrichterlichen Spruchpraxis das Wiederaufgreifen abgeschlossener Verfahren abzulehnen. Wer das Risiko eines Prozesses scheut und den Verwaltungsakt bestandskräftig werden läßt, kann nicht verlangen, dem gleichgestellt zu werden, der von den ihm angebotenen Rechtsbehelfen Gebrauch gemacht hat (VG Berlin NJW 1981, 2595, 2597 m. w. N.).

Die Begründung zeigt, daß die Vergabestelle eine Ermessensentscheidung getroffen hat, die auf sachgerechten Erwägungen beruht. Die Wiederaufnahme des Verfahrens und die Abänderung des Bewilligungsbescheids könnten wegen der Pflicht zur Gleichstellung (Art. 3 GG) bei der zu erwartenden Vielzahl von entsprechenden Anträgen in der Tat die Planung und Vergabe der Mittel für die Förderung des sozialen Wohnungsbaus ernstlich gefährden (VG Berlin a.a.O.)

Die Ablehnung der Vergabestelle, das Verwaltungsverfahren wiederaufzugreifen, ist somit nicht zu beanstanden.

b) Bei der bauordnungsrechtlichen Verfügung handelt es sich um einen belastenden Verwaltungsakt, der schon im Zeitpunkt seines Erlasses rechtswidrig gewesen ist, da ein Rechtsgrund für die Beseitigungsanordnung nie bestanden hat. Nach § 48 Abs. 1 S. 1 VwVfG kann die Behörde einen belastenden rechtswidrigen Verwaltungsakt jederzeit auch mit Wirkung für die Vergangenheit zurücknehmen.

§ 48 Abs. 1 S. 1 VwVfG stellt die Rücknahme in das Ermessen der Behörde. Gem. § 40 VwVfG ist die Behörde verpflichtet, ihr Ermessen entsprechend dem Zweck der Ermächtigung auszuüben und die gesetzlichen Grenzen des Ermessens einzuhalten. Dieser Verpflichtung der Verwaltung korrespondiert ein Anspruch des Bürgers auf fehlerfreie Ermessensausübung. Der Gesetzgeber hat der Behörde ein Rücknahmeermessen eingeräumt, damit sie im Einzelfall eine Abwägung zwischen den widerstreitenden Verfassungsgrundsätzen der Gesetzmäßigkeit der Verwaltung und der Rechtssicherheit treffen kann. Schon im vorangehenden Fall ist auf die elementare Bedeutung der Rechtssicherheit für den Rechtsstaat hingewiesen worden. Es ist deshalb nicht richtig, unter Hinweis auf das Prinzip der Gesetzmäßigkeit der Verwaltung und der materiellen Gerechtigkeit weitgehend eine Rücknahmepflicht anzunehmen, denn sonst würde das ganze, auf festen Fristen aufbauende Rechtsschutzsystem hinfällig. Es muß deshalb eine an den Eigenarten des Verwaltungsakts, den Besonderheiten des Rechtsgebiets und der Bedeutung der Maßnahme für den Betroffenen orientierte Abwägung im Einzelfall vorgenommen werden.

Gesetzliche Grenzen des Rücknahmeermessens sind - abgesehen von den gem. § 48 Abs. 1 S. 2 VwVfG bei begünstigenden Verwaltungsakten zu beachtenden Einschränkungen der Absätze 2 bis 4 - insbesondere die Grundrechte.

Im Beispielsfall sprechen alle Umstände für eine Rücknahme der Beseitigungsanordnung. Der Abbruch eines Wohnhauses ohne rechtfertigenden Grund bedeutet nicht nur für den Betroffenen einen großen Verlust und eine unverständliche Belastung, sondern auch volkswirtschaftlich betrachtet einen sinnlosen Schaden. Es kommt noch hinzu, daß der Bestand eines bauplanungs- und bauordnungsrechtlich nicht zu beanstandenden Hauses von Art. 14 GG garantiert wird, eine Vollstreckung der Abrißverfügung somit eine rechtswidrige Enteignung darstellen würde. Die Behörde dürfte deshalb wohl zu Zwangsmaßnahmen nicht mehr bereit sein. Dann ist es aber sinnlos, das Verhaltensgebot weiter bestehen zu lassen. Schließlich kann M auch nicht zum Vorwurf gemacht werden, daß er die Rechtsbehelfsfristen ungenutzt hat verstreichen lassen, wenn er aufgrund der behördlichen Berechnungen glauben mußte, die Maßnahme sei berechtigt. Es ist deshalb eine Ermessensreduzierung auf Null anzunehmen.

M hat einen Anspruch auf Rücknahme der Beseitigungsanordnung.

c) Die Berichtigung des Besoldungsdienstalters und die Rückforderung der überzahlten Beträge sind zwei verschiedene Verwaltungsakte, die getrennt geprüft werden müssen.

Als Ermächtigungsgrundlage für die <u>Änderung der Festsetzung des Besoldungsdienstalters</u> kommen mangels beamtenrechtlicher Sondervorschriften nur die §§ 48 und 49 VwVfG in Betracht.

Da die Festsetzung im vorliegenden Fall bereits im Zeitpunkt ihres Erlasses rechtswidrig gewesen ist, findet § 48 VwVfG Anwendung. Die Änderung der Festsetzung des Besoldungsdienstalters stellt eine teilweise Rücknahme der ersten Festsetzung mit Wirkung (auch) für die Vergangenheit dar, was nach der für alle rechtswidrigen Verwaltungsakte geltenden Regel des § 48 Abs. 1 S. 1 VwVfG grundsätzlich im Ermessen der Behörde steht. § 48 Abs. 1 S. 2 VwVfG schränkt den Ermessensspielraum jedoch für begünstigende Verwaltungsakte dahingehend ein, daß die Einschränkungen der Absätze 2 bis 4 zu beachten sind. Die Festsetzung des Besoldungsdienstalters ist, jedenfalls soweit sie dem Beamten Zeiten zuerkennt, ein begünstigender Verwaltungsakt.

Innerhalb der begünstigenden Verwaltungsakte ist zu unterscheiden zwischen Verwaltungsakten, die eine einmalige oder laufende Geldleistung oder teilbare Sachleistung gewähren oder hierfür Voraussetzung sind (Absatz 2), und sonstigen Verwaltungsakten (Absatz 3). Die Festsetzung des Besoldungsdienstalters ist nach § 27 BBesG Voraussetzung für die Bemessung des Grundgehalts und damit für die

Gewährung einer laufenden Geldleistung, so daß § 48 Abs. 2 VwVfG einschlägig ist. Eine Rücknahme darf danach nicht erfolgen, soweit der Begünstigte auf den Bestand des Verwaltungsaktes vertraut hat und sein Vertrauen unter Abwägung mit dem öffentlichen Interesse an einer Rücknahme schutzwürdig ist.

Die subjektive Voraussetzung des Rücknahmeverbots ist erfüllt: N hat auf den Bestand der ursprünglichen Festsetzung des Besoldungsdienstalters vertraut.

Ob das Vertrauen schutzwürdig ist, muß nach § 48 Abs. 2 S. 1 VwVfG anhand einer Interessenabwägung festgestellt werden, für die die Sätze 2 bis 4 Richtlinien enthalten.

Nach Satz 2 ist das Vertrauen in der Regel dann als schutzwürdig anzusehen, wenn der Begünstigte gewährte Leistungen verbraucht oder eine Vermögensdisposition getroffen hat, die er nicht mehr oder nur unter unzumutbaren Nachteilen rückgängig machen kann (z.B. Abschluß eines Bausparvertrags, Kauf auf Raten, Umzug in eine teurere Wohnung, Unterlassen einer Erwerbstätigkeit usw. im Vertrauen auf den Fortbestand der Vergünstigung). N hat die aufgrund der Festsetzung des Besoldungsdienstalters gewährten Leistungen verbraucht, so daß die Voraussetzungen des Satzes 2 hinsichtlich der zuviel gezahlten Beträge vorliegen.

Vertrauen ist aber nur schutzwürdig, wenn es lauter ist. Die Gründe, die einer Berufung auf Vertrauen entgegenstehen, sind in Satz 3 aufgeführt. N hat den Verwaltungsakt weder durch arglistige Täuschung, Drohung oder Bestechung (Nr. 1) noch durch Angaben erwirkt, die in wesentlicher Beziehung unrichtig oder unvollständig waren (Nr. 2). Vertrauensschutz scheidet aber auch aus, wenn der Begünstigte die Rechtswidrigkeit des Verwaltungsakts kannte oder infolge grober Fahrlässigkeit nicht kannte (§ 48 Abs. 2 S. 3 Nr. 3 VwVfG).

Da N die Rechtswidrigkeit nicht kannte, kommt es darauf an, ob seine Unkenntnis grob fahrlässig gewesen ist. Das ist dann der Fall, wenn er die im Verkehr erforderliche Sorgfalt in ungewöhnlich hohem Maße außer acht gelassen hat. Die Unkenntnis des N beruhte darauf, daß er sich die schriftliche Mitteilung über die Berechnung und Festsetzung des Besoldungsdienstalters überhaupt nicht angeschaut hat. Aufgrund der ihm obliegenden Treuepflicht kann vom Beamten verlangt werden, daß er sich einen Festsetzungsbescheid durchliest und soweit auf seine Richtigkeit hin überprüft, wie es ihm nach seiner Ausbildung und individuellen Fähigkeit möglich ist. Enttäuscht er die berechtigten Erwartungen des Dienstherrn, muß er nachteilige Folgen in Kauf nehmen (vgl. BVerwGE 40, 212, 218 f. m. w. N.). Die irrtümliche Anrechnung von Wehrdienstzeiten hätte N selbst bei oberflächlicher Prüfung des Bescheids sofort auffallen müssen, so daß er die von ihm zu erwartende Sorgfalt in grober Weise außer acht gelassen hat. N kann sich nicht auf Vertrauen berufen.

Wie § 48 Abs. 2 S. 4 VwVfG ausdrücklich anmerkt, ist damit auch regelmäßig eine Rücknahme für die Vergangenheit berechtigt. Die rückwirkende Abänderung der Festsetzung des Besoldungsdienstalters ist rechtmäßig.

Als Ermächtigungsgrundlage für die Rückforderung überzahlter Beträge kommt zunächst § 48 Abs. 2 VwVfG selbst in Betracht, der in Satz 5 bestimmt, daß, soweit der Verwaltungsakt zurückgenommen worden ist, bereits gewährte Leistungen zu erstatten sind, und in den Sätzen 6 bis 8 die näheren Modalitäten regelt.

Für die Rückforderung von Dienstbezügen eines Beamten enthält jedoch § 12 BBesG eine Sonderregelung, die gem. § 1 Abs. 1 VwVfG a. E. dem allgemeinen Verwaltungsverfahrensrecht vorgeht. Einschlägig ist hier § 12 Abs. 2 BBesG, der auf das Bereicherungsrecht des BGB verweist. N hat die überzahlten Beträge durch Leistung des Dienstherrn erhalten. Der rechtliche Grund für diese Leistung ist mit der teilweisen Rücknahme des Festsetzungsbescheids rückwirkend entfallen, so daß ein Bereicherungsanspruch nach § 812 Abs. 1 BGB entstanden ist. Da N die gewährten Leistungen verbraucht hat, ist er gem. § 818 Abs. 2 BGB zum Wertersatz verpflichtet, es sei denn, er könnte sich auf den Wegfall der Bereicherung (§ 818 Abs. 3 BGB) berufen. Das ist nach § 819 Abs. 1 BGB aber nicht möglich bei Kenntnis des Mangels des rechtlichen Grundes. § 12 Abs. 2 S. 2 BBesG erweitert diese Regelung um den Fall, daß der Mangel so offensichtlich war, daß der Empfänger ihn hätte erkennen können, was im vorliegenden Fall zu bejahen ist.

N ist damit in Höhe der überzahlten Beträge nach § 12 Abs. 2 BBesG i.V.m. §§ 812, 818 Abs. 2 und 4, 819 Abs. 1, 292, 989 BGB zur

Erstattung verpflichtet. Der Anspruch darf auch durch Verwaltungsakt geltend gemacht werden.
(Vgl. auch die Fallbearbeitungen von Müller-Uri, VR 1982, 378 und Dahm, DVP 1978, 9 zur rückwirkenden Änderung des Besoldungsdienstalters und von Holzhauser/Hoppenberg, JA 1984, Ü 137 zur Rückzahlung trotz Verbrauch - bei dieser Gelegenheit sei einmal allgemein auf die JA-Kartei Öffentliches Recht (ab Ü 1/84) hingewiesen. Mit der sog. "Verwaltungsakt-Befugnis" setzt sich Moenikes, JA 1983, Ü 139 näher auseinander.)

d) Die Neufestsetzung der Fleischbeschaugebühren beinhaltet eine Rücknahme der ursprünglichen (rechtswidrigen) Bescheide, die an § 48 VwVfG zu messen ist.

Fraglich ist, ob uneingeschränkt der Grundsatz des § 48 Abs. 1 S. 1 VwVfG gilt oder ob gem. § 48 Abs. 1 S. 2 VwVfG ein schutzwürdiges Vertrauen des Betroffenen zu berücksichtigen ist. Letzteres schreibt das Gesetz nur für die Rücknahme begünstigender Verwaltungsakte vor. Diese definiert es als Verwaltungsakte, die ein Recht oder einen rechtlich erheblichen Vorteil begründet oder bestätigt haben. Gebührenbescheide begründen kein Recht, sondern eine Pflicht des Betroffenen, nämlich eine Zahlungsverpflichtung. Folglich sind sie ihrem Ausspruch nach keine begünstigenden, sondern belastende Verwaltungsakte. Es kann aber nicht richtig sein, daß die Verwaltung die Intensität eines belastenden Eingriffs jederzeit nach ihrem Ermessen verstärken kann. Der Bürger vertraut genauso darauf, daß nach Erlaß eines belastenden Verwaltungsakts weitergehende Belastungen in der gleichen Angelegenheit nicht mehr in Betracht kommen, wie er auf den Fortbestand einer Vergünstigung vertraut. Die Interessenlage entspricht bei einer nachträglichen Änderung belastender Verwaltungsakte zum Nachteil des Betroffenen somit weit eher derjenigen bei der Rücknahme begünstigender Verwaltungsakte als der typischen Situation bei der Rücknahme belastender Verwaltungsakte. Es ist deshalb sachgerecht, sie nur unter den Einschränkungen der Absätze 2 bis 4 des § 48 VwVfG zuzulassen.

Zur Begründung dieses Ergebnisses im Hinblick auf den Wortlaut des § 48 Abs. 1 S. 2 VwVfG gibt es mehrere Möglichkeiten.

Einmal wird dem belastenden Verwaltungsakt auch eine begünstigende Aussage dergestalt beigelegt, daß er verbindlich klarstelle, daß eine weitergehende oder andersartige Belastung in der Angelegenheit nicht in Betracht komme. Diese Konstruktion ist nicht unbedenklich. Zum einen dürfte der Behörde regelmäßig ein entsprechendes Regelungsbewußtsein fehlen, zum anderen verwässert sie die Unterscheidung zwischen belastenden und begünstigenden Verwaltungsakten, da danach jeder belastende Verwaltungsakt in Wirklichkeit ein Verwaltungsakt mit Doppelwirkung wäre.

Überzeugender ist deshalb eine an Sinn und Zweck der Vorschrift orientierte Auslegung des § 48 Abs. 1 S. 2 VwVfG dahingehend, daß nicht der Charakter des ursprünglichen Verwaltungsakts, sondern die Tendenz der späteren Abänderung maßgeblich ist: Eine Rücknahme ist zugunsten des Bürgers nach Ermessen, zu Lasten des Bürgers aber nur unter den Einschränkungen der Absätze 2 bis 4 möglich.

Wer damit die Grenzen des Wortlauts für überschritten hält, kann bei einer nachträglichen Änderung zum Nachteil des Betroffenen eine Analogie zu § 48 Abs. 1 S. 2 VwVfG ziehen.

Die Nachforderung der Fleischbeschaugebühren ist demnach an § 48 Abs. 2 VwVfG zu messen. O hat dadurch, daß er die angeforderten zu niedrigen Gebühren seiner Preiskalkulation zugrunde gelegt hat, Vermögensdispositionen getroffen, die nicht mehr rückgängig zu machen sind. Der Regeltatbestand des Satzes 2 ist damit gegeben. Von den Ausschlußgründen des Satzes 3 kommt nur die Nr. 3 in Betracht. Dann müßte die Unkenntnis des O von der Rechtswidrigkeit der Gebührenbescheide auf grober Fahrlässigkeit beruht haben. Das BVerwG (BVerwGE 30, 132 mit eingehender Besprechung von Schröder, JuS 1970, 615 noch zur Rechtslage vor Inkrafttreten des VwVfGes) hat dem Betroffenen verwehrt, sich auf Vertrauen zu berufen, mit der Begründung, als Kaufmann hätte er sich bei seiner Kalkulation um die den Preis beeinflussenden Umstände selbst und von sich aus kümmern müssen, was auch für etwaige Post-, Zoll- oder Untersuchungsgebühren gelte. Im Ergebnis war die Entscheidung des Gerichts richtig, weil der Kläger drei Jahre vorher schon einmal aus demselben Grund Gebühren hatte nachzahlen müssen und deshalb die erneute Unrichtigkeit der Bescheide ohne weiteres hätte erkennen können. Bei der vorliegenden Ausgestaltung des Falles, bei der es um die ersten Gebührenbescheide geht, die O erhält, kann ihm aber der vom Gesetz verlangte Vorwurf grober Fahrlässigkeit für den Ausschluß von Vertrauensschutz nicht gemacht werden. Der Bürger darf grundsätzlich darauf vertrauen, daß die Behörde rechtmäßig handelt. Eine Erkundigungs- oder Nachprüfungspflicht wird nur angenommen, wenn sich die Fehlerhaftigkeit geradezu aufdrängt. Auch wenn von einem Kaufmann ein höheres Maß an Sorgfalt erwartet werden kann, muß doch zumindest in dem Bescheid ein Anhaltspunkt für seine Rechtswidrigkeit zu finden sein. Die Rechtswidrigkeit der Gebührenbescheide ergab sich jedoch erst durch einen Vergleich mit der betreffenden Gebührenordnung. Es ist schon sehr fraglich, ob von einem Kaufmann überhaupt verlangt werden kann, daß er sich die für seine Geschäfte einschlägigen Gebührenordnungen, die häufig nur sehr schwer zugänglich sind, besorgt und damit Gebührenbescheide auf ihre Richtigkeit hin überprüft. Jedenfalls würde eine derartige Pflicht nicht zu den wie selbstverständlich beachteten elementaren Sorgfaltspflichten gehören, bei deren Mißachtung der Vorwurf grober Fahrlässigkeit berechtigt ist. Gründe dafür, dem öffentlichen Interesse an einer Rücknahme entgegen der Regel des § 48 Abs. 2 S. 2 VwVfG den Vorrang einzuräumen, sind nicht ersichtlich.

Die Nachforderung der Fleischbeschaugebühren ist damit rechtswidrig.

e) Der als Widerruf bezeichnete Bescheid stellt in Wirklichkeit die Rücknahme eines rechtwidrigen begünstigenden Verwaltungsakts dar. P hatte keinen Anspruch auf Sonderurlaub unter Fortzahlung ihrer Dienstbezüge, da die Mutterschutzvorschriften weder unmittelbar noch analog anwendbar sind (eingehend dazu OVG Münster DVBl 1980, 885).

Fraglich ist, ob der Gesichtspunkt des Vertrauensschutzes nach § 48 Abs. 2 VwVfG als Bestandsschutz oder nach Absatz 3 nur als Vermögensschutz zu berücksichtigen ist. Das OVG Münster (a.a.O.) hat die Gewährung von Sonderurlaub unter Fortzahlung der Dienstbezüge einheitlich als immateriellen Verwaltungsakt im Sinne von Absatz 3 angesehen. Zur Begründung führt es an, der Bescheid habe eine Rechtsgrundlage nur für die Befreiung von der Dienstleistungspflicht geschaffen, nicht aber für die Zahlung der Dienstbezüge, die sich unmittelbar aus dem Gesetz ergebe. Demgegenüber hält Erichsen in seiner eingehenden klausurmäßigen Bearbeitung des Falles (Jura 1982, 46) eine ausdrückliche Regelung im Verwaltungsakt auch für die Fortzahlung der Dienstbezüge für zwingend erforderlich und sieht den Sonderurlaubsbescheid als einen Verwaltungsakt mit zwei unterschiedlichen Regelungen an, deren Rücknahme getrennt zum einen nach § 48 Abs. 2 VwVfG, zum anderen nach § 48 Abs. 3 VwVfG zu beurteilen sei. Diese künstliche Aufspaltung einer einheitlichen Regelung birgt die Gefahr widersprüchlicher Ergebnisse in sich. Zudem enthält § 3 Abs. 1 MuSchV ein unmittelbar wirkendes Beschäftigungsverbot, für das § 4 S. 1 MuSchV ausdrücklich klarstellt, daß dadurch die Zahlung der Dienstbezüge nicht berührt wird. Einer Entscheidung durch Verwaltungsakt bedarf es somit normalerweise gar nicht. Die Regelung des an P gerichteten Sonderurlaubsbescheids besteht deshalb nur in der Feststellung, daß die betreffenden Mutterschutzvorschriften analog gelten. Der Bescheid ist daher einheitlich ein sonstiger Verwaltungsakt im Sinne des § 48 Abs. 3 VwVfG.

Diese Verwaltungsakte sind ohne Rücksicht auf ein schutzwürdiges Vertrauen zurücknehmbar. § 48 Abs. 3 VwVfG schränkt den Grundsatz des Absatz 1 Satz 1 nicht ein, sondern begründet nur einen Anspruch auf Ausgleich des mit der Aufhebung verbundenen Vermögensnachteils. In der Literatur wird zum Teil versucht, dem Gesichtspunkt des Vertrauensschutzes im Rahmen der Ermessensentscheidung nach § 48 Abs. 1 S. 1 VwVfG Berücksichtigung zu verschaffen und damit doch wieder zum Bestandsschutz zu gelangen. Dieser Ansatz ist aber mit Wortlaut und Systematik des § 48 VwVfG nicht vereinbar und deshalb abzulehnen. Der Dienstherr durfte den Sonderurlaubsbescheid somit zurücknehmen.

Die Frage, ob die Behörde zum Vermögensausgleich verpflichtet ist, stellt sich erst, wenn der Betroffene einen entsprechenden Antrag stellt. Im vorliegenden Fall ist schon fraglich, ob P überhaupt auf den Bestand des Sonderurlaubsbescheids vertraut und daraufhin Vermögensdispositionen getroffen hat. Jedenfalls ist ihr Vertrauen unter Abwägung mit dem öffentlichen Interesse nicht schutzwürdig. Mit Rücksicht auf die Folgen, die sich aus dem Gleichbehandlungsgrundsatz ergeben konnten, bestand ein erhebliches öffentliches Interesse daran, den rechtswidrigen Zustand so schnell wie möglich wieder zu unterbinden (vgl. auch OVG Münster DVBl 1980, 885, 887).

f) Eine Schrift ist aus der Liste der jugendgefährdenden Schriften zu streichen, wenn die Anordnung ihrer Aufnahme in die Liste aufgehoben wird (§ 17 S. 2 des Gesetzes über die Verbreitung jugendgefährdender Schriften - GjS -). Die Anordnung ist ein Verwaltungsakt, dessen Aufhebung sich nach den §§ 48 ff. VwVfG richtet.

Q hat zunächst einen Anspruch auf Wiederaufgreifen des Verfahrens nach § 51 Abs. 1 Nr. 1 VwVfG. Die Anschauungen darüber, was jugendgefährdend wirkt und wo die Toleranzschwelle zu ziehen ist, sind in gewissem Umfang zeitgebunden und damit dem Wandel unterworfen (BVerwGE 39, 197, 206; lesenswert auch BGHSt 23, 40 zum Roman "Die Memoiren der Fanny Hill" von John Cleland). Ein tiefgreifender und nachhaltiger Wandel dieser Anschauungen ändert die dem Verwaltungsakt zugrunde liegende Sachlage nachträglich zugunsten des Betroffenen, so daß die Behörde auf seinen Antrag hin über die Aufhebung oder Änderung der Anordnung, die Schrift in die Liste aufzunehmen, zu entscheiden hat.

Ob sie zur Aufhebung verpflichtet ist, hängt von den §§ 48, 49 VwVfG ab. Zur Bestimmung der anzuwendenden Vorschrift muß festgestellt werden, ob die Aufhebung eines rechtswidrigen oder eines rechtmäßigen Verwaltungsakts in Frage steht. Die Anordnung der Aufnahme in die Liste der jugendgefährdenden Schriften war ursprünglich jedenfalls rechtmäßig. Nach heutigem Verständnis ist sie allerdings rechtswidrig. Es stellt sich damit das Problem, welcher <u>Zeitpunkt für die Einordnung des Verwaltungsakts</u> maßgebend ist. § 49 Abs. 2 Nr. 3 und 4 VwVfG machen deutlich, daß es für die Anwendbarkeit entweder des § 48 oder des § 49 VwVfG auf die Rechtswidrigkeit oder Rechtmäßigkeit des Verwaltungsakts im Zeitpunkt seines Erlasses ankommt. Spätere Änderungen der Sach- oder Rechtslage lassen die Rechtmäßigkeit unberührt. Einschlägig sind daher die Widerrufsvorschriften, und zwar § 49 Abs. 1 VwVfG, da es sich um einen belastenden Verwaltungsakt handelt.

Danach steht der Widerruf eines rechtmäßigen nicht begünstigenden Verwaltungsakts grundsätzlich im Ermessen der Behörde. Unzulässig ist der Widerruf dann, wenn ein Verwaltungsakt gleichen Inhalts erneut erlassen werden müßte, es sich also um einen gebundenen Verwaltungsakt handelt und die Voraussetzungen für seinen Erlaß noch bestehen, oder andere Gründe entgegenstehen (z.B. die Eigenart des Verwaltungsakts, eine Selbstbindung der Verwaltung oder eine einem Dritten gegebene Zusage). Eine solche Ausnahme ist im vorliegenden Fall nicht gegeben. Hat sich die Sach- oder Rechtslage nachträglich dergestalt geändert, daß die Behörde den Verwaltungsakt jetzt nicht mehr erlassen dürfte, wird allgemein eine Einschränkung des Ermessens dahingehend angenommen, daß die Behörde regelmäßig zum Widerruf verpflichtet ist. Denn mit dem Wandel der Umstände, die für die Entscheidung maßgeblich waren, sinkt das öffentliche Interesse an der Aufrechterhaltung des Verwaltungsakts. Greift die Regelung zudem noch in den Schutzbereich von Grundrechten ein (im vorliegenden Fall streiten die Art. 5 Abs. 3 S. 1 und 12 GG für eine Aufhebung der Anordnung), dann hat der Betroffene im Ergebnis einen strikten Rechtsanspruch auf Widerruf.

Q hat nach § 49 Abs. 1 VwVfG einen Anspruch auf Aufhebung der Anordnung, sein Erstlingswerk in die Liste der jugendgefährdenden Schriften aufzunehmen, und als Folge davon gem. § 17 S. 2 GjS einen Anspruch darauf, daß das Buch aus der Liste gestrichen wird.

g) In Frage steht die Aufhebung eines (ursprünglich) rechtmäßigen begünstigenden Verwaltungsakts. Einschlägig ist damit § 49 Abs. 2 VwVfG, der die zum Widerruf berechtigenden Gründe abschließend in den Nummern 1 bis 5 aufzählt.

Regelmäßig behält sich die Behörde bei einer derartigen Ausnahmegenehmigung einen späteren Widerruf ausdrücklich vor, so daß der Widerruf nach § 49 Abs. 2 Nr. 1 VwVfG zulässig ist, ohne daß der Betroffene einen Entschädigungsanspruch nach § 49 Abs. 5 VwVfG haben könnte.

Fehlt ein solcher Widerrufsvorbehalt, kommt insbesondere § 49 Abs. 2 Nr. 3 VwVfG in Betracht. Danach ist der Widerruf auch dann zulässig, wenn die Behörde auf Grund nachträglich eingetretener Tatsachen berechtigt wäre, den Verwaltungsakt nicht zu erlassen, und wenn ohne den Widerruf das öffentliche Interesse gefährdet würde. Die Veränderung der Verkehrssituation ist eine nachträglich eingetretene Tatsache, die es rechtfertigt, die ins Ermessen der Straßenverkehrsbehörde gestellte Ausnahmegenehmigung nach § 46 Abs. 1 S. 1 Nr. 3 StVO zu versagen. Das öffentliche Interesse an der Sicherheit und Leichtigkeit des Straßenverkehrs erfordert auch den Widerruf der Genehmigung. Die dem R erteilte Ausnahmegenehmigung darf deshalb auch dann widerrufen werden, wenn ihr kein Widerrufsvorbehalt beigefügt war.

Wird ein begünstigender Verwaltungsakt in den Fällen des Absatzes 2 Nr. 3 bis 5 widerrufen, hat die Behörde allerdings gem. § 49 Abs. 5 VwVfG den Betroffenen auf Antrag für den Vermögensnachteil zu entschädigen, den dieser dadurch erleidet, daß er auf den Bestand des Verwaltungsakts vertraut hat, soweit sein Vertrauen schutzwürdig ist. Der Verlust der Parkmöglichkeit in zweiter Reihe stellt selbst keinen Vermögensschaden dar. R könnte nur dann einen Entschädigungsanspruch haben, wenn er im Vertrauen auf dieses Recht Vermögensdispositionen getätigt oder unterlassen, etwa eine nahegelegene Garage nicht angemietet hätte.

VII. Die Verwaltungsvollstreckung

A. Fragen

63. Was versteht man unter dem Begriff "Verwaltungsvollstreckung"? Welcher wesentliche Unterschied besteht zwischen der Vollstreckung privatrechtlicher Ansprüche und der Verwaltungsvollstreckung? Was sind die gesetzlichen Grundlagen der Verwaltungsvollstreckung?

64. Welche Arten der Verwaltungsvollstreckung sind zu unterscheiden?

65. Wie läuft die Verwaltungsvollstreckung wegen Geldforderungen ab?

66. Welche Vollstreckungsvoraussetzungen bestehen für die Ausübung von Verwaltungszwang im Normalfall des gestreckten Verfahrens? Welche Behörde ist für den Vollzug des Verwaltungsakts zuständig? Welche Zwangsmittel stehen zur Verfügung und nach welchen Kriterien sind sie auszuwählen? Welches Verfahren muß eingehalten werden?

67. Welche Unterschiede ergeben sich beim sofortigen Vollzug?

B. Antworten

63. Die im Verwaltungsakt vorgenommene verbindliche Regelung erfüllt ihre Funktion nur, wenn sie auch verwirklicht wird. Während feststellende und gestaltende Verwaltungsakte mit der Bekanntgabe ihren Zweck erfüllen, müssen befehlende Verwaltungsakte zwangsweise durchgesetzt werden, wenn der Adressat das Gebot oder Verbot nicht freiwillig befolgt. Diese zwangsweise Durchsetzung öffentlichrechtlicher, in einem Verwaltungsakt festgesetzter Gebote oder Verbote bezeichnet man als "Verwaltungsvollstreckung". Es handelt sich dabei um ein besonderes Verwaltungsverfahren, das sich an das allgemeine Verwaltungsverfahren anschließt.

Wird ein privatrechtlicher Anspruch nicht freiwillig erfüllt, muß der

Gläubiger regelmäßig im Klagewege ein gerichtliches Urteil erstreiten, das als sog. Vollstreckungstitel die Grundlage der Zwangsvollstreckung bildet, die in einem sich an das Erkenntnisverfahren anschließenden Vollstreckungsverfahren nach Maßgabe des Achten Buches der Zivilprozeßordnung (§§ 704 bis 945) von besonderen staatlichen Organen (Gerichtsvollzieher, Vollstreckungsgericht) durchgeführt wird.

Demgegenüber wird die Verwaltungsvollstreckung beherrscht vom Grundsatz der Selbsttitulierung und -vollstreckung: Die Behörde beschafft sich ihren Vollstreckungstitel durch den Erlaß eines Verwaltungsakts selbst und vollstreckt ihn grundsätzlich auch selbst.

Gesetzliche Grundlagen für die Verwaltungsvollstreckung finden sich teilweise in Vorschriften des Besonderen Verwaltungsrechts, etwa in den §§ 28 bis 44 PolG NW.

Im übrigen gelten die allgemeinen Verwaltungsvollstreckungsgesetze. Vollstreckt eine Bundesbehörde, ist das Bundesverwaltungsvollstreckungsgesetz (BVwVG), ergänzt durch das Gesetz über den unmittelbaren Zwang bei Ausübung öffentlicher Gewalt durch Vollzugsbeamte des Bundes (UZwG), anzuwenden. Für die Vollstreckung durch eine Landesbehörde gilt das jeweilige Landesverwaltungsvollstreckungsgesetz.
(Eine Einführung in das Verwaltungsvollstreckungsrecht mit Bescheidmustern bietet Brunn, JA 1980, Ü 163.)

64. Die Verwaltungsvollstreckungsgesetze unterscheiden zwischen der Vollstreckung wegen Geldforderungen (Beitreibung; §§ 1 - 5 BVwVG; §§ 1 - 54 VwVG NW) und der Erzwingung von Handlungen, Duldungen oder Unterlassungen (Verwaltungszwang; §§ 6 - 18 BVwVG; §§ 55 - 76 VwVG NW).

Innerhalb des Verwaltungszwanges ist die Aufteilung in das normale gestreckte Vollstreckungsverfahren (§ 6 Abs. 1 BVwVG; § 55 Abs. 1 VwVG NW) und das abgekürzte Verfahren (sofortiger Vollzug), das die Anwendung von Verwaltungszwang ohne vorausgehenden Verwaltungsakt ermöglicht (§ 6 Abs. 2 BVwVG; § 55 Abs. 2 VwVG NW), zu beachten.

65. Voraussetzungen für die Einleitung der Vollstreckung wegen Geldforderungen sind gem. § 3 BVwVG bzw. § 6 VwVG NW:
- der Leistungsbescheid (Verwaltungsakt), durch den der Schuldner zur Leistung aufgefordert worden ist. Gegenstand des Bescheides müssen öffentlichrechtliche Geldforderungen sein (vgl. § 1 BVwVG bzw. VwVG NW);

- die Fälligkeit der Leistung;
- der Ablauf einer Frist von einer Woche seit Bekanntgabe des Leistungsbescheids;
- eine Mahnung mit einer Zahlungsfrist von einer weiteren Woche (§ 3 Abs. 3 BVwVG; §§ 6 Abs. 3, 19 VwVG NW).

Die Vollstreckung wird, wenn diese Voraussetzungen vorliegen, eingeleitet durch eine verwaltungsinterne Vollstreckungsanordnung. Sie stellt den Auftrag der Behörde, die den Anspruch geltend machen darf (Anordnungsbehörde), an die Vollstreckungsbehörde (§ 4 BVwVG; §§ 2, 3 VwVG NW) dar, die Vollstreckung durchzuführen.

Das Verwaltungszwangsverfahren und der Vollstreckungsrechtsschutz sind im VwVG NW in den §§ 7 - 54 geregelt, während § 5 BVwVG auf die Beitreibungsvorschriften der Abgabenordnung bzw. auf landesrechtliche Bestimmungen verweist.

66. Im Normalfall des gestreckten Verfahrens bestehen folgende Vollstreckungsvoraussetzungen für die Anwendung von Verwaltungszwang (§ 6 Abs. 1 BVwVG; § 55 Abs. 1 VwVG NW):
- Vorliegen eines wirksamen Verwaltungsakts, der auf die Herausgabe einer Sache oder auf die Vornahme einer Handlung oder auf Duldung oder Unterlassen gerichtet ist;
- Vollstreckbarkeit des Verwaltungsakts, die gegeben ist, wenn er unanfechtbar ist oder wenn sein sofortiger Vollzug angeordnet (nur in § 6 Abs. 1 BVwVG aufgeführt) oder wenn dem Rechtsmittel keine aufschiebende Wirkung beigelegt ist (vgl. §§ 80 Abs. 2 und 187 Abs. 3 VwGO);
- Nichtbefolgung des im Verwaltungsakt ausgesprochenen Gebots oder Verbots.

Während für die Beitreibung von Geldforderungen spezielle Vollstreckungsbehörden bestimmt sind (vgl. § 4 BVwVG; §§ 2, 3 VwVG NW), wird Verwaltungszwang grundsätzlich von der Behörde ausgeübt, die den Verwaltungsakt erlassen hat (§ 7 Abs. 1 BVwVG; § 56 Abs. 1 VwVG NW).

Zur Erzwingung von Handlungen, Duldungen und Unterlassungen stehen als Zwangsmittel die Ersatzvornahme, das Zwangsgeld und der unmittelbare Zwang zur Verfügung (§ 9 Abs. 1 BVwVG; § 57 Abs. 1 VwVG NW).

Ersatzvornahme ist nach § 10 BVwVG begrifflich dann gegeben, wenn die Vollzugsbehörde einen anderen mit der Vornahme der vom Pflichtigen geschuldeten Handlung auf Kosten des Pflichtigen beauftragt. Demgegenüber umfaßt der Begriff der Ersatzvornahme nach § 59 Abs. 1 VwVG NW (wie in den meisten Ländern) auch die Selbstvornahme durch die Vollzugsbehörde, die § 12 BVwVG als Unterfall des unmittelbaren Zwangs behandelt. Ersatzvornahme im engeren wie im weiteren Sinne kommt nur bei solchen Handlungen in Betracht, deren Vornahme durch einen anderen als den Pflichtigen möglich ist (sog. vertretbare Handlungen). Für die Erzwingung von Duldungen oder Unterlassungen scheidet die Ersatzvornahme daher von vornherein aus. Der Pflichtige hat die Ersatzvornahme zu dulden und der Vollzugsbehörde die Kosten der Ersatzvornahme zu erstatten (Anspruchsgrundlage: § 19 Abs. 1 S. 1 BVwVG i.V.m. § 344 Abs. 1 Nr. 8 AO; § 77 VwVG NW i.V.m. § 11 Abs. 2 Nr. 7 KostO NW).

Zwangsgeld soll den Pflichtigen mit Hilfe des psychischen Drucks, der von der Ankündigung einer Geldzahlungspflicht für den Fall der Nichtbeachtung eines Gebots oder Verbots ausgeht, dazu anhalten, sich in der vorgeschriebenen Weise zu verhalten. Es ist in erster Linie für die Erzwingung von unvertretbaren Handlungen, Duldungen und Unterlassungen gedacht, ist aber auch bei vertretbaren Handlungen zulässig, wenn die Ersatzvornahme untunlich ist, besonders, wenn der Pflichtige außerstande ist ihre Kosten zu tragen (so ausdrücklich § 11 BVwVG; § 60 VwVG NW schränkt die Zulässigkeit des Zwangsgeldes nicht ausdrücklich ein). Die Höhe des Bußgeldes beträgt nach § 11 Abs. 3 BVwVG mindestens drei und höchstens zweitausend Deutsche Mark, nach § 60 Abs. 1 VwVG NW zwischen zwanzig und zehntausend DM.

Seinem Beugecharakter entsprechend kann Zwangsgeld auch neben einer Strafe oder Geldbuße verhängt und so oft wiederholt werden, bis die Verpflichtung erfüllt ist (§ 13 Abs. 6 BVwVG; §§ 57 Abs. 2 und 60 Abs.1 S. 2 VwVG NW). Ist das Zwangsgeld uneinbringlich, so kann das Verwaltungsgericht auf Antrag der Vollzugsbehörde die Ersatzzwangshaft anordnen, wenn bei Androhung des Zwangsgeldes hierauf hingewiesen worden ist (§ 16 BVwVG; § 61 VwVG NW).

Unmittelbarer Zwang im engeren Sinne ist die Einwirkung auf Personen oder Sachen durch körperliche Gewalt, ihre Hilfsmittel und durch Waffen (§ 2 Abs. 1 UZwG; § 67 Abs. 1 VwVG NW). Während § 62 VwVG NW den Begriff des unmittelbaren Zwangs darauf beschränkt, schließt er nach § 12 BVwVG noch die Selbstvornahme durch die Vollzugsbehörde ein.

Unmittelbarer Zwang ist als schärfstes Zwangsmittel nur zulässig, wenn andere Zwangsmittel (Ersatzvornahme, Zwangsgeld) nicht in Betracht kommen oder keinen Erfolg versprechen oder untunlich sind (§ 12 BVwVG; § 62 Abs. 1 S. 1 VwVG NW). Im einzelnen richtet sich die Anwendung unmittelbaren Zwangs nach dafür erlassenen besonderen Rechtsvorschriften (UZwG; §§ 66 bis 75 VwVG NW).

Über die speziellen Rechtmäßigkeitsvoraussetzungen der einzelnen Zwangsmittel hinaus ist stets das Verhältnismäßigkeitsprinzip zu beachten (vgl. § 9 Abs. 2 BVwVG; § 58 VwVG NW).

Beim gestreckten Verfahren läuft die Vollstreckung in den drei Stufen Androhung, Festsetzung und Anwendung des Zwangsmittels ab.

Das von der Behörde ausgewählte Zwangsmittel muß dem Pflichtigen unter Bestimmung einer zumutbaren Frist für die Erfüllung der Verpflichtung schriftlich angedroht werden (§ 13 Abs. 1 BVwVG; § 63 Abs. 1 S. 1 VwVG NW). Die Androhung muß sich auf ein bestimmtes Zwangsmittel beziehen (§ 13 Abs. 3 BVwVG; § 63 Abs. 3 VwVG NW). Das Zwangsgeld ist in bestimmter Höhe anzudrohen (§ 13 Abs. 5 BVwVG; § 63 Abs. 5 VwVG NW). Bei der Androhung einer Ersatzvornahme sollen die voraussichtlichen Kosten angegeben werden (§ 13 Abs. 4 BVwVG; § 63 Abs. 4 VwVG NW). Die Androhung stellt einen Verwaltungsakt dar. Sie kann mit dem Verwaltungsakt verbunden werden, durch den die Handlung, Duldung oder Unterlassung aufgegeben wird (§ 13 Abs. 2 BVwVG; § 63 Abs. 2 VwVG NW), und ist zuzustellen (§ 13 Abs. 7 BVwVG; § 63 Abs. 6 VwVG NW). Erweist sich das angedrohte Zwangsmittel als erfolglos, ist eine neue Androhung unter Wiederholung, Erhöhung oder Wechsel des Zwangsmittels so oft möglich, bis der Verwaltungsakt befolgt worden ist oder sich auf andere Weise erledigt hat (§ 13 Abs. 6 BVwVG; § 57 Abs. 2 VwVG NW).

Wird die Verpflichtung innerhalb der in der Androhung gesetzten Frist nicht erfüllt, so setzt die Vollzugsbehörde das Zwangsmittel fest (§ 14 S. 1 BVwVG; § 64 S. 1 VwVG NW). Darunter ist die Anordnung zu verstehen, daß das Zwangsmittel nunmehr angewendet werden soll. Die Rechtsnatur der Festsetzung ist unterschiedlich zu beurteilen. Beim Zwangsgeld besteht die Festsetzung im Erlaß eines Leistungsbescheids, so daß sie eindeutig ein Verwaltungsakt ist. Demgegenüber stellt sie beim unmittelbaren Zwang lediglich einen innerdienstlichen Rechtsakt dar. Die Einordnung der Festsetzung bei der Ersatzvornahme ist noch heftig umstritten.

Letzte Stufe ist die Anwendung des Zwangsmittels gemäß der Festsetzung (§ 15 BVwVG; § 65 VwVG NW). Bei der Ersatzvornahme wird dazu ein Dritter (privater Unternehmer) beauftragt, die geforderte Handlung vorzunehmen (nach § 59 Abs. 1 VwVG NW auch Selbstvornahme der Handlung durch die Vollzugsbehörde möglich). Die dabei entstehenden Kosten werden sodann vom Pflichtigen zurückverlangt. Zwangsgeld wird in der festgesetzten Höhe eingezogen oder notfalls beigetrieben. Unmittelbarer Zwang wird in der Weise ausgeübt, daß der Pflichtige durch körperliche Gewalt, ihre Hilfsmittel oder durch Waffen gezwungen wird, sich in der geforderten Form zu verhalten, wobei das Vorgehen sich im einzelnen nach dem UZwG bzw. den §§ 66 - 75 VwVG NW richtet (nach § 12 BVwVG schließt der unmittelbare Zwang auch die Selbstvornahme durch die Vollzugsbehörde ein). Leistet der Betroffene bei der Ersatzvornahme oder bei unmittelbarem Zwang Widerstand, so kann dieser mit Gewalt gebrochen werden, wobei die Polizei auf Verlangen der Vollzugsbehörde Amtshilfe zu leisten hat (§ 15 Abs. 2 BVwVG; § 65 Abs. 2 VwVG NW).

67. Der Verwaltungszwang kann ohne vorausgehenden Verwaltungsakt (sofortiger Vollzug) unter zwei Voraussetzung angewendet werden:

- Als erstes ist eine besondere Gefahrenlage erforderlich. Nach § 6 Abs. 2 BVwVG muß der sofortige Vollzug zur Verhinderung einer rechtswidrigen Tat, die einen Straf- oder Bußgeldtatbestand verwirklicht, oder zur Abwendung einer drohenden Gefahr notwendig sein. § 55 Abs. 2 VwVG NW spricht demgegenüber nur von der Notwendigkeit, eine gegenwärtige Gefahr abzuwehren.
- Zweite Voraussetzung ist, daß die Behörde hierbei innerhalb ihrer (gesetzlichen) Befugnisse handelt. Es muß deshalb an dieser Stelle geprüft werden, ob die Behörde rechtmäßigerweise einen Verwaltungsakt hätte erlassen dürfen, in dem der Betroffene zu dem Verhalten verpflichtet wird, zu dem er nunmehr unmittelbar gezwungen wird.

Wenn § 6 Abs. 2 BVwVG und § 55 Abs. 2 VwVG NW unter diesen Voraussetzungen Verwaltungszwang ohne vorausgehenden Verwaltungsakt zulassen, so verzichtet das Gesetz damit nicht nur auf eine vollstreckbare Grundverfügung, sondern, wie es ausdrücklich klarstellt, auch auf die vollstreckungsrechtlichen Verwaltungsakte der Androhung (§ 13 Abs. 1 S. 1 BVwVG; § 63 Abs. 1 S. 2 VwVG NW) und der Festsetzung des

Zwangsmittels (§ 14 S. 2 BVwVG; § 64 S. 2 VwVG NW).

Von den Zwangsmitteln kommen regelmäßig nur Ersatzvornahme oder unmittelbarer Zwang in Betracht. Zwangsgeld ist, wenn ein schnelles Eingreifen geboten ist, ungeeignet.

TEIL 2: POLIZEI- UND ORDNUNGSRECHT

1. ABSCHNITT: GRUNDLAGEN

A. Fragen

1. Welche geschichtliche Entwicklung hat der Begriff "Polizei" durchlaufen?
2. Welche Polizeibegriffe unterscheidet man heute?
3. Wie ist die Gesetzgebungs- und Verwaltungskompetenz im Polizei- und Ordnungsrecht verteilt?
4. In welchen Gesetzen ist das allgemeine Polizei- und Ordnungsrecht geregelt?
5. Wie sind die Polizei- und Ordnungsbehörden gegliedert?
6. Wie ist die sachliche und örtliche Zuständigkeit im Bereich der Gefahrenabwehr festgelegt?
7. Was bedeutet der Grundsatz der Subsidiarität? Welche Auswirkungen hat er auf die Rechtsanwendung?
8. Was versteht man unter dem Legalitätsprinzip und dem Opportunitätsprinzip? Für welche Gebiete sind sie jeweils bestimmend?
9. Welche Mittel stehen zur Durchführung der Gefahrenabwehr zur Verfügung?
10. Sind die Befugnisse der Polizei- und Ordnungsbehörden mit den Grundrechten vereinbar?

B. Antworten

1. Der Begriff "Polizei" wurde in Deutschland erstmals im 15. Jahrhundert verwendet. Er bezeichnete in Anlehnung an den Inhalt des griechischen Worts "politeia" und des lateinischen Begriffs "politia" den Gesamtbereich der Staatsverwaltung, verstanden als allumfassende Wohlfahrtsverwaltung aufgrund ungeschriebener Hoheitsgewalt des Landesherrn ("gute Polizey").

   Zwischen 1500 und 1700 verselbständigten sich nach und nach das Finanz-, Justiz- und Militärwesen sowie die Diplomatie. Dadurch wurde der Polizeibegriff auf bestimmte Behörden beschränkt, ohne daß aber der umfassende Regelungsanspruch eingeengt worden wäre.

In der Aufklärung wurde der Ruf nach einer Begrenzung der polizeilichen Befugnisse auf die Gefahrenabwehr laut (Pütter, Svarez). Er fand seinen gesetzlichen Niederschlag in § 10 Teil II Titel 17 des Allgemeinen Landrechts für die preußischen Staaten von 1794 (ALR): "Die noethigen Anstalten zur Erhaltung der oeffentlichen Ruhe, Sicherheit und Ordnung, und zur Abwendung der dem Publiko oder einzelnen Mitgliedern desselben bevorstehenden Gefahr zu treffen, ist das Amt der Polizey." Praktischer Erfolg war dieser Norm aber zunächst versagt, da die polizeilichen Aufgaben durch obrigkeitliche Anweisungen wieder erweitert wurden.

Erst der liberale Rechtsstaat des 19. Jahrhunderts schaffte den entscheidenden Schnitt, die Polizeigewalt auf die Gefahrenabwehr zu begrenzen und an gesetzliche Grundlagen zu binden. In Süddeutschland geschah das durch die Verabschiedung von Polizeistrafgesetzbüchern, in Preußen durch das sog. "Kreuzberg-Urteil" des preußischen Oberverwaltungsgerichts von 1882, das § 10 Teil II Titel 17 ALR zur vollen Wirksamkeit als abschließende Regelung polizeilicher Befugnisse verhalf. Gleichzeitig wurde die Polizei in die Verwaltungs- und die Vollzugspolizei gegliedert.

Nachdem der Nationalsozialismus einen Rückfall in absolutistische Zeiten gebracht hatte, bemühten sich die Besatzungsmächte nach Kriegsende um eine Entpolizeilichung. Sie beschritten dabei unterschiedliche Wege, womit sie den Grundstein für die Uneinheitlichkeit des Rechts der Gefahrenabwehr innerhalb der Bundesrepublik Deutschland legten. Gemeinsam ist allen Systemen die Begrenzung der vollzugspolizeilichen Kompetenzen auf unaufschiebbare Maßnahmen und die Übertragung der Aufgabe der Gefahrenabwehr im übrigen auf andere Behörden. In Hamburg sind das die jeweiligen Fachbehörden, in Bayern, Berlin, Hessen, Niedersachsen, Nordrhein-Westfalen und Schleswig-Holstein die Ordnungsbehörden (teilweise auch Sicherheitsbehörden oder Verwaltungsbehörden genannt), in Baden-Württemberg, Bremen, Rheinland-Pfalz und im Saarland die Verwaltungspolizeibehörden.

2. Als Folge der Entpolizeilichung hat der Begriff der Polizei unterschiedliche Bedeutungsinhalte bekommen.

Der materielle Polizeibegriff fragt nach der zu erfüllenden Aufgabe. Wird eine Behörde zur Gefahrenabwehr tätig, handelt sie im materiellen Sinne als Polizei, geht es um materielles Polizeirecht. Polizei im materiellen Sinne können daher Polizei-, Ordnungs- und Fachbehörden sein.

Der formelle Polizeibegriff betrifft die Summe der sachlichen Zuständigkeiten von Polizei- und Ordnungsbehörden. Neben den allgemeinen und besonderen Aufgaben der Gefahrenabwehr sind die Polizeibehörden insbesondere noch zuständig für die Erforschung und Verfolgung von Straftaten und Ordnungswidrigkeiten (§§ 163, 161 StPO; § 53 OWiG), die Ordnungsbehörden für das Meldewesen.

Der institutionelle Polizeibegriff bezieht sich auf die Trennung in Polizei- und Ordnungsbehörden. Er umfaßt alle Behörden und Beamte, die organisationsrechtlich als "Polizei" bezeichnet werden.

3. Nach dem Grundgesetz ist die Ausübung der staatlichen Befugnisse und die Erfüllung der staatlichen Aufgaben Sache der Länder, soweit das Grundgesetz selbst keine andere Regelung trifft oder zuläßt (Art. 30 GG; vgl. auch Art. 70 und Art. 83 GG).

   Das Polizei- und Ordnungsrecht ist weder als Sachgebiet der ausschließlichen Gesetzgebung des Bundes noch der konkurrierenden Gesetzgebung aufgeführt. Trotzdem gibt es zahlreiche bundesrechtliche Vorschriften zur Gefahrenabwehr, insbesondere auf dem Gebiet des Wirtschaftsrechts und des Umweltschutzes, des Verkehrsrechts, des Vereins-, Versammlungs- und Ausländerrechts, des Gesundheitswesens. Das erklärt sich, wie das Bundesverfassungsgericht ausgeführt hat (BVerfGE 8, 143, 149 f.), daraus, daß die Zuständigkeit zur Gesetzgebung in einem Sachgebiet die Regelung der Ordnungsgewalt in diesem Bereich mitumfaßt (sog. Annex-Kompetenz). Ureigenste Ländersache ist damit nur das allgemeine Polizei- und Ordnungsrecht, bei dem die Aufrechterhaltung der öffentlichen Sicherheit und Ordnung den alleinigen und unmittelbaren Gesetzeszweck bildet.

   Auch die Bundesgesetze zur Gefahrenabwehr werden überwiegend entsprechend Art. 83 GG von den Landesordnungs- und -polizeibehörden ausgeführt. Bundesbehörden zur Gefahrenabwehr dürfen nur eingerichtet werden, soweit die Art. 87 ff. GG dem Bund das Recht zubilligen, eigene Verwaltungseinrichtungen zu schaffen. Bundesbehörden auf dem Gebiet der Gefahrenabwehr sind der Bundesgrenzschutz, das Bundesamt für Verfassungsschutz, das Bundeskriminalamt, das Bundesluftfahrtamt, die Bahnpolizei, die Wasser- und Schiffahrtsdirektionen.

4. Da das allgemeine Polizei- und Ordnungsrecht in die Gesetzgebungszuständigkeit der Länder fällt, gelten für jedes Bundesland andere

Rechtsgrundlagen. Zur Zeit bestehen folgende Gesetze:

Baden-Württemberg	Polizeigesetz vom 16.1.1968
Bayern	Polizeiaufgabengesetz vom 24.8.1978 Polizeiorganisationsgesetz vom 10.8.1976 Landesstraf- und Verordnungsgesetz vom 13.12.1982
Berlin	Allgemeines Sicherheits- und Ordnungsgesetz vom 11.2.1975
Bremen	Polizeigesetz vom 21.3.1983
Hamburg	Gesetz zum Schutz der öffentlichen Sicherheit und Ordnung vom 14.3.1966
Hessen	Gesetz über die öffentliche Sicherheit und Ordnung vom 26.1.1972 (im folgenden: HSOG)
Niedersachsen	Gesetz über die öffentliche Sicherheit und Ordnung vom 17.11.1981 (im folgenden NdsSOG)
Nordrhein-Westfalen	Polizeigesetz vom 25.3.1980 (im folgenden: PolG) Polizeiorganisationsgesetz vom 13.7.1982 (im folgenden: POG) Ordnungsbehördengesetz vom 13.5.1980 (im folgenden: OBG)
Rheinland-Pfalz	Polizeiverwaltungsgesetz vom 1.8.1981 (im folgenden: PVG RhPf)
Saarland	Polizeiverwaltungsgesetz vom 13.11.1974
Schleswig-Holstein	Landesverwaltungsgesetz vom 19.3.1979 (im folgenden: LVwG SH)

Die sachlichen Unterschiede zwischen den einzelnen Landesrechten sind gering, da sie aus gemeinsamen historischen Quellen entwickelt worden sind und dadurch überwiegend die gleichen Regelungsprinzipien und Rechtsbegriffe verwenden. Eine weitere Angleichung ist dem von der Innenministerkonferenz erstellten "Musterentwurf eines einheitlichen Polizeigesetzes des Bundes und der Länder" (letzte Fassung 1977) zu verdanken, auf dem die neueren Gesetze bereits aufbauen.

Der folgenden Darstellung ist das Landesrecht Nordrhein-Westfalen zugrunde gelegt. Durch Vergleich der Gesetzestexte kann dieser Teil leicht dem jeweils geltenden Landesrecht angepaßt werden. Für die nördlichen Flächenstaaten Hessen, Niedersachsen, Rheinland-Pfalz und Schleswig-Holstein sind die Parallelvorschriften bereits weitgehend im Text angegeben.

5. Polizeibehörden sind in Nordrhein-Westfalen nach § 2 POG die Kreispolizeibehörden, die Regierungspräsidenten und das Landeskriminalamt. Kreispolizeibehörden sind die Polizeipräsidenten (in Polizeibezirken mit mindestens einer kreisfreien Stadt) und die Oberkreisdirektoren, die zu Kreispolizeibehörden bestimmt sind (§ 3 POG in Verbindung mit der Verordnung über die Kreispolizeibehörden des Landes Nordrhein-Westfalen vom 27. Oktober 1982). Vom Behördenaufbau zu unterscheiden ist die strukturelle Gliederung der Polizei in Schutzpolizei (uniformierte Vollzugspolizei), Kriminalpolizei und Bereitschaftspolizei (vgl. dazu § 4 POG).

   Die Aufgaben der örtlichen Ordnungsbehörden nehmen in Nordrhein-Westfalen gem. § 3 OBG die Gemeinden, die Aufgaben der Kreisordnungsbehörden die Kreise und kreisfreien Städte als Pflichtaufgaben zur Erfüllung nach Weisung (also nicht als Selbstverwaltungsaufgaben) wahr. Örtliche Ordnungsbehörde ist folglich der Stadt- oder Gemeindedirektor, Kreisordnungsbehörde der Oberkreisdirektor. In den kreisfreien Städten fallen beide Ebenen beim Oberstadtdirektor zusammen. Die Regierungspräsidenten und der zuständige Minister fungieren als Aufsichtsbehörden (§ 7 Abs. 2 und 3 OBG).

   Neben den allgemeinen Ordnungsbehörden gibt es auf bestimmten Sachgebieten noch Sonderordnungsbehörden wie die Bergämter, Eichämter und Forstbehörden (§ 12 OBG).

   Zum Behördenaufbau in den anderen Bundesländern sei auf Lange/Wilhelm, Recht der Gefahrenabwehr, 1982, S. 12 - 22 verwiesen.

6. Die sachliche Zuständigkeit legt den Aufgabenbereich einer Behörde fest. Die Polizei- und Ordnungsbehörden haben die Aufgabe, Gefahren für die öffentliche Sicherheit oder Ordnung abzuwehren (§ 1 Abs. 1 S. 1 PolG und § 1 Abs. 1 OBG; § 1 Abs. 1 HSOG; §§ 163 Abs. 1, 164 Abs. 1 LVwG SH; § 1 Abs. 1 NdsSOG; § 1 Abs. 1 PVG RhPf).

   Diese Generalzuweisung wird überlagert von zahlreichen Sonderzuweiweisungen auf speziellen Gebieten der Gefahrenabwehr. So ist die Polizei z.B. zuständig für die Überwachung des Straßenverkehrs (§§ 11, 12 POG; §§ 36, 44 Abs. 2 StVO) sowie für Aufgaben auf dem Gebiet des Versammlungswesens (vgl. §§ 13, 18 VersG), des Waffen-, Munitions- und Sprengstoffwesen (siehe § 11 POG). Spezialgesetzliche Zuständigkeiten der Ordnungsbehörden bestehen z.B. auf den Gebieten des Gewerbe- und Immissionsschutzrechts, des Seuchenrechts, des Ausländerrechts und der Bauaufsicht (§ 76 BauO NW). Diese sind häufig mit besonderen Funktionsbezeichnungen ("Straßenverkehrsbehörde", "Ausländerbehörde", "Bauaufsichtsbehörde") verbunden. Eine spezialgesetzlich begründete Zuständigkeit geht der Generalzuweisung in § 1 Abs. 1 S. 1 PolG bzw. § 1 Abs. 1 OBG vor (Näheres dazu in Frage 7). Über die Gefahrenabwehr hinaus sind den Polizei- und Ordnungsbehörden auch andere Aufgaben (insbesondere Strafverfolgung und Meldewesen) übertragen (vgl. § 1 Abs. 4 PolG und § 1 Abs. 3 OBG; § 164 Abs. 2 LVwG SH; § 1 Abs. 5 NdsSOG; § 1 Abs. 4 PVG RhPf).

Im Bereich der allgemeinen Gefahrenabwehr ist die Beschränkung der sachlichen Zuständigkeit in § 1 Abs. 2 PolG (§ 3 HSOG; § 175 LVwG SH; § 1 Abs. 3 NdsSOG; § 1 Abs. 2 PVG RhPf) zu beachten. Der Schutz privater Rechte obliegt der Polizei danach nur dann, wenn gerichtlicher Schutz nicht rechtzeitig zu erlangen ist und wenn ohne polizeiliche Hilfe die Verwirklichung des Rechts vereitelt oder wesentlich erschwert werden würde. Diese Regelung gilt entsprechend auch für die Ordnungsbehörden. Zum Schutz privater Rechte hat der Gesetzgeber die ordentlichen Gerichte geschaffen. Eine Rechtsverwirklichung durch ordnungsbehördliche Maßnahmen würde das Gewaltenteilungsprinzip verletzen, den verfahrensrechtlichen Schutz des Schuldners aufheben und die Entscheidung schwieriger zivilrechtlicher Rechtsfragen einer dafür nicht kompetenten Stelle aufbürden. Ein Einschreiten der Polizei- oder Ordnungsbehörde ist deshalb auf den Notfall begrenzt, in dem gerichtlicher Rechtsschutz nicht zu erlangen ist. Es kommt insbesondere in Betracht, um ein gerichtliches Verfahren überhaupt erst möglich zu machen, z.B. durch Feststellung der Personalien des Schuldners (vgl. § 9 Abs. 1 Nr. 1 PolG) oder Sicherstellung einer Sache zum Schutz des Eigentümers oder rechtmäßigen Besitzers (vgl. § 21 Nr. 2 PolG). Nach herrschender Meinung gilt diese Beschränkung der sachlichen Zuständigkeit aber nur insoweit, als ausschließlich der Schutz privater Rechte in Frage steht. Sind die betroffenen Rechte oder Rechtsgüter zugleich durch öffentlichrechtliche Normen, insbesondere durch Straf- oder Bußgeldbestimmungen, geschützt, dürfen Polizei- und Ordnungsbehörde ohne weiteres tätig werden.

Eine Frage der sachlichen Zuständigkeit ist auch die Aufgabenverteilung zwischen Polizei und Ordnungsbehörde, die sich aus § 1 Abs. 1 S. 2 und 3, Abs. 3 PolG und § 2 OBG (§§ 1 Abs. 2, 2 HSOG; §§ 168 f. LVwG SH; § 1 Abs. 2, 4, 5 NdsSOG; § 76 PVG RhPf) ergibt. Vorrangig zuständig ist danach die Ordnungsbehörde, was in der Klausur nicht näher begründet werden muß. Hat hingegen die Polizei gehandelt, muß ihre Zuständigkeit stets genau belegt werden. Die Polizei ist zunächst zuständig für die ihr durch Gesetz oder Rechtsverordnung übertragenen besonderen Aufgaben (§ 1 Abs. 4 PolG). Im übrigen hat sie in eigener Zuständigkeit Maßnahmen nur zu treffen, soweit ein Handeln anderer für die Gefahrenabwehr zuständiger Behörden nicht oder nicht rechtzeitig möglich erscheint (§ 1 Abs. 1 S. 2 PolG). Ergänzend ist bestimmt, daß sie die zuständigen Behörden, insbesondere die Ordnungsbehörde, unverzüglich von allen Vorgängen zu unterrichten hat, die deren Eingreifen erfordern (§ 1 Abs. 1 S. 3 PolG). Außerdem hat sie anderen Behörden Vollzugshilfe zu leisten (§§ 1 Abs. 3, 25 bis 27 PolG; § 2 OBG). Die Formulierung des § 1 Abs. 1 S. 2 PolG ("erscheint") macht deutlich, daß die Polizei in eigener Zuständigkeit handeln darf, wenn sie bei sachgerechter Beurteilung der Situation den Eindruck gewinnen muß, daß ein unmittelbares Eingreifen notwendig ist. Stellt sich später heraus, daß die Gefahr doch nicht so dringend war, wird dadurch die Zuständigkeit der Polizei nicht berührt. Die Voraussetzungen des § 1 Abs. 1 S. 2 PolG liegen insbesondere vor, wenn der Ordnungsbehörde die erforderlichen Befugnisse, die erforderlichen Mittel zur Durchsetzung der Maßnahme (z.B. Hilfsmittel des unmittelbaren Zwanges) oder die notwendigen Sachkenntnisse fehlen oder sie nicht mehr rechtzeitig zu erreichen ist.

Die instanzielle Zuständigkeit bestimmt, welche Ebene in einem mehrstufigen Behördensystem zuständig ist. Die Aufgabe der Gefahrenabwehr ist in erster Linie der untersten Instanz (Kreispolizeibehörden, örtliche Ordnungsbehörden) zugewiesen (§ 5 Abs. 1 OBG mit irreführender Überschrift).

Unmittelbare Zuständigkeiten höherer Instanzen bestehen nur aufgrund ausdrücklicher gesetzlicher Bestimmung (§ 5 Abs. 2 OBG; vgl. z.B. § 20 Abs. 3 AuslG oder § 12 POG). Im übrigen können sie als Aufsichtsbehörden die Tätigkeit der untergeordneten Behörden durch Weisungen lenken (§§ 5, 6 POG; §§ 7 bis 10 OBG). Bei Gefahr im Verzug kann jede Polizei- oder Ordnungsbehörde in ihrem Bezirk die Befugnisse der über- bzw. untergeordneten Behörde ausüben (§ 14 Abs. 1 POG; § 6 Abs. 1 OBG).

Die örtliche Zuständigkeit der Polizei ist vom Grundsatz her auf den Polizeibezirk (§§ 3, 7 Abs. 1 POG in Verbindung mit der Verordnung über die Kreispolizeibehörden des Landes Nordrhein-Westfalen), der Ordnungsbehörde auf den Amtsbezirk beschränkt (in §§ 4, 6 OBG als selbstverständlich vorausgesetzt). Dabei bestehen aber unterschiedliche Anknüpfungspunkte für die Zuständigkeitsbegründung. Nach § 7 Abs. 1 POG ist einheitlich die Polizeibehörde zuständig, in deren Bezirk die polizeilich zu schützenden Interessen verletzt oder gefährdet werden. Für die Ordnungsbehörden gelten hingegen die verschiedenen Gesichtspunkte des § 3 VwVfG NW.

Die Regelzuständigkeit wird ergänzt und modifiziert durch zahlreiche außerordentliche Zuständigkeiten, die für eine effektive Gefahrenabwehr und Verfolgung von Straftaten und Ordnungswidrigkeiten unabdingbar sind (vgl. §§ 7 Abs. 2 bis 9 POG; §§ 4 und 6 Abs. 2 OBG). (Vgl. auch §§ 75 ff. HSOG; § 167 LVwG SH; §§ 78, 81 f. NdsSOG; §§ 81, 93 ff. PVG RhPf.)

7. § 1 Abs. 2 OBG (§ 1 Abs. 2 S. 2 HSOG; § 170 LVwG SH; § 3 Abs. 1 S. 2 und 3 NdsSOG; § 9 Abs. 2 PVG RhPf) legt eine Rangfolge für das anzuwendende Recht fest. Danach führen die Ordnungsbehörden ihre Aufgaben in erster Linie nach den für das jeweilige Sachgebiet besonders erlassenen Rechtsvorschriften durch. Nach dem OBG richtet sich ihr Tätigwerden nur dann, wenn solche Spezialvorschriften fehlen oder keine abschließende Regelung enthalten. Für das Polizeirecht weist § 8 Abs. 2 PolG auf diese Kollisionsregel hin.

Für die Rechtsanwendung ergibt sich aus dem Grundsatz der Subsidiarität die Notwendigkeit, vor dem Einstieg in die Rechtmäßigkeitsprüfung zunächst sorgfältig die anzuwendenden Rechtsgrundlagen festzulegen.

Den ersten Schritt bildet dabei die Suche nach spezialgesetzlichen Regelungen.

Die Ordnungsbehörden nehmen heute überwiegend besondere sachgebietsspezifische Aufgaben wahr, deren Erfüllung sich nach speziellen bundes- oder landesrechtlichen Vorschriften richtet (vgl. bereits Frage 6), so daß nur selten noch ausschließlich das allgemeine Ordnungsrecht Anwendung findet.

Hingegen vollzieht sich die Tätigkeit der Polizei überwiegend im Bereich der allgemeinen Gefahrenabwehr. Die wenigen spezialgesetzlich geregelten Aufgaben sind in den §§ 11 und 12 POG aufgeführt. Probleme kann dafür die Doppelfunktion der Polizei als Organ der Gefahrenabwehr und der Strafverfolgung bereiten. In der polizeilichen Praxis sind beide Aufgaben häufig ununterscheidbar miteinander verknüpft. So sind denn auch vielfach die gleichen Maßnahmen sowohl im Polizeigesetz unter dem Gesichtspunkt der Gefahrenabwehr als auch in der Strafprozeßordnung im Hinblick auf die Strafverfolgung geregelt (vgl. etwa zur Sicherstellung und Verwahrung von Sachen die §§ 21 ff. PolG einerseits und die §§ 94 ff. StPO andererseits, zur Durchsuchung von Personen, Sachen und Wohnungen die §§ 17 ff. PolG und §§ 102 ff. StPO, zu erkennungsdienstlichen Maßnahmen § 10 PolG und §§ 81 a bis d StPO). Dabei ist zu beachten, daß auf dem Gebiet der Strafverfolgung innerhalb der Polizei zu Zwangseingriffen in Freiheit, Eigentum und Wohnung nur die sog. Hilfsbeamten der Staatsanwaltschaft (vgl. § 152 GVG in Verbindung mit landesrechtlichen Verordnungen) ermächtigt sind. Weist eine Maßnahme sowohl Aspekte der Gefahrenabwehr als auch der Strafverfolgung auf, empfiehlt es sich, ihre Rechtmäßigkeit oder Rechtswidrigkeit soweit wie möglich parallel sowohl in polizeirechtlicher als auch in strafprozeßrechtlicher Hinsicht zu begründen. Geraten die beiden Aspekte in einen Konflikt, muß anhand einer Güterabwägung entschieden werden, welcher Aufgabe - und damit welchem Gesetz - der Vorrang gebührt (so geht z.B. bei einer Entführung oder Geiselnahme die Rettung des Opfers regelmäßig der Ergreifung des Täters vor). Hingewiesen sei noch darauf, daß die Überlagerung von Polizeirecht und Strafprozeßrecht meist nur von kurzer Dauer ist. Nach dem ersten Eingreifen zweigen die beiden Rechtsgebiete regelmäßig schnell wieder auseinander, so daß die Frage der Aufrechterhaltung der Maßnahme eindeutig einer Vorschrift zugeordnet werden kann (so rechtfertigt z.B. beim Auffinden eines gestohlenen Kraftfahrzeugs in verkehrsgefährdender Lage § 21 Nr. 1 PolG eine Sicherstellung nur bis zur Beendigung der gegenwärtigen Gefahr für den Straßenverkehr, § 21 Nr. 2 PolG nur bis zu dem Zeitpunkt, in dem der Eigentümer oder rechtmäßige Besitzer die Sache wieder an sich nehmen kann, § 94 StPO die Sicherstellung und Verwahrung aber solange, wie das Auto für die Untersuchung noch von Bedeutung ist).

Ist eine spezialgesetzliche Regelung vorhanden, muß in einem zweiten Schritt geklärt werden, in welchem Umfang dadurch das allgemeine Polizei- und Ordnungsrecht verdrängt wird. Den Maßstab dafür gibt § 1 Abs. 2 S. 2 OBG an: Das Ordnungsbehördengesetz (ebenso das Polizeigesetz) bleibt anwendbar, soweit besondere gesetzliche Vorschriften fehlen oder eine abschließende Regelung nicht enthalten.

Die erste Alternative ist nicht nur dann gegeben, wenn überhaupt kein Spezialgesetz vorhanden ist, sondern auch dann, wenn dieses nur eine lückenhafte Regelung enthält. Die spezielle Regelung beschränkt sich häufig auf die zentralen Punkte wie sachliche Zuständigkeit, Ermächtigungsgrundlage und (schon seltener) die möglichen Maßnahmen. Die fehlenden Aspekte (z.B. örtliche Zuständigkeit, Form, pflichtige Personen, Verhältnismäßigkeit usw.) sind dann aus dem allgemeinen Polizei- und Ordnungsrecht zu ergänzen, das somit als "Allgemeiner Teil" des Rechts der Gefahrenabwehr fungiert.

Die zweite Alternative bereitet größere Schwierigkeiten. Regelmäßig kann davon ausgegangen werden, daß spezielle Normen auch eine abschließende Regelung enthalten. Ausnahmsweise kann aber auch einmal die ergänzende Anwendung anderer fachspezifischer Vorschriften oder allgemeiner Rechtsgrundlagen zulässig sein. In einigen Fällen hat der Gesetzgeber das ausdrücklich gestattet (vgl. z.B. §§ 78, 88 Abs. 6 BauO NW). Im übrigen muß durch Auslegung ermittelt werden, welche Geltungskraft die Regelung beansprucht. Dabei ist folgendes zu berücksichtigen: Während das allgemeine Polizei- und Ordnungsrecht sich mit dem gesamten Spektrum möglicher Gefahren für die öffentliche Sicherheit oder Ordnung befaßt, greifen die Spezialgesetze einen bestimmten Teilbereich heraus, dessen Besonderheiten nach Ansicht des Gesetzgebers eine Sonderregelung erforderlich machen. Ziel ist es dabei, die sachgebietstypischen Gefahren unter Beachtung der sachgebietstypischen Rechtsgrundsätze möglichst wirksam zu bekämpfen. Das Ergebnis besteht meistens in einer Einschränkung der Eingriffsbefugnisse auf einige wenige, tatbestandlich genau umrissene Gefahrenfälle. Verwirklichen sich nun in einem solchen speziell geregelten Lebensbereich allgemeine Gefahren, die nichts mit den sachgebietsspezifischen Besonderheiten zu tun haben, kann es zur Gefahrenabwehr erforderlich sein, für solche allgemeinen Gefahren auf die Ermächtigungen des allgemeinen Polizei- und Ordnungsrechtes zurückzugreifen (Beispiel: Eine öffentliche Versammlung in geschlossenen

Räumen darf, wenn Einsturz- oder Feuergefahr für den Versammlungsraum besteht, trotz der Spezialregelung des § 13 VersG nach § 14 Abs. 1 OBG bzw. § 8 Abs. 1 PolG aufgelöst werden, da § 13 VersG nur versammlungstypische Gefahren erfaßt).

8. Das Legalitätsprinzip ist bestimmend für die Verfolgung von Straftaten. Es bedeutet, daß die Strafverfolgungsbehörden (Staatsanwaltschaft, Polizei, Finanzbehörden) bei Verdacht einer strafbaren Handlung von Amts wegen einschreiten müssen. § 163 Abs. 1 StPO bestimmt, daß die Behörden und Beamte des Polizeidienstes Straftaten zu erforschen und alle keinen Aufschub gestattenden Anordnungen zu treffen haben, um die Verdunkelung der Sache zu verhüten. Ein Absehen von der Verfolgung nach Ermessen ist damit nicht erlaubt. Durchbrechungen des Legalitätsprinzips sind auf einige wenige Ausnahmefälle beschränkt (vgl. §§ 153 ff. StPO).

Für die Gefahrenabwehr (und die Verfolgung von Ordnungswidrigkeiten) ist demgegenüber das Opportunitätsprinzip maßgeblich. Es stellt die Entscheidung, ob und bejahendenfalls wie eingeschritten werden soll, in das Ermessen der Behörde. Das Opportunitätsprinzip ist in § 3 Abs. 1 PolG und § 16 OBG festgeschrieben und findet in der Ausgestaltung der Generalermächtigung (§ 8 Abs. 1 PolG; § 14 Abs. 1 OBG) als Ermessensnorm seine Bestätigung. Es entspricht dem praktischen Bedürfnis einer effektiven Gefahrenabwehr nach flexibler Behandlung der unterschiedlichen Gefahrensituationen und trägt dem Umstand Rechnung, daß die zahlenmäßig begrenzten Sicherheitskräfte nicht in der Lage sind, alle Gefahren zu bannen. Grenzen des Opportunitätsprinzips ergeben sich zum einen aus spezialgesetzlichen Vorschriften, zum anderen aus den allgemeinen Anforderungen an eine pflichtgemäße Ermessensausübung. Insbesondere bei ordnungsbehördlichen Erlaubnissen ist häufig bindend festgelegt, wann sie zu erteilen (vgl. § 88 Abs. 1 S. 1 BauO NW für die Baugenehmigung, § 2 Abs. 1 S. 2 StVG für die Fahrerlaubnis), zu versagen (vgl. § 4 GastG zur Gaststättenerlaubnis) oder zu entziehen sind (vgl. § 4 Abs. 1 StVG für die Fahrerlaubnis). Soweit das Gesetz einen Handlungsspielraum eröffnet, ist die Polizei- oder Ordnungsbehörde zu einer pflichtgemäßen Ausübung ihres Ermessens verpflichtet (§ 3 Abs. 1 PolG; § 16 OBG). Sie hat ihr Ermessen entsprechend dem Zweck der Ermächtigung auszuüben und die gesetzlichen Grenzen des Ermessens einzuhalten (§ 40 VwVfG; vgl. bereits Teil 1 Frage 13), was gerichtlich überprüfbar ist

(§ 114 VwGO). Zum Entschließungs- und Auswahlermessen im einzelnen siehe die Fragen 26 ff.

9. Polizei- und Ordnungsbehörden können die ihnen übertragene Aufgabe der Gefahrenabwehr auf zwei grundsätzlich verschiedene Arten erfüllen: Zum einen können sie Gefahren durch eigenes Handeln mit eigenen Mitteln beseitigen. Zum anderen können sie Maßnahmen gegen Personen treffen und dabei in deren Freiheit und Eigentum eingreifen. Die Gesetze des allgemeinen Polizei- und Ordnungsrechts werden dieser Tatsache dadurch gerecht, daß sie zwischen Aufgaben (1. Abschnitt des PolG; Teil I des OBG) und Befugnissen (2. Abschnitt des PolG; Teil II des OBG) unterscheiden. Die gesetzliche Zuweisung der Gefahrenabwehraufgabe berechtigt die Polizei- und Ordnungsbehörden dazu, durch eigenes Handeln Gefahren zu bekämpfen. Sie bildet aber noch keine ausreichende Rechtsgrundlage für Eingriffe in Freiheit und Eigentum des Bürgers. Dazu bedarf es vielmehr einer besonderen Ermächtigung, die als polizei- und ordnungsrechtliche Befugnis normiert ist.

Die Möglichkeiten, Gefahren mit den eigenen Mitteln der Verwaltung ohne Beeinträchtigung von Individualrechten zu bekämpfen, sind sehr vielgestaltig. Streifenfahrt, Versorgung von Unfallopfern, Beseitigung von Verkehrshindernissen, Streitschlichtung, Sicherung von Großveranstaltungen, Aufklärung über Möglichkeiten des Selbstschutzes, Einsatz der Feuerwehr, Gewährung von Obdach sind nur einige Beispiele. Der Typologie der Handlungsformen nach (vgl. Teil 1 Frage 4) handelt es sich dabei regelmäßig um schlichthoheitliche Verwaltungstätigkeit. Eigenhandeln ist rechtmäßig, wenn es sich im Rahmen der Zuständigkeit der Behörde hält, nicht gegen Rechtsvorschriften verstößt und verhältnismäßig ist.

In welchen Formen und unter welchen Voraussetzungen zur Gefahrenabwehr Maßnahmen gegenüber Personen ergriffen werden dürfen, ist demgegenüber gesetzlich genau festgelegt. Als Mittel der Gefahrenabwehr stehen zur Verfügung: die Polizei- oder Ordnungsverfügung, die ordnungsbehördliche Verordnung, Erteilung, Versagung und Entzug einer ordnungsbehördlichen Erlaubnis sowie schlichtes Verwaltungshandeln.

Als Polizei- bzw. Ordnungsverfügung bezeichnet man einen Verwaltungsakt auf dem Gebiet der Gefahrenabwehr, der ein Gebot oder Verbot ausspricht. Nach der Art der Ermächtigung zum Erlaß von Verfügungen unterscheidet man zwischen selbständigen und unselbständigen Verfügungen.

Selbständige Verfügungen haben ihre Rechtsgrundlage unmittelbar in der Generalermächtigung (§ 8 Abs. 1 PolG und § 14 Abs. 1 OBG; § 6 Abs. 1 HSOG; §§ 171, 173 LVwG SH; § 11 NdsSOG; §§ 9 Abs. 1, 46 PVG RhPf). Unselbständige Verfügungen stützen sich auf besondere gesetzliche oder verordnungsmäßige Ermächtigungen. Die Polizei- und Ordnungsverfügung wird im 2. Abschnitt (Fragen 11 ff.) eingehend behandelt.

Mit Hilfe von Verfügungen können die Polizei- und Ordnungsbehörden im Einzelfall auf konkret bestehende Gefahren reagieren. Eine effektive Gefahrenabwehr ist aber allein mit diesem Instrument nicht zu erreichen. Die Verwaltung muß auch die Möglichkeit haben, für generell gefährliche Lebensbereiche von vornherein mit Wirkung für eine unbestimmte Anzahl von Personen die zur Gefahrenabwehr notwendigen Verhaltensregeln festzulegen. Diesem Zweck dient die ordnungsbehördliche Verordnung, die in den §§ 25 ff. OBG geregelt ist (vgl. auch §§ 34 ff. HSOG; § 172 LVwG SH; §§ 32 ff. NdsSOG; §§ 26 ff. PVG RhPf).

In erster Linie zuständig ist die örtliche Ordnungsbehörde (§ 27 Abs. 1 OBG). Den Kreis- und Landesordnungsbehörden sowie dem Innenminister und im Benehmen mit ihm den Fachministern steht das Verordnungsrecht nur zu, wenn eine einheitliche Regelung für Gebiete geboten ist, die den jeweils niedrigeren Verwaltungsbezirk (Gemeinde, Kreis, Regierungsbezirk) überschreiten (§§ 26, 27 Abs. 2 und 3 OBG). Hat eine höhere Behörde eine Verordnung erlassen, dürfen ordnungsbehördliche Verordnungen unterer Ordnungsbehörden keine entgegenstehenden Bestimmungen enthalten und die Angelegenheit auch nur insoweit ergänzend regeln, als die Verordnung der höheren Behörde dies ausdrücklich zuläßt (§ 28 OBG). Zuständig für den Erlaß von Verordnungen der örtlichen Ordnungsbehörden und der Kreisordnungsbehörden ist die Vertretung (Gemeinderat, Kreistag; § 27 Abs. 4 OBG). Diese Verordnungen sind dem Regierungspräsidenten vorzulegen (§ 36 OBG).

Für alle ordnungsbehördlichen Verordnungen gelten besondere Vorschriften über die Form (§ 30 OBG), die Verkündung (§ 33 OBG) und den Inhalt (§§ 29, 31, 32 OBG). Als Mittel zur Gefahrenabwehr kommen in ordnungsbehördlichen Verordnungen in erster Linie unmittelbar wirkende Gebote und Verbote in Betracht. Zu ihrer Durchsetzung können für den Fall einer vorsätzlichen oder fahrlässigen Zuwiderhandlung Geldbußen und die Einziehung der durch die Zuwiderhandlung gewonnenen oder erlangten Gegenstände angedroht werden (vgl. § 31 OBG). Ordnungsbehördliche Verordnungen können auch Ermächtigungstatbestände zum Erlaß von Verwaltungsakten (Ordnungsverfügungen, Erlaubnisse) enthalten. Mit der zunehmenden spezialgesetzlichen Normierung des Ordnungsrechts nimmt der Regelungsspielraum und damit die Bedeutung ordnungsbehördlicher Verordnungen immer mehr ab.

Das effektivste Mittel der Gefahrenabwehr ist das Verbot mit Erlaubnisvorbehalt. Mit seiner Hilfe wird der Entstehung von Gefahren von Anfang an entgegengewirkt, indem bereits die Aufnahme einer bestimmten Tätigkeit von einer behördlichen Erlaubnis abhängig gemacht wird (vgl. § 23 OBG; § 10 HSOG; §§ 45 Abs. 1, 47 PVG RhPf).

Zu unterscheiden ist zwischen gebundenen und freien Erlaubnissen. Auf gebundene Erlaubnisse hat der Antragsteller einen Rechtsanspruch, wenn er die für ihre Erteilung aufgestellten Voraussetzungen erfüllt. Freie Erlaubnisse sind in das pflichtgemäße Ermessen der Ordnungsbehörde gestellt, wobei eine Versagung nur zur Erfüllung ordnungsbehördlicher Aufgaben zulässig ist (vgl. § 23 OBG). Sie sind nur verfassungsgemäß, wenn nicht die Ausübung grundrechtlicher Befugnisse in Frage steht, was angesichts des weiten Schutzbereichs des Art. 2 GG nur selten der Fall ist (Beispiele für freie Erlaubnisse: Aufenthaltserlaubnis für Ausländer, Sondernutzungserlaubnis im Straßenrecht). Es gibt persönliche Erlaubnisse, die auf die Geeignetheit und Zuverlässigkeit des Inhabers abstellen (z.B. Fahrerlaubnis, Jagdschein, Waffenschein, Gewerbeerlaubnisschein), sachliche Erlaubnisse, die sich auf Errichtung, Betrieb und Änderung von Anlagen beziehen (Baugenehmigung, immissionsschutzrechtliche Genehmigungen, Atomanlagengenehmigung, Zulassung von Kraftfahrzeugen) und gemischte Erlaubnisse (z.B. die Gaststättenerlaubnis). Die Erlaubnispflicht bedarf einer besonderen gesetzlichen Grundlage. Sie kann entweder durch ein ordnungsrechtliches Spezialgesetz oder durch eine aufgrund eines Spezialgesetzes oder der Generalermächtigung erlassene ordnungsbehördliche Verordnung eingeführt werden. Regelmäßig sind nicht nur die Voraussetzungen festgelegt, von denen die Erteilung der Erlaubnis abhängt, sondern auch die Zulässigkeit von Nebenbestimmungen und nachträglichen Anordnungen sowie der Entzug (manchmal auch die Wiedererteilung) der Erlaubnis geregelt. Um die Beachtung der Erlaubnispflicht sicherzustellen, ist zudem meist die Ausübung der betreffenden Betätigung ohne behördliche Genehmigung unter Straf- oder Bußgeldandrohung gestellt.

Maßnahmen gegenüber Personen in Form schlichten Verwaltungshandelns finden insbesondere bei der Durchsetzung von Polizei- und Ordnungsverfügungen mit Hilfe unmittelbaren Zwangs statt. Bei den besonderen Befugnissen der Polizei gemäß §§ 9 bis 24 PolG, die abgesehen von den erkennungsdienstlichen Maßnahmen über § 24 OBG auch den Ordnungsbehörden zustehen, sind Anordnung und Durchführung der Maßnahme zusammen geregelt. Im übrigen bemißt sich die Rechtmäßigkeit von Vollzugsakten bei der Polizei nach den §§ 28 bis 44 PolG, bei den Ordnungsbehörden nach den §§ 55 ff. VwVG NW (§§ 24 ff. HSOG; §§ 194 ff. LVwG SH; §§ 42 ff. NdsSOG; §§ 50 ff. PVG RhPf).

10. Die Ausübung der polizei- und ordnungsrechtlichen Befugnisse stellt als belastendes Verwaltungshandeln regelmäßig einen Eingriff in Freiheit und/oder Eigentum des Bürgers dar. Die Ermächtigungen und die auf ihrer Grundlage erlassenen Einzelmaßnahmen sind deshalb an den Grundrechten zu messen. Die §§ 7 PolG und 44 OBG, die das Zitiergebot des Art. 19 Abs. 1 S. 2 GG befolgen, zeigen, daß der Gesetzgeber sich dieser Tatsache bei der Abfassung des allgemeinen Polizei- und Ordnungsrechts bewußt war (vgl. auch § 4 HSOG; § 193 LVwG SH; § 10 NdsSOG; § 8 PVG RhPf).

Für die Prüfung, ob die geschaffenen Eingriffsermächtigungen grundrechtskonform sind, müssen die unterschiedlichen Schrankensysteme beachtet werden.

Eine erste Gruppe von Grundrechten findet seine Schranken in den allgemeinen Gesetzen. Damit sind solche Gesetze gemeint, die nicht auf die Einschränkung eines bestimmten Grundrechts abzielen, sondern sonstigen Regelungsaufgaben dienen. Dazu zählen insbesondere die Generalermächtigungen zum Erlaß von Polizei- und Ordnungsverfügungen (§ 8 Abs. 1 PolG; § 14 Abs. 1 OBG) und von ordnungsbehördlichen Verordnungen (§§ 26, 27 OBG), aber auch ein Großteil der Spezialermächtigungen (z.B. im Bundesimmissionsschutzgesetz, im Abfallbeseitigungsgesetz und in der Landesbauordnung). Diese Ermächtigungsgrundlagen gestatten vor allem Beschränkungen der allgemeinen Handlungsfreiheit (Art. 2 Abs. 1 GG; zur verfassungsmäßigen Ordnung gehören auch die geltenden Gesetze) und des Eigentums (Art. 14 Abs. 1 GG), decken also den Bereich ab, der von Maßnahmen der Gefahrenabwehr fast immer berührt wird. Darüber hinaus findet auch das Recht auf freie Meinungsäußerung (Art. 5 Abs. 1 GG) seine Schranken u.a. in den allgemeinen Gesetzen (Art. 5 Abs. 2 GG; so darf z.B. eingeschritten werden, wenn eine Flugblattaktion zur Verschmutzung von Straßen oder eine Meinungsverbreitung mittels Lautsprecher zu Lärmbelästigungen führt).

Eine zweite Gruppe von Grundrechten, der die meisten Freiheitsrechte angehören, läßt eine Einschränkung durch Gesetz oder aufgrund eines Gesetzes zu (sog. einfacher Gesetzesvorbehalt: vgl. z.B. Art. 2 Abs. 2, 8 Abs. 2 und 10 Abs. 2 S. 1 GG). Zum Teil werden sogar besondere inhaltliche Anforderungen an die einschränkende Regelung gestellt (sog. qualifizierter Gesetzesvorbehalt: Art. 10 Abs. 2 S. 2, 11 Abs. 2, 13 Abs. 3 GG). Gefordert ist immer ein Gesetz, dessen objektive Zielrichtung gerade die Einschränkung des betreffenden Grundrechts ist. Die Generalermächtigungen und die meisten Spezialermächtigungen dienen der Gefahrenabwehr allgemein oder für bestimmte Sachgebiete, genügen dieser Anforderung somit nicht. Der Gesetzgeber hat deshalb, um die Gefahrenabwehr auch in diesen Bereichen zu ermöglichen, besondere Eingriffsgrundlagen geschaffen, die den Vorbehaltsanforderungen der betreffenden Freiheitsrechte Rechnung tragen. Das sind insbesondere die Vorschriften über die polizeilichen Standardmaßnahmen (zu Art. 2 Abs. 2, 13 und 14 GG) sowie das Versammlungsgesetz (zu Art. 8 GG) und das Vereinsgesetz (zu Art. 9 GG).

Eine dritte Gruppe von Grundrechten sieht dem Wortlaut nach weder Einschränkungen nach Schranken vor (Art. 4, 5 Abs. 3, 8 Abs. 1 GG). Gleichwohl ist anerkannt, daß sie ihre "immanenten Schranken" dort finden, wo ihre Ausübung Grundrechte anderer oder verfassungsrechtlich geschützte sonstige Werte verletzt, die nach der im Einzelfall vorzunehmenden Interessenabwägung als höherrangig einzustufen sind. Es kann folglich jede Vorschrift zur Gefahrenabwehr als Konkretisierung der immanenten Grundrechtsschranken in Betracht kommen, soweit sie im Einzelfall im Vergleich zum Grundrecht vorrangige Werte schützt.

Wegen der Einzelfallbezogenheit der Entscheidung empfiehlt es sich innerhalb der dritten Gruppe, bei der Rechtsanwendung nicht allgemein die Grundrechtskonformität der Ermächtigungsgrundlage zu prüfen, sondern die Fragestellung sogleich auf die konkrete Einzelmaßnahme zu beziehen. Bei den ersten beiden Gruppen gewinnen die Grundrechte hingegen zumindest gedanklich im Rahmen des Fallaufbaus doppelte Bedeutung: Zum einen ist vor der Subsumtion die Verfassungsmäßigkeit der Ermächtigung zu untersuchen. Zum anderen ist - im Zusammenhang mit der Verhältnismäßigkeit der Maßnahme - die Ausstrahlungswirkung des Grundrechts zu beachten.

2. ABSCHNITT: DIE POLIZEI- UND ORDNUNGSVERFÜGUNG

I. Überblick über die Rechtmäßigkeitsanforderungen

A. Frage

11. Welche Anforderungen sind an die Rechtmäßigkeit einer Polizei- oder Ordnungsverfügung zu stellen?

B. Antwort

11. Polizei- und Ordnungsverfügungen sind belastende Verwaltungsakte auf dem Gebiet der Gefahrenabwehr. Sie müssen deshalb alle Rechtmäßigkeitsanforderungen erfüllen, die allgemein für belastende Verwaltungsakte gelten (vgl. Teil 1 Frage 45). Eine Besonderheit des Polizei- und Ordnungsrechts stellt das Problem des richtigen Adressaten dar, das am besten unmittelbar im Anschluß an die Ermächtigungsgrundlage erörtert wird.

Ein detailliertes Aufbauschema mit den einschlägigen Paragraphen ist im Anhang abgedruckt.

II. Die Form

A. Frage

12. Ist für Polizei- oder Ordnungsverfügungen eine bestimmte Form vorgeschrieben?

B. Antwort

12. Ordnungsverfügungen bedürfen gem. § 20 Abs. 1 S. 1 OBG grundsätzlich der Schriftform. Die Anforderungen an die Schriftform ergeben sich aus § 37 Abs. 3 und 4 VwVfG NW. Im Gegensatz zu § 126 BGB ist eine eigenhändige Unterschrift somit nicht zwingend vorgeschrieben. Nach § 20 Abs. 2 S. 2 OBG müssen schriftliche Ordnungsverfügungen eine Rechtsmittelbelehrung enthalten. Außerdem ist die Begründungspflicht des § 39 VwVfG NW zu beachten. Der Schriftform bedarf es nach § 20 Abs. 1

S. 2 OBG nicht bei Gefahr im Verzug. Die getroffene Anordnung ist auf Verlangen schriftlich zu bestätigen, wenn hieran ein berechtigtes Interesse besteht.

Für das Handeln der Polizei fehlt eine dem § 20 OBG entsprechende Formvorschrift. Polizeiverfügungen können daher nach dem allgemeinen Grundsatz des § 37 Abs. 2 S. 1 VwVfG NW schriftlich, mündlich oder in anderer Weise (z.B. durch Handzeichen) erlassen werden (so ausdrücklich z.B. § 7 HSOG und § 49 PVG RhPf).

III. Die Ermächtigungsgrundlage

A. Fragen

13. Welche Rechtsvorschriften können eine Ermächtigungsgrundlage für den Erlaß von Polizei- und Ordnungsverfügungen bilden? Welche Rangordnung besteht zwischen ihnen?

14. Welchen Inhalt hat der Begriff "öffentliche Sicherheit"?

15. Was bedeutet der Begriff "öffentliche Ordnung"?

16. Wie ist der Begriff "Gefahr" definiert?

17. Welche unterschiedlichen Gefahrbegriffe verwenden die Gesetze des Polizei- und Ordnungsrechts?

18. Was versteht man unter einer Anscheinsgefahr und einer Scheingefahr?

19. Übungsfälle zur Ermächtigungsgrundlage

    a) Der Campingsfreund A stellt seinen Wohnwagenanhänger regelmäßig auf dem Parkstreifen einer öffentlichen Straße ab. Die Straßenverkehrsbehörde untersagt ihm das unter Hinweis auf § 32 Abs. 1 StVO ("Es ist verboten, die Straße zu beschmutzen oder zu benetzen oder Gegenstände auf Straßen zu bringen oder dort liegen zu lassen, wenn dadurch der Verkehr gefährdet oder erschwert werden kann. Der für solche verkehrswidrigen Zustände Verantwortliche hat sie unverzüglich zu beseitigen ..."). A wehrt sich dagegen mit der Begründung, ein ordnungsgemäß geparktes Fahrzeug falle nicht unter diese Bestimmung. Jedenfalls aber gestatte die StVO lediglich die Ahndung als Ordnungswidrigkeit (§ 49 Abs. 1 Nr. 27 StVO), ermächtige aber nicht zum Erlaß von Verfügungen.

b) Polizeibeamte entdeckten vor dem Polizeipräsidium drei Personen, die das Gebäude beobachteten und sich von Zeit zu Zeit Notizen machten. Die Beamten nahmen an, daß es sich um führende Mitglieder einer verbotenen Organisation handele, die sich am Vormittag an nicht angemeldeten Demonstrationen beteiligt und sich nunmehr vor dem Polizeipräsidium aufgestellt hätten, um das Einsatzverhalten der Polizei auszuspähen und Demonstranten bei weiteren nicht angemeldeten Demonstrationen an diesem Tage gezielt einsetzen zu können. Als die verdächtigen Personen es strikt ablehnten, ihren Standort zu verlassen, und sich auch nicht ausweisen wollten, nahmen die Beamten sie fest und brachten sie in das Dienstgebäude. Dort wurden sie durchsucht, anhand der mitgeführten Personalpapiere identifiziert und vernommen. Sie gaben schließlich an, sich lediglich die Namen der am Vormittag festgenommenen Freunde aufgeschrieben zu haben, um ihnen rechtlichen Beistand leisten zu können. Diese Aussage wurde bei der Einsichtnahme in den ihnen abgenommenen Notizzettel bestätigt. Trotzdem hielt die Polizei sie nach Abschluß der Vernehmung noch 5 Stunden lang in Gewahrsam. War die Polizei zur Festnahme und zum Festhalten der Personen berechtigt?

c) Dem Veranstalter B ist die für die Darbietung von Schaustellungen oder sonstigen Lustbarkeiten im Reisegewerbe nach § 60 a Abs. 1 S. 1 GewO erforderliche Erlaubnis für die Veranstaltung "Damen-Schlamm-Catch, oben ohne" versagt worden. Ist die Ablehnung rechtmäßig, wenn die Erlaubnis gem. § 60 a Abs. 1 S. 3 GewO versagt werden kann, wenn eine Störung der öffentlichen Sicherheit oder Ordnung zu befürchten ist?

B. Antworten

13. Nach dem Prinzip vom Vorbehalt des Gesetzes (vgl. Teil I Frage 11 b) bedarf zumindest jedes belastende Verwaltungshandeln einer gesetzlichen Ermächtigung. Diese kann entweder unmittelbar in einem formellen Gesetz oder in einer aufgrund eines solchen Gesetzes erlassenen untergesetzlichen Rechtsquelle enthalten sein. Unter Beachtung der geltenden Kollisionsnormen ergibt sich für Polizei- und Ordnungsverfügungen folgendes System möglicher Ermächtigungsgrundlagen:

- Spezielle Ermächtigungen in Bundesgesetzen (oder Rechtsverordnungen des Bundes) zur Gefahrenabwehr.

Beispiele: §§ 10, 13 AuslG; §§ 17, 20, 24, 25 BImSchG; § 10 BSeuchenG; §§ 15, 16 GastG; § 4 StVG; §§ 3, 12, 17 StVZO.

Als Bundesrecht gehen diese Ermächtigungen allen landesrechtlichen Rechtsvorschriften zur Gefahrenabwehr vor (Art. 31 GG).

- Spezielle Ermächtigungen in Landesgesetzen (oder Rechtsverordnungen des Landes) zur Gefahrenabwehr.

  Beispiele: §§ 124 ff. LWG NW; §§ 9 Abs. 1, 11, 17 PsychKG NW; §§ 76, 94, 95 BauO NW.

  Sie gehen als spezielle Regelungen dem allgemeinen Polizei- und Ordnungsrecht vor (vgl. auch § 8 Abs. 2 PolG; § 14 Abs. 2 OBG).

- Standardmaßnahmen.

  Auch das allgemeine Polizei- und Ordnungsrecht kennt Spezialermächtigungen, nämlich die sog. Standardmaßnahmen (§§ 9 - 24 PolG, § 24 OBG; §§ 16 - 22 und 45 - 53 HSOG; §§ 176 - 183 LVwG SH; §§ 12 - 27 NdsSOG; §§ 10 - 25 PVG RhPf).

  § 8 Abs. 1 PolG (§ 11 NdsSOG; § 9 Abs. 1 S. 1 PVG RhPf) weist ausdrücklich darauf hin, daß die Generalklausel im Regelungsbereich der Standardmaßnahmen nicht angewendet werden darf.

- Spezielle Ermächtigungen in ordnungsbehördlichen Verordnungen.

  Ermächtigt eine ordnungsbehördliche Verordnung zum Erlaß von Verwaltungsakten, dann ist die Verfügung unmittelbar auf diese spezielle Rechtsgrundlage und nicht auf die Generalklausel zu stützen.

- Polizeiliche bzw. ordnungsbehördliche Generalklausel.

  (§ 8 Abs. 1 PolG und § 14 Abs. 1 OBG; § 6 Abs. 1 Nr. 2 HSOG; § 173 Abs. 1 LVwG SH; § 11 NdsSOG; § 9 Abs. 1 S. 1 i.V.m. § 46 Abs. 1 PVG RhPf.)

  Sie bildet als letztes Glied in der Kette den Auffangtatbestand, der die Gefahrenabwehr in den Bereichen ermöglicht, für die der Gesetzgeber noch keine speziellen Handlungsermächtigungen eingeführt hat.

  Zugleich stellen ihre Tatbestandsvoraussetzungen - Vorliegen einer Gefahr für die öffentliche Sicherheit oder Ordnung - den Grundtatbestand aller Handlungsermächtigungen zur Gefahrenabwehr dar. Die speziellen Ermächtigungen konkretisieren diese Merkmale für bestimmte Lebensbereiche, wobei sie die Anforderungen regelmäßig verschärfen. Für die Rechtsanwendung empfiehlt es sich, mit den Schutzgütern des Polizei- und Ordnungsrechts (öffentliche Sicherheit, öffentliche Ordnung) zu beginnen. Dabei steht der festumrissene Begriff der öffentlichen Sicherheit ganz im Vordergrund. Auf die Alternative der öffentlichen Ordnung, die nur schwer überzeugend zu begründen ist, sollte man nur eingehen, wenn das Merkmal der öffentlichen Sicherheit nicht bejaht werden kann. Ist ein dem polizeilichen oder ordnungsbehördlichen Schutz anvertrautes Gut betroffen, muß - was in Klausuren häufig vergessen wird - weiter geprüft werden, ob im einzelnen Falle für dieses Schutzgut eine Gefahr besteht.

14. Der Begriff der öffentlichen Sicherheit umschreibt die Aufgabe der Polizei- und Ordnungsbehörden, Rechte und Rechtsgüter zu schützen.

Herkömmlicherweise unterscheidet man im einzelnen drei Gruppen von Schutzgütern:

- den Bestand, die Einrichtungen und Veranstaltungen des Staates,
- die Rechte und Rechtsgüter des einzelnen wie Leben, Gesundheit, Freiheit, Ehre, Eigentum und Vermögen,
- die objektive Rechtsordnung als Gesamtheit aller Rechtsvorschriften.

Beachtet werden muß aber, daß eine Gefährdung der öffentlichen Sicherheit verlangt ist. Polizei- und Ordnungsbehörden sind deshalb nur dann zum Einschreiten ermächtigt, wenn die Gefahr für das Schutzgut öffentliche Interessen berührt. Keiner besonderen Begründung bedarf diese Voraussetzung, soweit der Schutz des Staates, seiner Einrichtungen und Veranstaltungen sowie der objektiven Rechtsordnung im Bereich öffentlichrechtlicher Normen (Straf- und Ordnungswidrigkeitsbestimmungen, Vorschriften des Verwaltungsrechts) in Frage steht, da bei diesen Schutzgütern der Gemeinschaftsbezug auf der Hand liegt. Hingegen muß bei Gefahren für Individualrechtsgüter und subjektive Privatrechte das öffentliche Interesse an einer Gefahrenabwehr durch die Polizei oder die Ordnungsbehörde im einzelnen festgestellt werden. Positiv kann das öffentliche Interesse etwa damit begründet werden, daß die drohende Störung Auswirkungen auf andere Personen oder die Allgemeinheit hätte. Im übrigen ist zur Abgrenzung der in § 1 Abs. 2 PolG niedergelegte allgemeine Rechtsgedanke heranzuziehen, daß ein öffentliches Interesse an polizeilichem oder ordnungsbehördlichem Schutz privater Rechte nur dann besteht, wenn der Betroffene weder rechtzeitig gerichtlichen Rechtsschutz erlangen noch sich mittels Selbsthilfe (§§ 229, 859 BGB) allein absichern kann und ohne behördliches Einschreiten die Verwirklichung des Rechts vereitelt oder wesentlich erschwert werden würde (vgl. dazu Frage 6).

15. Mit dem Begriff der öffentlichen Ordnung sind die ungeschriebenen Wertvorstellungen gemeint, deren Befolgung nach den jeweils herrschenden sozialen und ethischen Anschauungen in der Bevölkerung als unentbehrliche Voraussetzung für ein gedeihliches Zusammenleben angesehen wird.

Damit werden über den rechtlich normierten Bereich hinaus gesellschaftliche Ordnungsvorstellungen zum Gegenstand polizeilichen und ordnungsbehördlichen Schutzes gemacht. Das ist in der Literatur zum Teil heftig bekämpft worden mit den Argumenten, die Anerkennung der öffentlichen Ordnung als Eingriffsermächtigung sei mit dem demokratischen Minderheitenschutz unvereinbar und verhindere jeden gesellschaftlichen Wandel. Außerdem sei praktisch kaum feststellbar, ob eine Wertvorstellung von der überwiegenden Mehrheit der Bevölkerung getragen werde. Demgegenüber hält die herrschende Meinung die Alternative der öffentlichen Ordnung für unverzichtbar im Hinblick auf eine effektive und umfassende Gefahrenabwehr. Ein gewichtiges Argument für die Verfassungsmäßigkeit des Begriffs bildet die Tatsache, daß das Grundgesetz ihn im Zusammenhang mit Grundrechtsschranken in Art. 13 Abs. 3 GG selbst verwendet. Es ist aber nicht zu übersehen, daß die Bedeutung der öffentlichen Ordnung mit der zunehmenden Verrechtlichung beinahe aller Lebensbereiche immer mehr zurückgeht. Im verbleibenden Geltungsbereich sollte man in Kenntnis seiner Problematik den Begriff der öffentlichen Ordnung restriktiv auslegen und vorsichtig anwenden.

Die Begriffsmerkmale im einzelnen:

Erste Voraussetzung ist, daß es sich um (ungeschriebene) soziale oder gesellschaftliche Wertvorstellungen handelt. Sobald sie rechtlich normiert sind, ist die öffentliche Sicherheit und nicht mehr die öffentliche Ordnung betroffen. Gegenstand der Wertvorstellung können insbesondere sein: die religiöse Überzeugung und Betätigung, Ethik und Sittlichkeit, Anstand und Sitte, die Achtung des politischen Gegners, die Zumutbarkeit von Lärm- und Geruchsbelästigungen, ästhetische Mindestanforderungen.

Zweite Voraussetzung ist, daß sich die Wertvorstellung bei der deutlich überwiegenden Mehrheit durchgesetzt hat. Dabei ist, damit den regionalen Eigenheiten, etwa den Unterschieden zwischen städtischen und ländlichen Gebieten, Rechnung getragen wird, in erster Linie auf die

Anschauungen der in der betreffenden Gemeinde bzw. im betreffenden Polizeibezirk wohnenden Menschen abzustellen. Die in der Gesamtbevölkerung herrschenden Anschauungen können bekräftigend oder zur Korrektur bedenklicher Wertvorstellungen herangezogen werden.

Dritte Voraussetzung ist, daß die Wertvorstellung als unerläßliche Mindestforderung für ein gedeihliches menschliches Zusammenleben anzusehen ist. Diese Voraussetzung ist ernst zu nehmen und eng auszulegen, damit Polizei- und Ordnungsbehörden nicht doch neben der Gefahrenabwehr wieder allgemeine Wohlfahrtspflege betreiben und das Neue zugunsten des Alten unterbinden.

16. Unter einer Gefahr im polizei- oder ordnungsrechtlichen Sinne versteht man eine Sachlage, bei der die hinreichende Wahrscheinlichkeit besteht, daß in absehbarer Zeit ein Schaden für die öffentliche Sicherheit oder Ordnung eintreten wird (vgl. die Legaldefinition in § 2 Nr. 1 Buchst. a NdsSOG).

Demnach sind zwei Kriterien für den Gefahrenbegriff maßgeblich:

Zum einen muß der Eintritt eines Schadens drohen. Damit ist eine nicht unerhebliche Beeinträchtigung der Schutzgüter gemeint, die von geringfügigen Belästigungen oder Unbequemlichkeiten abzugrenzen ist, die der Bürger hinnehmen muß.

Zum anderen muß der Schadenseintritt hinreichend wahrscheinlich sein. Feste Voraussetzungen lassen sich dafür nicht aufstellen. Gewißheit ist nicht erforderlich, wie andererseits bloße theoretische Vermutungen nicht ausreichen. Der Schadenseintritt muß nicht unmittelbar bevorstehen, darf aber auch nicht in unabsehbarer Zukunft erst in Betracht kommen. Es empfiehlt sich, den Grad der Wahrscheinlichkeit im Einzelfall von der Bedeutung des Schutzgutes abhängig zu machen, um einerseits wichtige Rechtsgüter wirksam schützen zu können und andererseits den Bürger vor übermäßigen polizeilichen und ordnungsbehördlichen Eingriffen zu bewahren.

Maßgeblich für die Rechtmäßigkeit der Maßnahme ist die Beurteilung im Zeitpunkt des Einschreitens ("ex ante"). Bestand in diesem Zeitpunkt die hinreichende Wahrscheinlichkeit eines Schadenseintritts, was gerichtlich voll nachprüfbar ist, so wird das polizei- oder ordnungsbehördliche Eingreifen nicht dadurch rechtswidrig, daß sich später herausstellt, daß ein Schaden aufgrund zunächst nicht erkennbarer besonderer Faktoren oder späterer äußerer Einflüsse nicht hätte eintreten können.

Der Begriff der Störung als Alternative zur Gefahr ist in den neueren Polizeigesetzen überwiegend nicht mehr enthalten (anders noch § 173 Abs. 1 LVwG SH). Dadurch ist verdeutlicht worden, daß auch eine Störung als bereits verwirklichte Gefahr ein Einschreiten zur Gefahrenabwehr nur dann rechtfertigt, wenn der gefährliche Zustand noch andauert. Ist die Gefahr mit dem Schadenseintritt endgültig erloschen, kommt nur noch eine Sanktion (Strafe oder Bußgeld) in Betracht.

17. Die Generalermächtigungen verlangen eine "im einzelnen Falle bestehende Gefahr", so daß die Merkmale des Gefahrbegriffs anhand der individuellen Gegebenheiten des Einzelfalls nachgewiesen werden müssen. Man spricht insoweit auch von einer konkreten Gefahr (so ausdrücklich § 2 Nr. 1 Buchst. a NdsSOG). Hingegen reicht es für den Erlaß von Verordnungen zur Gefahrenabwehr aus, wenn in der zum Tatbestand erhobenen Sachverhaltsgruppe regelmäßig eine Gefahr besteht (vgl. ausdrücklich § 9 Abs. 1 S. 2 PVG RhPf). Diese wird als abstrakte Gefahr bezeichnet (siehe auch § 2 Nr. 2 NdsSOG).

Spezialgesetzliche Ermächtigungen und die sog. Standardmaßnahmen verschärfen häufig die Anforderungen an die Gefahr. Ausschlaggebend dafür sind meist die Schrankenanforderungen tangierter Grundrechte oder die Konkretierung des Verhältnismäßigkeitsprinzips.

Die gegenwärtige Gefahr (vgl. z.B. §§ 19 Abs. 1 S. 1 Nr. 3, 21 Nr. 1, 28 Abs. 2, 34 Abs. 1 S. 2, 39 Abs. 2, 42 Abs. 1 Nr. 1 PolG) stellt höhere Anforderungen an die Wahrscheinlichkeit und zeitliche Nähe des Schadenseintritts. Eine gegenwärtige Gefahr liegt dann vor, wenn die Einwirkung des schädigenden Ereignisses bereits begonnen hat oder wenn diese Einwirkung unmittelbar oder in allernächster Zeit mit einer an Sicherheit grenzenden Wahrscheinlichkeit bevorsteht (vgl. die Legaldefinition in § 2 Nr. 1 Buchst. b NdsSOG).

Gefahr im Verzuge ist meist die Voraussetzung für Zuständigkeitsverlagerungen (§ 11 Abs. 3 S. 2, 20 Abs. 1, in der Sache auch § 1 Abs. 1 S. 2 PolG; § 14 Abs. 1 POG; § 6 Abs. 1 OBG). Dieser Regelungszweck bestimmt auch die gesteigerten Anforderungen an die zeitliche Nähe des Schadenseintritts. Die Sachlage muß so beschaffen sein, daß ein Schaden eintreten würde, wenn nicht an Stelle der zuständigen Behörde eine andere Behörde tätig wird bzw. für den Regelfall vorgeschriebene Verfahrensstufen übersprungen werden (vgl. auch die Definition in § 2 Nr. 4 NdsSOG).

Die dringende Gefahr (§ 19 Abs. 3 PolG) stellt in erster Linie erhöhte Anforderungen an das bedrohte Rechtsgut. Es muß mit hinreichender Wahrscheinlichkeit ein wichtiges Rechtsgut gefährdet sein.

Teilweise ist das Objekt der Gefahr auch ganz genau festgelegt, indem eine Gefahr für Leib oder Leben verlangt wird (§§ 13 Abs. 1 Nr. 1, 19 Abs. 1 S. 1 Nr. 3 und Abs. 2, 39 Abs. 2, 42 Abs. 1 Nr. 1 PolG).

Bei der gegenwärtigen erheblichen Gefahr (vgl. § 6 Abs. 1 Nr. 1, PolG; § 9 Abs. 1 S. 1 Nr. 3 POG; § 19 Abs. 1 Nr. 1 OBG) sind sowohl die Anforderungen an den Grad der Wahrscheinlichkeit als auch an die Bedeutung des bedrohten Rechtsguts verschärft. Mit an Sicherheit grenzender Wahrscheinlichkeit muß unmittelbar oder in allernächster Zeit mit der erheblichen Schädigung eines Rechtsguts von besonderer Bedeutung zu rechnen sein. Sonderformen sind die "gegenwärtige Lebensgefahr" (§ 41 Abs. 4 S. 2 PolG), die "gegenwärtige Gefahr für Leib oder Leben" (§§ 39 Abs. 2, 42 Abs. 1 Nr. 1 PolG) und die "gegenwärtige Gefahr für Leib, Leben oder Freiheit einer Person oder für Sachen von bedeutendem Wert" (§ 19 Abs. 1 S. 1 Nr. 3 PolG).

18. Die (allgemeine oder qualifizierte) Gefahr muß grundsätzlich objektiv gegeben sein, was vom Verwaltungsgericht in vollem Umfang nachgeprüft wird. Eine entscheidende Einschränkung ergibt sich aber daraus, daß auf den Sachstand und die Erkenntnismöglichkeiten im Zeitpunkt des Einschreitens abzustellen ist. Wollte man im nachhinein mit den zusätzlichen Kenntnissen aus der weiteren Entwicklung und eingehender Beweiserhebung fragen, ob tatsächlich eine Gefahr bestanden hat, würde die Verantwortung des Beamten so groß, daß das für eine effektive Gefahrenabwehr häufig unabdingbare schnelle Eingreifen von ihm nicht mehr verlangt werden könnte. Es ist deshalb besser, das Risiko in Kauf zu nehmen, einmal einen gefährlich erscheinenden Geschehensablauf unnötigerweise zu unterbrechen, als tatenlos zuzusehen, wie sich eine nicht eindeutig feststellbare Gefahrenlage verwirklicht. Die Polizei bzw. die Ordnungsbehörde darf demnach auch dann eingreifen, wenn der Sachverhalt bei einem sorgfältigen und verständigen Beobachter den Anschein einer Gefahr erweckt.

Wenn vielfach die Meinung vertreten wird, im Falle dieser sog. Anscheinsgefahr seien nur vorläufige Maßnahmen zulässig, ist das nur bedingt richtig. Das kann nämlich nur für die Fälle gelten, in denen der Behörde bewußt ist oder bei sorgfältiger Betrachtung hätte bewußt sein müssen, daß das Vorliegen einer tatsächlichen Gefahr zweifelhaft ist. Diese Fallgestaltung, bei der in der Tat grundsätzlich nur vorläufige Maßnahmen bis zur Klärung der Situation rechtmäßig sind, bezeichnet man auch als Gefahrenverdacht. Konnte aber bei pflichtgemäßer Prüfung gar kein Zweifel am Vorliegen einer Gefahr bestehen oder waren vorläufige Maßnahmen nicht mehr möglich, berechtigt auch die Anscheinsgefahr dazu, die notwendigen (endgültigen) Maßnahmen zu treffen.

Von der Anscheinsgefahr zu unterscheiden ist die sog. Scheingefahr oder Putativgefahr. Damit ist eine Gefahr gemeint, die nur in der subjektiven Vorstellung des handelnden Beamten besteht. Ursächlich dafür ist ein pflichtwidriges Verhalten bei der Prüfung der Eingriffsvoraussetzungen. Der Beamte hat entweder nicht alle möglichen und gebotenen Mittel zur Aufklärung des Sachverhalts genutzt und dadurch ein objektiv falsches oder unvollständiges Tatsachenbild erhalten oder die richtig erkannte Sachlage, die gar keine Gefahr enthalten konnte, infolge von Übereifer, Angst, Voreingenommenheit usw. unzutreffend gewürdigt. Die daraufhin getroffenen Maßnahmen sind rechtswidrig.

19. Übungsfälle zur Ermächtigungsgrundlage

a) Der auf dem Parkstreifen einer öffentlichen Straße ohne Zugfahrzeug aufgestellte Wohnwagenanhänger ist ein Gegenstand im Sinne des § 32 Abs. 1 StVO, weil er nicht am Verkehr teilnimmt. Zum ruhenden Verkehr kann ein Fahrzeug nur dann zugerechnet werden, wenn es jederzeit wieder am fließenden Verkehr teilnehmen kann. Wohnwagenanhängern, die nicht mit dem Zugwagen verbunden sind, fehlt diese verkehrsbezogene Betriebsbereitschaft, so daß kein Parken, sondern ein straßenverkehrsrechtlich nicht mehr gedecktes Abstellen vorliegt. Denn das Aufstellen des Wohnwagens kann auch den Verkehr erschweren, weil es anderen Verkehrsteilnehmern eine Parkmöglichkeit für ihre Fahrzeuge entzieht (BVerwGE 44, 193).

Fraglich ist aber, ob § 32 Abs. 1 StVO eine ausreichende Ermächtigungsgrundlage für den Erlaß einer Untersagungs- oder Beseitigungsverfügung darstellt. Satz 1 enthält lediglich ein unmittelbar wirkendes Verbot. Satz 2 spricht die Verpflichtung des Verantwortlichen aus, die verbotswidrigen Zustände zu beseitigen. Eine Handhabe, um die Beachtung dieser Bestimmungen auch zwangsweise durchsetzen zu können, bietet die StVO nicht. Sie sieht vielmehr in § 49 Abs. 1 Nr. 27 nur vor, daß Verstöße gegen § 32 als Ordnungswidrigkeit geahndet werden können. Diese Reaktionsmöglichkeit ist aber nicht als abschließende Regelung zu verstehen. Gerade im Straßenverkehr mit seinen vielfältigen Gefahren kann im Interesse einer wirksamen Gefahrenabwehr auf den Erlaß von Verfügungen nicht verzichtet werden. Es ist deshalb davon auszugehen, daß das von der StVO zur Verfügung gestellte Instrumentarium lückenhaft ist und durch die Mittel des allgemeinen Polizei- und Ordnungsrechts ergänzt werden darf. Der Gesetzgeber bedient sich häufig dieser Regelungstechnik, spezialgesetzlich, um unnötige Wiederholungen zu vermeiden, nur Gebote und Verbote (eventuell verbunden mit Ordnungswidrigkeiten) auszusprechen, ihre Durchsetzung aber dem allgemeinen Polizei- und Ordnungsrecht zu überlassen. Möglich wird das dadurch, daß mit dem Begriff der öffentlichen Sicherheit u.a. die Gesamtheit aller Rechtsvorschriften in den Schutzbereich der Generalklausel einbezogen wird.

Ermächtigungsgrundlage für die Untersagungsverfügung der Straßenverkehrsbehörde ist demnach § 14 Abs. 1 OBG, wobei der Verstoß gegen § 32 Abs. 1 StVO die konkrete Gefahr für die öffentliche Sicherheit darstellt. (Die Eingriffsvoraussetzungen der Generalklausel können auch damit begründet werden, daß eine straßenrechtlich erlaubnispflichtige Sondernutzung vorliegt, vgl. z.B. § 18 LStrG NW.)

(Zum Zusammenspiel von spezialgesetzlichem Gebot oder Verbot und Generalermächtigung vgl. auch die Fallbearbeitung von Bruns, VR 1979, 421.)

b) Bei vollzugspolizeilichen Maßnahmen sind für die Ermittlung der richtigen Rechtsgrundlage zwei Punkte unbedingt im Auge zu halten: zum einen die Aufspaltung der polizeilichen Aufgabenstellung in Gefahrenabwehr und Strafverfolgung, zum anderen der Vorrang der Standardmaßnahmen vor der Generalklausel.

Im vorliegenden Fall ging es den Polizeibeamten um Gefahrenabwehr, so daß sich ihre Befugnisse nach dem Polizeigesetz bemessen. Dort ist die Befugnis, eine Person in Gewahrsam zu nehmen, in den §§ 9 Abs. 2 Satz 3, 11 Abs. 3 und 13 bis 16 abschließend geregelt, so daß auf die Generalermächtigung des § 8 Abs. 1 PolG nicht zurückgegriffen werden darf.

Als Ermächtigungsgrundlage kommt zunächst § 9 Abs. 2 S. 3 PolG in Betracht. Danach kann der Betroffene im Rahmen einer Identitätsfeststellung festgehalten werden, wenn die Identität auf andere Weise nicht oder nur unter erheblichen Schwierigkeiten festgestellt werden kann. Die Polizei darf die Identität einer Person u.a. gem. § 9 Abs. 1 Nr. 1 PolG zur Abwehr einer Gefahr feststellen. Gefahr bedeutet eine im einzelnen Falle bestehende Gefahr für die öffentliche Sicherheit oder Ordnung (siehe die Klammerdefinition in § 8 Abs. 1 PolG). Die öffentliche Sicherheit ist auch dann gefährdet, wenn die Funktionsfähigkeit einer staatlichen Einrichtung wie der Polizei bedroht wird, was beim Auskundschaften der Personalstärke und des Einsatzverhaltens der Polizei zur Schwächung ihrer Reaktionsmöglichkeiten der Fall ist. Eine solche Gefahr bestand hier objektiv zwar nicht, da die drei Verdächtigen nur ihren festgenommenen Freunden helfen wollten. Der tatsächlich bestehenden Gefahr ist aber im Polizei- und Ordnungsrecht die sog. Anscheinsgefahr gleichzustellen (siehe dazu bereits Frage 18). Bei verständiger Würdigung bestanden im Zeitpunkt des polizeilichen Einschreitens objektive Anhaltspunkte für eine Gefahr. Die Polizeibeamten durften deshalb nach § 9 Abs. 1 Nr. 1 PolG die Identität der drei verdächtigen Personen feststellen und sie zu diesem Zwecke nach der Weigerung sich auszuweisen auch gem. § 9 Abs. 2 Satz 3 PolG festhalten und gemäß Satz 4 durchsuchen. Mit der Feststellung der Personalien war aber der Grund für die Maßnahme entfallen, so daß die Betroffenen unverzüglich hätten entlassen werden müssen (vgl. § 16 Abs. 1 Nr. 1 PolG).

Nach § 13 Abs. 1 Nr. 3 PolG darf eine Person in Gewahrsam genommen werden, wenn das unerläßlich ist, um eine Platzverweisung nach § 12 PolG durchzusetzen, die nach Satz 1 ebenfalls zur Abwehr einer Gefahr zulässig ist. Die bestehende Anscheinsgefahr rechtfertigte zunächst die Festnahme der Betroffenen. Nach Abschluß der Vernehmung bestand aber keine Anscheinsgefahr mehr, da die Aussagen der Betroffenen durch den Inhalt des Notizzettels bestätigt wurden. Das weitere Festhalten der drei Personen war deshalb rechtswidrig.

Als die Polizei sich entschloß, die Festgenommenen noch weiter in Gewahrsam zu halten, hätte sie zudem nach § 14 PolG unverzüglich eine richterliche Entscheidung über Zulässigkeit und Fortdauer der Freiheitsentziehung herbeiführen müssen, so daß die Maßnahme von diesem Zeitpunkt ab noch aus einem weiteren Grunde fehlerhaft war.

(Zum Beispielsfall vgl. OVG Münster NJW 1980, 138 zu § 25 Nr. 2 PolG a.F. Zur Vertiefung der polizeirechtlichen und strafprozessualen Standardmaßnahmen sind die Fallbearbeitungen von Alberts, VR 1981, 433, Boyan, VR 1984, 96, Hans, DVP 1983, 68 und 303, Lohse/ Vahle, JA 1984, Ü 49 und Vahle, VR 1982, 62 empfehlenswert.)

c) Als Versagungsgrund kommt nur eine Störung der öffentlichen Ordnung in Betracht (zum Begriff vgl. bereits Frage 15.)

Ob Damenringkämpfe gegen gesellschaftliche Wertvorstellungen über Fragen der guten Sitten und des äußeren Anstandes verstoßen, die in unserer Rechtsgemeinschaft als maßgebliche unerläßliche Ordnungsvoraussetzungen anerkannt sind, hängt von dem Charakter der Veranstaltung ab.

Der VGH Stuttgart (DVBl 1950, 26) hat eine Veranstaltung, bei der die Kämpferinnen in dezenter Kleidung auftraten und der Ablauf des Kampfes nicht zu beanstanden war, als zwar in hohem Maße geschmacklos ("weil sich der weibliche Körper zu echten sportlichen Ringkämpfen nicht eignet"!), aber nicht ordnungswidrig angesehen.

Demgegenüber hat der VGH München (NVwZ 1984, 254) im Beispielsfall eine Gefahr für die öffentliche Ordnung bejaht. Er verweist dabei auf den Gesamtcharakter der Veranstaltung in Werbung und Ablauf, der geprägt wird "durch die kommerziell motivierte Anstachelung primitiver sexueller Instinkte der Zuschauer. Dies zeigt sich in dem marktschreierischen Herausstellen des als Lustobjekt zur Schau gestellten "Busenwunders" und dem anarchen Charakter des als "Catch-as-Catch-can" veranstalteten Kampfes, bei dem, wenn auch nur zur "Schau", mehr oder weniger jede Gewalttätigkeit gegen den weiblichen Körper einschließlich des Busenbeißens erlaubt ist, ebenso wie in dem In-den-Dreckwerfen und Durch-den-Dreckziehen der halbnackten Kämpferinnen und dem Einsatz männlicher Zuschauer bei den Entkleidungs-, Kampf- und Abwaschszenen." Die Veranstaltung konnte danach nicht mehr als bloße Geschmacklosigkeit hingenommen werden, sondern mußte als eine gegen die von der Rechtsgemeinschaft als obersten Wert anerkannte Menschenwürde verstoßende Erniedrigung der Frauen unterbunden werden.

(Zur Sittenwidrigkeit im Gewerberecht vgl. auch Teil 1 Frage 50j.)

IV. Die polizei- und ordnungsrechtlichen Personen

A. Fragen

20. Inwieweit dürfen Privatpersonen zur Durchführung der Gefahrenabwehr herangezogen werden?

21. Wie ist die Verantwortlichkeit für das Verhalten von Personen festgelegt?

22. Wer ist verantwortlich für den Zustand von Sachen?

23. In welchen Fällen dürfen nicht verantwortliche Personen zur Gefahrenabwehr verpflichtet werden?

24. Weiterführende Fälle zur Polizei- und Ordnungspflicht

    a) Der Kinobesitzer C hat als deutsche Erstaufführung den internationalen Monumentalfilm "Mohammed, Gesandter Gottes" angekündigt. Vor der ersten Vorstellung versammeln sich mohammedanische Studenten und Gastarbeiter vor dem Kinogebäude und versuchen durch Bedrohung des Personals und der Besucher die Vorführung zu verhindern, weil der Koran ihnen verbietet, sich ein Bild von Allah oder seinen Propheten zu machen. Die Polizei, die von dieser Aktion völlig überrascht worden ist, sieht sich außerstande, mit den verfügbaren Einsatzkräften einen störungsfreien Ablauf der Veranstaltung sicherzustellen. Sie gibt deshalb dem C auf, den Film vorerst abzusetzen. C hält diese Maßnahme für unzulässig, da er für die Proteste nicht verantwortlich gemacht werden könne.

    b) Vier Arbeitnehmer des Bauunternehmers D kippten 40 Blechbehälter mit Resten einer teerhaltigen Flüssigkeit in einen Grundwassersee auf dem auch als Müllkippe benutzten Kiesgrubengelände der Firma E. Zuvor hatten sie sich von Frau E gegen ein Entgelt von 10 DM die Erlaubnis geben lassen, mit ihren Lastwagen auf das eingezäunte Gelände fahren zu dürfen. Die teerhaltige Flüssigkeit lief im Wasser aus und verbreitete sich auf der Wasseroberfläche. Die zuständige Ordnungsbehörde ließ unter Einsatz der freiwilligen Feuerwehr und einer Spezialfirma den See säubern und belastete D nachträglich mit den Kosten. Dieser wendet sich gegen seine Inanspruchnahme mit folgenden Argumenten: Die eigentliche Ursache für die Verunreinigung des Wassers habe Frau E gesetzt, indem sie die Zufahrt zum Gelände gestattet habe. Außerdem seien die vier Arbeiter beim Abkippen nicht mehr seine Verrichtungsgehilfen gewesen, da sie den Auftrag gehabt hätten, sämtlichen anfallenden Bauschutt jeweils zu einer Müllkippe zu bringen. Zudem habe es sich um ansonsten tadellose, von ihm selbst ausgewählte und überwachte Arbeitskräfte gehandelt.

c) Der von einem Unbekannten entwendete Sportwagen des Rechtsanwalts F ist in einem entlegenen Waldstück völlig zerstört aufgefunden worden. F hat nach kurzer Untersuchung die Nummernschilder abgeschraubt und sich nicht weiter um das Autowrack gekümmert. Als er eine behördliche Aufforderung erhält, das Fahrzeug binnen einer Woche zu beseitigen, weist er empört darauf hin, er habe den Unfall nicht verursacht und das Eigentum am Fahrzeug längst aufgegeben.

d) G war Eigentümer eines idyllischen Seegrundstücks im Außenbereich, auf dem er ohne Genehmigung ein Wochenendhaus errichtet hatte. Die Bauaufsichtsbehörde hatte gegen ihn eine Abrißverfügung erlassen und die Ersatzvornahme angedroht und festgesetzt. Bevor das Haus abgerissen werden konnte, starb G. Die Erben wehren sich entschieden gegen den Zwangsabbruch mit dem Argument, ihnen gegenüber seien keine Verfügungen erlassen worden. Sind sie im Recht? Ändert sich etwas an der rechtlichen Beurteilung, wenn G nicht verstorben ist, sondern das Grundstück an einen Dritten veräußert hat?

e) Im zentralen Paketpostamt der Stadt H werden auch nachts die ankommenden Pakete durch die an der Straße gelegenen Ladeöffnungen entladen. Die Anwohner werden dadurch in ihrer Nachtruhe gestört. Sie verlangen von der örtlichen Ordnungsbehörde, das Entladen von Paketen während der Nachtstunden zu verbieten. Muß die Behörde diesem Begehren nachkommen?

B. Antworten

20. Die Polizei- und Ordnungsbehörden können Gefahren mit eigenen Dienstkräften und Sachmitteln bekämpfen. Diese Möglichkeit reicht aber wegen der Begrenztheit der Mittel nicht aus. Es müssen auch Privatpersonen

zur Gefahrenabwehr angehalten werden können. Die Befugnis dazu geben die Spezial- und Generalermächtigungen. Diese Rechtsgrundlagen befassen sich aber nicht näher mit der Frage, gegen welche Person im einzelnen vorgegangen werden darf. Das ist eingehend in den ergänzenden Vorschriften der §§ 4 - 6 PolG und §§ 17 - 19 OBG geregelt (§§ 11 - 15 HSOG; §§ 184 - 187 LVwG SH; §§ 6 - 9 NdsSOG; §§ 4 - 7 PVG RhPf).

Grundgedanke der gesetzlichen Regelung ist die Überlegung, daß derjenige, der für das Entstehen einer Gefahr verantwortlich ist, auch in erster Linie für ihre Beseitigung zu sorgen hat. Das Gesetz unterscheidet dabei zwischen der Verantwortlichkeit für das Verhalten von Personen (§ 4 PolG; § 17 OBG) und der Verantwortlichkeit für den Zustand von Sachen (§ 5 PolG; § 18 OBG). Die nach diesen Bestimmungen polizei- bzw. ordnungspflichtigen Personen bezeichnet man als Störer (Verhaltens- oder Handlungsstörer; Zustandsstörer). In Notfällen dürfen unter den Voraussetzungen des § 6 PolG bzw. des § 19 OBG auch nicht verantwortliche Personen (Nichtstörer, Notstandspflichtige) zur Gefahrenabwehr verpflichtet werden.
(Vgl. von Mutius, Der "Störer" im Polizei- und Ordnungsrecht, Jura 1983, 298.)

21. Die Verantwortlichkeit für das Verhalten von Personen ist gleichlautend geregelt in § 4 PolG und § 17 OBG (§§ 12 f. HSOG; § 185 LVwG SH; § 6 NdsSOG; § 4 PVG RhPf).

Der Grundsatz lautet: Verursacht eine Person eine Gefahr, so sind die Maßnahmen gegen diese Person zu richten (§ 4 Abs. 1 PolG; § 17 Abs. 1 OBG). Die Verantwortlichkeit wird, da es nicht um persönliche Schuld und deren Bestrafung, sondern um präventive Gefahrenabwehr geht, allein durch die Verursachung begründet. Auf ein Verschulden kommt es nicht an, denn auch der schuldlose Verursacher hat noch eine engere Beziehung zur Gefahr als die Allgemeinheit.

Verhaltensstörer können dementsprechend zunächst alle natürlichen Personen ohne Rücksicht auf ihre Geschäfts- oder Schuldfähigkeit sein. Maßnahmen können ferner gegen die juristischen Personen des privaten und öffentlichen Rechts (siehe dazu Frage 24 d) sowie entsprechend § 11 Nr. 2 VwVfG auch gegen teilrechtsfähige Personengemeinschaften (z.B. OHG, KG, nichteingetragener Verein, Erbengemeinschaft) gerichtet werden.

Die Verhaltensverantwortlichkeit kann nicht nur durch ein positives Tun, sondern auch durch ein Unterlassen ausgelöst werden. Ein Unterlassen ist aber nur dann relevant, wenn eine öffentlichrechtliche Pflicht zum Handeln besteht, die sich aus einer Rechtsnorm (vgl. z.B. § 3 Abs.1 AbfG, §§ 17, 22, 23, 32 StVO) oder einem Verwaltungsakt ergeben kann.

Ob der Störer schuldfähig ist und vorsätzlich oder fahrlässig gehandelt hat, spielt wegen des geltenden reinen Verursachungsprinzips keine Rolle, so daß selbst der Nachweis höherer Gewalt (z.B. wegen des Einflusses von Naturgewalten) grundsätzlich nicht von der Verantwortlichkeit befreit (zum Verursachungsbegriff siehe weitergehend Frage 24 a).

Nach Maßgabe besonderer gesetzlicher Bestimmungen kann auch eine Verantwortlichkeit für das Verhalten anderer Personen bestehen. So ist nach § 4 Abs. 2 PolG und § 17 Abs. 2 OBG für das gefahrverursachende Verhalten Jugendlicher unter 14 Jahren sowie entmündigter oder unter vorläufige Vermundschaft gestellter Personen auch die Person verantwortlich, die zur Aufsicht über sie verpflichtet ist. § 4 Abs. 3 PolG bzw. § 17 Abs. 3 OBG gestattet, Maßnahmen zur Abwehr einer Gefahr, die ein Verrichtungsgehilfe in Ausführung der Verrichtung verursacht hat, auch gegen die Person zu richten, die ihn zu der Verrichtung bestellt hat (näher dazu Frage 24 b). Diese Bestimmungen sind den §§ 831, 832 BGB nachgebildet, wobei sie aber wegen des im Polizei- und Ordnungsrecht geltenden Verursachungsprinzips einen Entlastungsbeweis nicht gestatten.

22. Die Verantwortlichkeit für den Zustand von Sachen ist in § 5 PolG und § 18 OBG (§ 14 HSOG; § 186 LVwG SH; § 7 NdsSOG; § 5 PVG RhPf) geregelt. Danach sind nebeneinander der Eigentümer (bzw. ein anderer Verfügungsberechtigter) und der Inhaber der tatsächlichen Gewalt für eine Gefahr verantwortlich, die von einer Sache ausgeht.

§ 5 PolG setzt den Inhaber der tatsächlichen Gewalt an die Spitze, weil er im Eilfall, auf den sich die Zuständigkeit der Polizei begrenzt (§ 1 Abs. 1 S. 2 PolG), regelmäßig einfacher feststellbar sowie häufiger am Gefahrenort anwesend ist und damit am schnellsten auf die Sache einwirken kann. Demgegenüber nennt § 18 OBG zuerst den Eigentümer, weil er als die verfügungsbefugte Person regelmäßig letztendlich den Zustand der Sache zu verantworten und über ihr Schicksal zu entscheiden hat.

Maßnahmen dürfen dann nicht gegen den Eigentümer gerichtet werden, wenn der Inhaber der tatsächlichen Gewalt diese ohne oder gegen den

Willen des Eigentümers ausübt (§ 5 Abs. 2 S. 2 PolG; § 18 Abs. 2 S. 2 OBG). Außerdem sieht § 18 Abs. 2 S. 2 OBG die Möglichkeit vor, den Inhaber der tatsächlichen Gewalt auf einen im Einverständnis mit dem Eigentümer schriftlich oder protokollarisch gestellten Antrag von der zuständigen Ordnungsbehörde als allein verantwortlich anerkennen zu lassen.

Der Begriff der Sache entspricht dem des Bürgerlichen Rechts (§ 90 BGB). Er umfaßt somit alle körperlichen Gegenstände (bewegliche Sachen einschließlich Tiere, Grundstücke, Gebäude, Bäume usw.).

Auch wer Eigentümer ist, bemißt sich nach den Vorschriften des BGB (§§ 903 ff.). Als sonstige Verfügungsberechtigte kommen z.B. der Nießbraucher, Pächter, Mieter oder Verwahrer in Betracht.

Inhaber der tatsächlichen Gewalt ist derjenige, der die tatsächliche Einwirkungsmöglichkeit auf die Sache hat, unerheblich, ob er dazu berechtigt ist oder nicht (§§ 854 ff. BGB).

Die Gefahr kann von der Beschaffenheit der Sache (Beispiele: einsturzgefährdetes Bauwerk, Kraftfahrzeug in nicht verkehrsgerechtem Zustand, verdorbene Konserven, tollwütiger Hund) oder von der äußeren Lage der Sache im Raum ausgehen (Beispiele: auf die Straße gestürzter Baum, auf der Fahrbahn abgestellter Wohnwagenanhänger).

Unerheblich ist, ob den Eigentümer oder den Inhaber der tatsächlichen Gefahr ein Verschulden trifft. Grundsätzlich spielt es daher auch keine Rolle, wodurch die Gefahr verursacht worden ist (zu den Ausnahmen siehe Frage 24 a). Die Zustandsverantwortlichkeit wird folglich nicht ohne weiteres dadurch ausgeschlossen, daß die Sache erst durch das Verhalten Dritter (Beispiele: spielende Kinder verwandeln einen Privatweg durch ausgeschüttetes Wasser in eine spiegelglatte Rutschbahn, ein verunglückter Öltransporter bleibt auf einem Privatgrundstück liegen und droht auszulaufen) oder durch Naturgewalten (Beispiele: ein Sturm weht Dachziegel auf die Straße, ein Blitz fällt einen auf den Gehweg ragenden Baum) in einen gefährlichen Zustand versetzt wird.

23. Nicht verantwortliche Personen dürfen nach § 6 Abs. 1 PolG bzw. § 13 Abs. 1 OBG (§ 15 HSOG; § 187 LVwG SH; § 8 NdsSOG; § 7 PVG RhPf) unter vier Voraussetzungen, die alle erfüllt sein müssen, zur Gefahrenabwehr herangezogen werden.

Erste Voraussetzung ist eine gegenwärtige erhebliche Gefahr. Diese liegt dann vor, wenn ein bedeutsames Rechtsgut (insbesondere Leben, Gesundheit des einzelnen, wichtige öffentliche Einrichtungen und Veranstaltungen) bedroht ist und die Einwirkung des schädigenden Ereignisses bereits begonnen hat oder unmittelbar oder zumindest in allernächster Zeit mit an Sicherheit grenzender Wahrscheinlichkeit bevorsteht (vgl. bereits Frage 17).

Zweitens dürfen Maßnahmen gegen Verantwortliche (Störer) nicht oder nicht rechtzeitig möglich sein oder keinen Erfolg versprechen. Erfaßt werden damit die Fälle, in denen entweder niemand für die Gefahr verantwortlich ist oder der Verantwortliche nicht ermittelt oder nicht rechtzeitig erreicht werden kann oder dieser die Gefahr nur unzulänglich oder unter unzumutbarem Aufwand beseitigen kann.

Drittens wird verlangt, daß die Polizei- oder Ordnungsbehörde die Gefahr auch nicht oder nicht rechtzeitig selbst (unter Ausnutzung aller Verstärkungsmöglichkeiten) oder durch Beauftragte (Feuerwehr, Rettungsdienste, vertraglich verpflichtete Bergungsunternehmen) abwehren kann.

Viertens darf die Inanspruchnahme des Nichtstörers diesen nicht selbst erheblich gefährden oder an der Erfüllung höherwertiger Pflichten hindern (Rechtsgüterabwägung; z.B. kann die Sorge für ein Kind Maßnahmen gegen die Eltern verbieten). Diese Festlegung der Opfergrenze in sachlicher Hinsicht wird ergänzt durch die zeitliche Begrenzung in Absatz 2: Die Maßnahmen gegen den Notstandspflichtigen dürfen nur aufrechterhalten werden, solange die Abwehr der Gefahr nicht auf andere Weise möglich ist.

Da der Notstandspflichtige für die Gefahr nicht verantwortlich ist und somit ein Sonderopfer erbringt, hat er nach Maßgabe der §§ 39 ff. OBG (bei polizeilichen Maßnahmen über § 45 PolG, der versehentlich noch auf die entsprechenden Paragraphen des OBG a.F. verweist) einen Anspruch auf angemessene Entschädigung (vgl. auch §§ 30 ff. HSOG; §§ 188 LVwG SH; §§ 58 ff. NdsSOG; §§ 68 ff. PVG RhPf).

24. a) Nach § 4 Abs. 1 PolG dürfen die Maßnahmen gegen die Person gerichtet werden, die die Gefahr verursacht hat.

Versteht man den Begriff der Verursachung im Sinne der allgemeinen Bedingungstheorie, wäre C verantwortlich, denn die Darbietung des Films kann nicht hinweggedacht werden, ohne daß der Erfolg, die Störaktion der Mohammedaner, entfiele. Es ist jedoch allgemein anerkannt, daß der Verursachungsbegriff im Polizei- und Ordnungsrecht enger gefaßt werden muß. Eine uneingeschränkte Übernahme der im

Strafrecht entwickelten reinen Bedingungslehre (Äquivalenztheorie) würde im Polizei- und Ordnungsrecht, dem das Korrektiv der Schuld fremd ist, zu unerträglichen Ergebnissen führen.

Andererseits ist aber auch eine Begrenzung auf die Ursachen, die nach der Lebenserfahrung generell geeignet erscheinen, den Erfolg herbeizuführen (Adäquanztheorie), wie sie im Zivilrecht erfolgt, mit den Bedürfnissen der Gefahrenabwehr nicht zu vereinbaren.

Die notwendige Einschränkung des Verursachungsbegriffs im Polizei- und Ordnungsrecht muß deshalb anhand einer eigenständigen, an den besonderen Gegebenheiten des Rechts der Gefahrenabwehr orientierten Wertung erfolgen. Dabei ist in erster Linie der Theorie der unmittelbaren Verursachung zu folgen. Danach wird die Polizei- und Ordnungspflicht nur durch solche Ursachen ausgelöst, die die Gefahr unmittelbar herbeiführen. Ergänzend und korrigierend dürfen noch andere Gesichtspunkte, insbesondere die Rechtmäßigkeit oder Rechtswidrigkeit des Verhaltens (vgl. den Sturmflut-Fall HambOVG DÖV 1983, 1016) sowie der baurechtliche Bestandsschutz (vgl. den Heckenfall: OVG Lüneburg OVGE 17, 447), herangezogen werden.

Störer ist nur derjenige, der die Gefahrengrenze überschreitet, indem er sich polizei- oder ordnungswidrig verhält.

Löst eine Ursache die andere aus und führen beide dann zur Störung, ist regelmäßig nur die letzte Ursache polizei- und ordnungsrechtlich relevant (vgl. den Borkum-Lied-Fall: PrOVGE 80, 176).
Der mittelbare Verursacher (Veranlasser) ist nur dann Störer, wenn er selbst bereits die Gefahrengrenze überschreitet, insbesondere weil er andere gezielt zu einem Verhalten verleiten will, das die öffentliche Sicherheit oder Ordnung gefährdet (sog. Zweckveranlasser, vgl. den Schaufensterpuppen-Fall: PrOVGE 85, 270).

Entstehen die gemeinsam zur Störung führenden Kausalfaktoren unabhängig voneinander, ist nur die Ursache verantwortungsbegründend, die von Anfang an den Gefahrenherd, die sog. latente Gefahr, enthält (vgl. den Westgiebel-Fall: PrOVGE 40, 391; Schweinemästerei-Fall: OVG Münster OVGE 11, 250; Tankstellen-Fall: OVG Lüneburg OVGE 14, 396; Hecken-Fall: OVGE 17, 447).

Der Kinobesitzer C ist nach diesen Grundsätzen kein unmittelbarer Verursacher. Sein Verhalten veranlaßt die gewalttätigen Demonstranten zwar zu ihrem Vorgehen, jedoch ohne daß er sie dazu hätte verleiten wollen. Die grundrechtlich gewährleistete Religionsfreiheit (Art. 4 Abs. 1 und 2 GG) schließt nicht das Recht ein, anderen eine Verhaltensweise aufzuzwingen, die einer bestimmten Religionsgemeinschaft glaubensmäßig als geboten erscheint. Vielmehr muß derjenige, der in einer für ihn fremden Kultur leben will, deren Eigenheiten grundsätzlich hinnehmen. Den Mohammedanern bleibt es unbenommen, sich selbst kein Bild von Mohammed zu machen. Sie dürfen aber nicht mit rechtswidrigen Mitteln dagegen vorgehen, daß Andersgläubige zu der in ihrem Kulturkreis üblichen filmischen Aufarbeitung der auch sie interessierenden historischen Persönlichkeit Mohammeds greifen, solange das Ergebnis nicht inhaltlich verunglimpfend ist. Der Kinobesitzer C überschreitet daher die Gefahrengrenze noch nicht, indem er den Film über Mohammed zeigt. Unmittelbare Verursacher und damit Verhaltensstörer nach § 4 Abs. 1 PolG sind nur die Demonstranten.

Die Polizei kann C jedoch nach § 6 PolG auch als Nichtstörer in Anspruch nehmen. Es ist eine gegenwärtige erhebliche Gefahr abzuwehren. Maßnahmen gegen die Verantwortlichen versprechen keinen Erfolg, weil die zahlenmäßig weit unterlegenen Polizeikräfte sie nicht durchzusetzen vermögen. Maßnahmen gegen C führen auch nicht zu einer Gefahr für ihn selbst oder zu einer Verletzung höherwertiger Pflichten. Die Polizei durfte dem Kinobesitzer C deshalb aufgeben, den Film abzusetzen. Diese Verfügung darf aber nur solange aufrechterhalten werden, bis so viele zusätzliche Einsatzkräfte hinzugezogen werden können, daß ein störungsfreier Ablauf der Filmvorführung sichergestellt ist (vgl. § 6 Abs. 2 PolG). Für den Einnahmenausfall ist C zu entschädigen (§ 45 PolG i.V.m. § 39 Abs. 1 Buchst. a OBG). (Vgl. auch die Fallbearbeitung von Schröder, VR 1984, 247 zur Auflösung einer Versammlung wegen demonstrierender Gegner.)

b) Der Bauunternehmer D ist nach § 11 Abs. 2 Nr. 7 KostO NW, §§ 55 Abs. 2, 59, 77 VwVG NW, §§ 1, 14 OBG i.V.m. wasserhaushaltsrechtlichen Vorschriften zum Kostenersatz verpflichtet, wenn er ordnungspflichtig ist. Seine Verantwortlichkeit kann sich aus § 17 Abs. 3 OBG (§ 13 Abs. 3 HSOG; § 185 Abs. 3 LVwG SH; § 6 Abs. 3 NdsSOG; § 4 Abs. 3 PVG RhPf) ergeben.

<u>Verrichtungsgehilfe</u> ist wie in § 831 BGB derjenige, dem vom Geschäftsherrn in dessen Interesse eine Tätigkeit übertragen worden ist und der von den Weisungen des Geschäftsherrn abhängig ist. Die

vier Arbeiter sind demnach Verrichtungsgehilfen des Unternehmers D gewesen. Daran hat sich auch nichts geändert, als sie in die Kiesgrube einfuhren. Es kann keine Rede davon sein, daß Frau E die Lastkraftwagen etwa in eigene Verfügungsgewalt übernommen und sich verpflichtet hätte, selbst für die Beseitigung des Mülls zu sorgen.

Der Verrichtungsgehilfe muß eine Gefahr im Sinne des § 17 Abs. 1 OBG verursacht haben. Die Arbeiter haben, indem sie unter Verstoß gegen wasserhaushaltsrechtliche Vorschriften die Behälter mit der teerhaltigen Flüssigkeit in den Grundwassersee kippten, eine unmittelbare Ursache für die Verunreinigung des Wassers gesetzt. Ihre Verantwortlichkeit wird nicht dadurch beseitigt, daß Frau E mit ihrer Erlaubnis einen zusätzlichen Kausalbeitrag geleistet hat, zumal nicht davon ausgegangen werden kann, daß sie den Inhalt der Behälter kannte.

Der Geschäftsherr ist nur verantwortlich für das Verhalten seines Gehilfen "in Ausführung der Verrichtung". Handlungen außerhalb des erteilten Auftrags ("bei Gelegenheit der Verrichtung") können ihm nicht mehr zugerechnet werden. Die Arbeiter des D hielten sich noch im Rahmen des ihnen erteilten Auftrags. Dem steht nicht entgegen, daß die Auswahl der ungeeigneten Abkippstelle dem Willen und wegen der zu erwartenden Folgekosten auch den wirtschaftlichen Interessen des D widersprach. Entscheidend ist, daß D mit seiner sehr allgemein gehaltenen Weisung das Risiko einer ordnungswidrigen Beseitigung des Mülls eröffnet hat. Nur wenn er seinen Arbeitern eine ins einzelne gehende Weisung gegeben hätte, wie der Bauschutt gefahrlos abzulagern ist, könnte er mit Erfolg vorbringen, das Handeln seiner Arbeiter läge außerhalb des erteilten Auftrags.

Da § 17 Abs. 3 OBG im Unterschied zu § 831 BGB vom reinen Verursachungsprinzip ausgeht, kann D sich nicht mit dem Nachweis von seiner Verantwortlichkeit befreien, er habe die Arbeiter sorgfältig ausgewählt und überwacht.

(Vgl. OVG Münster OVGE 29, 44.)

c) Bei dem Autowrack handelt es sich um Abfall im Sinne des § 1 Abs. 1 AbfG. Abfälle hat der Besitzer dem Beseitigungspflichtigen zu überlassen (§ 3 Abs. 1 AbfG). Eine Ablagerung außerhalb der dafür zugelassenen Abfallbeseitigungsanlagen ist verboten (§§ 4 Abs. 1, 18 Abs. 1 AbfG). Ein Verstoß gegen diese Bestimmungen gefährdet die öffentliche Sicherheit und rechtfertigt damit Maßnahmen nach § 14 Abs. 1 OBG. Fraglich ist nur, ob sie auch gegen F gerichtet werden können.

Obwohl er das Abkommen des Sportwagens von der Fahrbahn und seinen schrottreifen Zustand nicht verursacht hat, ist F Verhaltensstörer im Sinne des § 17 Abs. 1 OBG. Er hat sich nämlich des Autowracks durch Entfernung der Nummernschilder unter Verstoß gegen die für die Abfallbeseitigung geltenden Vorschriften entledigen wollen und damit unmittelbar eine Gefahr verursacht.

Zugleich könnte F auch Zustandsstörer nach § 18 OBG sein. Die Anknüpfungspunkte für die Zustandsverantwortlichkeit, das Eigentum und die tatsächliche Gewalt, müssen grundsätzlich in dem Zeitpunkt vorliegen, zu dem die Verfügung erlassen wird (HambOVG DÖV 1983, 1016). Es liegt daher nahe, sich nach Auslösung der Gefahr durch Eigentumsaufgabe (sog. Dereliktion, § 959 BGB) von der Ordnungspflicht zu befreien. Hat sich kein anderer die Sache angeeignet und besteht auch keine Verhaltensverantwortlichkeit, würde ein solches Vorgehen zu unbilligen Belastungen der Allgemeinheit führen. § 18 Abs. 3 OBG (§ 5 Abs. 3 PolG; vgl. auch § 7 Abs. 3 NdsSOG und § 5 Abs. 3 PVG RhPf) bestimmt daher, daß Maßnahmen zur Abwehr einer Gefahr, die von einer herrenlosen Sache ausgeht, auch gegen denjenigen gerichtet werden können, der das Eigentum an der Sache aufgegeben hat. Die Zustandsverantwortlichkeit des F wird durch § 18 Abs. 2 S. 2 1. Alt. OBG nicht ausgeschlossen. Zwar hat der unbekannte Dieb die tatsächliche Gewalt eine Zeitlang gegen den Willen des Eigentümers ausgeübt. Mit dem unfreiwilligen Besitzverlust erlischt jedoch die Ordnungspflicht des Eigentümers nicht endgültig, sondern ruht nur bis zu dem Augenblick, in dem er die tatsächliche Sachherrschaft wiedererlangt. Die Regelung will nämlich keine Verschuldensgesichtspunkte ins Spiel bringen, sondern ausschließlich sicherstellen, daß nichts Unmögliches verlangt wird. F ist deshalb auch Zustandsstörer.

d) Endet das Eigentum (und die tatsächliche Gewalt) durch Tod oder Veräußerung der Sache, erlischt zugleich auch die Zustandsverantwortlichkeit des bisherigen Rechtsinhabers. Sie entsteht mit dem Erwerb des Eigentums in der Person des Gesamt- oder Einzelrechtsnachfolgers neu. Gegen ihn können daher die zur Gefahrenabwehr notwendigen Maßnahmen (erneut) ergriffen werden.

Da ein neues Verwaltungsverfahren mit erneuten Anfechtungsmöglichkeiten die Herstellung ordnungsmäßiger Zustände unter Umständen erheblich hinauszögern kann, stellt sich die Frage, ob die gegenüber dem Rechtsvorgänger erlassenen, häufig schon bestandskräftigen Verwaltungsakte nicht auch gegen den Rechtsnachfolger wirken.

Das ist zunächst der Fall, soweit eine gesetzliche Überleitungsnorm besteht, die in einigen neueren Landesbauordnungen für Beseitigungsanordnungen enthalten ist (vgl. z.B. Art. 82 Satz 3 BayBO und § 89 Abs. 2 Satz 3 NdsBauO).

Aber auch ohne eine derartige Vorschrift wirkt eine gegenüber dem Eigentümer erlassene Anordnung der Beseitigung eines Bauwerks grundsätzlich und insbesondere im Falle der Gesamtrechtsnachfolge nach höchstrichterlicher Rechtsprechung (BVerwG NJW 1971, 1624) gegen den Rechtsnachfolger. Dafür spricht zum einen die Tatsache, daß bauordnungsrechtliche Verfügungen nicht höchstpersönlicher Natur, sondern grundstücksbezogen sind. Zum anderen wäre es höchst unbefriedigend, wenn rechtmäßige und eventuell sogar durch mehrere Gerichtsinstanzen hindurch bestätigte Beseitigungsanordnungen nur deswegen nicht durchgesetzt werden dürften, weil ein Eigentumswechsel stattgefunden hat. Diese praktische Erwägung macht es unentbehrlich, die Wirkung gegen den Rechtsnachfolger nicht nur auf den Fall der Gesamtrechtsnachfolge zu beschränken, sondern auch auf die Einzelrechtsnachfolge auszudehnen, mit der die Gefahr einer mißbräuchlichen Blockierung von Verfügungen durch vorgeschobene Eigentumsübertragungen verbunden ist.
(Vgl. Habermehl, JA 1981, Ü 185; Hassel, VR 1978, 42; kritisch Oldiges, JA 1978, 541.)

e) Auch Organe und Behörden des Staates unterliegen der Polizei- und Ordnungspflicht. Sie dürfen ebensowenig wie Privatpersonen die öffentliche Sicherheit und Ordnung gefährden. Das Paketpostamt muß das Entladen von Paketen daher so organisieren, daß unzumutbare Störungen der Nachtruhe ausgeschlossen sind.

Von der materiellen Polizei- und Ordnungspflicht zu unterscheiden ist die Frage, ob die Polizei- und Ordnungsbehörden befugt sind, andere Behörden durch Verfügung zu einem ordnungsmäßigen Verhalten anzuhalten. Diese Frage ist in der Regel zu verneinen. Das einheitliche Gefüge der Staatsverwaltung ist auf einzelne selbständige Träger aufgeteilt, damit die verschiedenartigen Aufgaben des Staates reibungslos erfüllt werden können. Ein geordnetes und fachlich fundiertes Arbeiten in den einzelnen Teilen der Verwaltung wäre aber nicht gewährleistet, wenn die einzelnen Verwaltungsträger nicht selbständig und selbstverantwortlich auf ihrem Aufgabengebiet entscheiden könnten und müßten. Daher darf ein Aufgabenträger grundsätzlich nicht in den Bereich eines anderen eingreifen und ihm vorschreiben, wie er seine Aufgaben wahrzunehmen hat. Ausnahmen werden zugelassen bei rein fiskalischem Handeln, bei Übertragung einer besonderen Zuständigkeit zum Eingreifen in den Aufgabenbereich anderer Dienststellen und dann, wenn eine plötzliche und schwerwiegende Störung der öffentlichen Sicherheit und Ordnung zur Vermeidung wesentlicher Nachteile nur durch polizei- oder ordnungsbehördliches Eingreifen beseitigt werden kann.

Die Tätigkeit der Deutschen Bundespost hat - auch im Paketdienst - öffentlichrechtlichen Charakter. Es besteht keine Rechtsvorschrift die den Ordnungsbehörden gestattet, in den selbständigen Aufgabenbereich der Bundespost einzugreifen. Ein besonderer Notfall ist ebenfalls nicht gegeben. Die Ordnungsbehörde der Stadt H darf deshalb kein Verbot der Verladetätigkeit bei Nacht für das zentrale Paketpostamt aussprechen (vgl. OVG Lüneburg OVGE 12, 340).

Die Anwohner können versuchen, mit einer Aufsichtsbeschwerde an die zuständige Oberpostdirektion zum Erfolg zu kommen. Im übrigen steht ihnen der Weg der allgemeinen Leistungsklage zur Durchsetzung ihres öffentlichrechtlichen Beseitigungsanspruchs offen.

V. Das Mittel der Gefahrenabwehr

A. Fragen

25. Übungsfälle zu den Anforderungen an das Mittel der Gefahrenabwehr

a) Der Hundeliebhaber I hält in einer ruhigen Wohngegend in seinem Garten zwei große Schäferhunde, die bei Tag und Nacht durch anhaltendes lautes Gebell die Nachbarn stören. Die örtliche Ordnungsbehörde gibt ihm schließlich auf, dafür zu sorgen, daß das Gebell unterbleibt.

I hält die Verfügung für rechtswidrig, weil ihm nicht gesagt worden sei, wie er das erreichen solle.

b) Der Zoologe J hält in seinem Garten einen Geparden, den er von einer seiner Reisen mitgebracht und selbst aufgezogen hat. Die Anwohner sehen mit zunehmender Besorgnis, wie das Tier immer stärker und wilder wird und verzweifelt versucht, seinem Gefängnis zu entfliehen. Als ihm das eines Tages tatsächlich gelingt, reagiert endlich die Ordnungsbehörde und fordert J auf, das(noch verschwundene) Tier binnen zwei Tagen einschläfern zu lassen oder in einem Zoologischen Garten abzugeben.

c) Die Ordnungsbehörde hat dem K aufgegeben, die im Erdgeschoß seines Wohnhauses an mehrere Parteien vermieteten Zimmer innerhalb 24 Stunden räumen zu lassen, da das Bewohnen der Zimmer wegen deren Feuchtigkeit gesundheitsschädlich sei. K sieht sich außerstande diesem Gebot nachzukommen, weil die Mieter sich entschieden weigern, ihre Wohnung zu verlassen.

d) L betreibt eine Schiffsüberschlagschaukel, die er auf Jahrmärkten aufzustellen pflegt. Die Bauaufsichtsbehörde hat die Anlage auf Antrag unter bestimmten Sicherheitsauflagen genehmigt. L wendet sich gegen die Auflage "Überschlagschiffe dürfen nur von jeweils einer Person benutzt werden." Diese Einschränkung ist gemacht worden, weil es wegen Nichtbeachtung der für das Anschnallen bestehenden Betriebsvorschriften zu tödlichen Unfällen gekommen ist.

e) M unterhält auf seinem Grundstück, das im Einzugsgebiet einer Trinkwassertalsperre liegt, einen Gewerbebetrieb. Ohne behördliche Genehmigung hat er im Rahmen einer Umstellung seiner Öfen von Koks auf Öl einen 3800 Liter fassenden Öltank eingebaut. Die Bauaufsichtsbehörde hat den nachträglich gestellten Antrag auf Erteilung einer Baugenehmigung abgelehnt und M aufgefordert, die Heizölbehälteranlage innerhalb von 6 Monaten nach dem Erhalt der Verfügung zu entfernen. M wehrt sich dagegen, weil der aus Metall bestehende Öltank nur entfernt werden kann, wenn er entweder in Einzelteile aufgeschweißt und damit völlig zerstört würde oder erhebliche Stemmarbeiten an dem umgebenden Mauerwerk vorgenommen würden.

f) Der Tourist N hat das unglaubliche Glück, in unmittelbarer Nähe des

Kölner Domes einen freien Parkplatz zu finden. Er betätigt die angebrachte Parkuhr, die eine Höchstparkzeit von einer Stunde zuläßt, und begibt sich auf eine ausgiebige Besichtigungstour. Als er nach 5 Stunden zurückkommt, findet er sein Auto nicht mehr vor. Auf der nächsten Polizeistation erfährt er, daß sein Fahrzeug auf polizeiliche Anordnung hin abgeschleppt worden sei und gegen Zahlung von 100 DM in einer Garage abgeholt werden könne. N findet das Vorgehen der Polizei unerhört, da er niemanden gefährdet habe.

g) Das Haus des O befindet sich in einem baufälligen Zustand. Die Bauaufsichtsbehörde hat deshalb den Abbruch des Hauses angeordnet. O beantragt umgehend, ihm zu gestatten, die Gefahr durch geeignete Sicherungs- und Instandsetzungsarbeiten abzuwenden. Die Behörde lehnt das ab mit der Begründung, die damit verbundenen Kosten stünden in keinem Verhältnis zum erstrebten Erfolg.

h) Dem Gastwirt P wird die beantragte Dauergenehmigung zur Abhaltung von Tanzveranstaltungen versagt mit der Begründung, sonst werde die behördliche Überwachung erschwert und das verfügbare Kontrollpersonal überfordert. Angesichts der stationierten Soldaten bestehe bei täglicher Tanzmöglichkeit nämlich eine gesteigerte sittliche Gefährdung der Jugend.

B. Antworten

25. Das Mittel der Gefahrenabwehr muß in Übereinstimmung mit den Grundsätzen des Allgemeinen Verwaltungsrechts bestimmt, rechtlich und tatsächlich möglich sowie verhältnismäßig sein. Besonderheiten des Polizei- und Ordnungsrechts bilden das Verbot der Aufsichtserleichterung und die Austauschbefugnis.

a) Polizei- und Ordnungsverfügungen müssen wie alle Verwaltungsakte gem. § 37 Abs. 1 VwVfG inhaltlich hinreichend bestimmt sein (ausdrücklich § 7 S. 1 HSOG und § 45 Abs. 1 2. Halbsatz PVG RhPf). Sie müssen dem Empfänger genau angeben, welchen Zustand er (wieder-)herstellen soll. Entscheidend ist, ob die Anordnung ohne weitere Konkretisierung als Grundlage für eine Vollstreckung dienen kann. Zu unbestimmt sind demnach solche Verfügungen, die den angestrebten Erfolg einer unterschiedlichen subjektiven Bemessung zugänglich machen (vgl. z.B. PrOVGE 23, 329; 28, 207; 55, 267; 77, 457; 79, 140 und 393).

Die an I gerichtete Ordnungsverfügung legt den geforderten Erfolg eindeutig fest. Sie läßt nur offen, auf welche Art und Weise das Ziel erreicht werden soll. Das verletzt aber nicht das rechtsstaatliche Gebot der Bestimmtheit. Die Behörde darf dem Bürger zwar auch das Mittel zur Gefahrenabwehr vorschreiben. Sie ist dazu aber nicht verpflichtet und wird gerade im Interesse des Bürgers häufig darauf verzichten, damit er sich den für ihn persönlich zweckmäßigsten und am wenigsten belastenden Weg auswählen kann (vgl. zum Beispielsfall PrOVGE 88, 209).

b) Es versteht sich ohne weiteres, daß eine behördliche Verfügung nichts Unmögliches verlangen darf. § 44 Abs. 2 Nr. 4 VwVfG erklärt einen Verwaltungsakt, den aus tatsächlichen Gründen niemand ausführen kann, sogar für nichtig. Auch § 15 Abs. 1 OBG (ebenso § 2 Abs. 1 PolG; § 5 S. 1 HSOG; § 4 Abs. 1 NdsSOG; § 45 Abs. 1 PVG RhPf a.E.) setzt ausdrücklich eine mögliche Maßnahme voraus. Spezialgesetze legen den Maßstab für die Erfüllbarkeit zum Teil näher fest, z.B. durch den Begriff "Stand der Technik" (§§ 3 Abs. 6, 17 Abs. 2 S. 1 Nr. 2, 22 Abs. 1 S. 1 Nr. 1 BImSchG).

Unzulässig ist grundsätzlich nur eine objektiv unmögliche Maßnahme. Subjektives Unvermögen des Pflichtigen bleibt unbeachtlich, solange er der Aufforderung mit Hilfe eines Dritten nachkommen kann. Die wirtschaftliche Vertretbarkeit spielt dabei außerhalb ausdrücklicher gesetzlicher Regelungen (vgl. z.B. § 17 Abs. 2 S. 1 Nr. 1 BImSchG) allenfalls bei der Prüfung der Angemessenheit eine Rolle.

Die Behörde darf jedenfalls keine Anordnung erlassen, deren Unausführbarkeit von vornherein feststeht. Das ist bei dem an J gerichteten Gebot aber nicht der Fall, da der Gepard vor Fristablauf wieder eingefangen werden könnte. Darüber hinaus ist eine Verfügung aber auch dann als rechtswidrig anzusehen, wenn ihre Erfüllung nicht allein vom Willen des Pflichtigen abhängt und mit ihrer Erfüllbarkeit nach der Erfahrung des täglichen Lebens nicht mit hinreichender Sicherheit gerechnet werden kann. In einem solchen Fall muß die Behörde ihre Anordnung so abfassen, daß sie, auch ohne zum bezweckten Erfolg geführt zu haben, ihre Erledigung findet, falls der Pflichtige nachweisen kann, daß er von sich aus alles getan hat, um ihr Genüge zu tun (PrOVGE 95, 121, 123 f.).

Die Ordnungsbehörde hätte dem J deshalb nur aufgeben dürfen, sich mit allen Kräften um die schnellstmögliche Wiederergreifung des Tiers zu bemühen und dieses nach dem Einfangen innerhalb einer bestimmten Frist einschläfern zu lassen oder einem Zoologischen Garten zu übergeben.

c) Eine behördliche Maßnahme muß nicht nur tatsächlich, sondern auch rechtlich möglich sein (so ausdrücklich § 45 Abs. 1 PVG RhPf a.E.).

Es darf keine Handlung verlangt werden, zu der der Pflichtige privatrechtlich nicht in der Lage ist. Das bedeutet aber nicht, daß jede Verfügung, deren Ausführung von der Zustimmung oder einer sonstigen Mitwirkung eines Dritten abhängig ist, von vornherein rechtswidrig wäre. Eine rechtliche Unmöglichkeit liegt nämlich dann nicht vor, wenn der betroffene Dritte zur Mitwirkung bereit ist. Die Behörde darf deshalb jedenfalls dann Forderungen stellen, die der Pflichtige aus rechtlichen Gründen nicht allein erfüllen kann, wenn mit der Bereitschaft des Dritten zur Mitwirkung gerechnet werden kann. Das setzt nicht unbedingt eine ausdrückliche Erklärung des Dritten voraus, sondern kann auch aus seinem bisherigen Verhalten oder aus der Tatsache geschlossen werden, daß ihm die Maßnahme lediglich zum Vorteil gereicht (PrOVGE 38, 179; 104, 203). Verweigert der Dritte später gleichwohl seine Mitwirkung, kann sie, sofern er selbst ordnungspflichtig ist, durch den Erlaß einer Duldungsverfügung ersetzt werden. Erst wenn auch diese Möglichkeit ausscheidet oder von der Behörde verworfen wird, wird die Verfügung nachträglich unmöglich.

Nach der Weigerung der Mieter, ihre Wohnungen freiwillig zu räumen, war K privatrechtlich nicht in der Lage, der ordnungsbehördlichen Anordnung Folge zu leisten. Der Mieter von Räumen hat zwar nach § 541 a Abs. 1 BGB die zur Erhaltung der Mieträume oder des Gebäudes erforderlichen Einwirkungen auf die Mietsache zu dulden. Ein Vermieter vermag daher, gegebenenfalls mit Hilfe einstweiliger Verfügungen, etwa die seuchenpolizeiliche Aufforderung zu erfüllen, sein Mietshaus binnen zwei Wochen von Ungeziefer zu reinigen, selbst wenn die Mieter ihre Wohnungen zu diesem Zweck für drei Tage verlassen müssen (PrOVGE 105, 152). Im vorliegenden Fall dient die Räumung aber zumindest im Augenblick noch nicht irgendwelchen Erhaltungsmaßnahmen. Ob solche Maßnahmen überhaupt möglich sind und ob der Eigentümer sie ergreifen will, ist noch völlig offen. Zudem könnte eine Zwangsräumung auch nicht binnen 24 Stunden gerichtlich durchgeführt werden.

Die Ordnungsbehörde verlangt von K deshalb etwas rechtlich Unmögliches. Richtigerweise hätte sie die nach § 18 Abs. 2 S. 1 OBG ebenfalls ordnungspflichtigen Mieter zur Räumung und den Eigentümer zu deren Duldung verpflichten müssen (vgl. PrOVGE 24, 384).

d) Maßnahmen der Gefahrenabwehr müssen wie alles staatliche Handeln verhältnismäßig sein.

Der Grundsatz der Verhältnismäßigkeit verlangt als erstes, daß die Maßnahme geeignet ist, den angestrebten Zweck zu erreichen (ausdrücklich vorausgesetzt in § 2 Abs. 1 PolG und § 15 Abs. 1 OBG; § 5 S. 1 HSOG; § 73 Abs. 3 LVwG SH; § 4 Abs. 1 NdsSOG; § 2 Abs. 1 PVG RhPf).

Das wirksamste Mittel zur Beseitigung der vom Betrieb einer Überschlagschaukel für die Benutzer ausgehenden Gefahren wäre das gänzliche Verbot dieser Schaukeln. Begnügen sich die Verwaltungsbehörden mit der Auferlegung bestimmter Sicherheitsvorschriften, müssen diese geeignet sein, die Betriebsgefahr zumindest zu mindern, wenn sie sie schon nicht vollkommen beseitigen können. Eine solche Gefahrenminderung kann bei der fraglichen Auflage nicht schon deshalb angenommen werden, weil aus einer mit nur einer Person besetzten Schaukel naturgemäß nur eine Person und nicht zwei Benutzer herausfallen können. Denn eine Person ist genauso schutzwürdig, wie es zwei Personen sind. Vielmehr wäre das Verbot einer Benutzung der Schaukel durch zwei Personen je Schiff nur dann gerechtfertigt, wenn es zur Beseitigung einer gerade durch die doppelte Benutzung hervorgerufenen erhöhten Gefahr erforderlich erschiene. Eine solche erhöhte Gefahr besteht aber nicht, da bei einer einwandfrei konstruierten Schaukel und Befolgung der Anschnallvorschrift zwei Personen nicht mehr gefährdet sind als eine. Sind die beiden Personen ordnungsgemäß angeschnallt, ist selbst bei eventuellen Meinungsverschiedenheiten zwischen den Benutzern ein Herausfallen oder eine Verletzung am Gestänge ausgeschlossen. Die Auflage ist damit als ungeeignet zur Bekämpfung der Betriebsgefahr rechtswidrig (OVG Lüneburg OVGE 11, 360).

e) Eine bauaufsichtliche Beseitigungsanordnung ist nicht schon allein deshalb rechtmäßig, weil die bauliche Anlage mangels der erforderlichen Baugenehmigung formell illegal ist. Zwar stellt der Verstoß gegen das Genehmigungserfordernis eine Störung der öffentlichen Sicherheit im Sinne des § 14 Abs. 1 OBG dar. Es ist jedoch anerkannt, daß die Behörde die Grenzen des ihr nach dieser Vorschrift eingeräumten Ermessens überschreitet, wenn sie die Beseitigung eines ungenehmigten Bauwerks fordert, das mit dem geltenden materiellen Baurecht in Einklang steht oder mit früher gültigem materiellen Baurecht übereinstimmte, wenn der Bauherr also einen Anspruch auf die Erteilung einer Baugenehmigung hat oder gehabt hat (OVG Münster NJW 1965, 2421; in anderen Bundesländern ist zum Teil die Befugnis zum Abbruch von Bauwerken spezialgesetzlich geregelt, vgl. z.B. Art. 82 BayBO und § 89 NdsBauO). Der von M eingebaute Öltank ist formell und materiell illegal, so daß grundsätzlich eine Beseitigungsanordnung zulässig ist.

Auch wenn eine bauliche Anlage formell und materiell baurechtswidrig ist, so liegt es im pflichtgemäßen Ermessen der Behörde, die Beseitigung der Anlage zu fordern oder diese zu dulden. Bei ihrer Entscheidung hat die Behörde insbesondere den Grundsatz der Verhältnismäßigkeit zu beachten.

Nach § 15 Abs. 1 OBG (§ 2 Abs. 1 PolG; vgl. auch § 5 S. 1 HSOG; § 73 Abs. 3 LVwG SH; § 4 Abs. 1 NdsSOG; § 2 Abs. 1 PVG RhPf) haben die Ordnungsbehörden von mehreren möglichen und geeigneten Maßnahmen diejenigen zu treffen, die den Einzelnen und die Allgemeinheit voraussichtlich am wenigsten beeinträchtigen. Gegen dieses Prinzip des mildesten Mittels hat die Bauaufsichtsbehörde verstoßen. Der beabsichtigte Erfolg kann auch mit einem weniger belastenden Mittel erreicht werden. Bezweckt ist der Schutz des Grundwassers vor in das Erdreich eindringendem Öl, das aus dem gefüllten Behälter oder während des Betankungsvorgangs unkontrolliert abfließen könnte. Dieser Gefahr kann schon damit wirksam begegnet werden, daß die Lagerung von Heizöl auf dem Grundstück untersagt und die Einhaltung dieses Verbots durch geeignete Anordnungen (Entleerung, Reinigung, Auffüllung mit Erdreich und Verplombung des Tanks) sichergestellt wird.

Die Beseitigungsverfügung, deren Ausführung für M mit größeren tatsächlichen Aufwendungen und finanziellen Einbußen verbunden ist, verstößt deshalb gegen den Grundsatz der Verhältnismäßigkeit und ist somit rechtswidrig (OVG Münster NJW 1980, 2210).

f) Erstaunlicherweise herrscht über die Rechtsgrundlage einer so alltäglichen Maßnahme, wie sie die polizeiliche Abschleppanordnung darstellt, große Unsicherheit. Teilweise wird das Abschleppen eines verbotswidrig abgestellten Kraftfahrzeugs als Ersatzvornahme nach §§ 28, 30 PolG, teilweise als Sicherstellung gemäß § 21 Nr. 1 PolG angesehen.

Anerkannt ist aber, daß eine derart einschneidende Maßnahme wegen des Verhältnismäßigkeitsgrundsatzes nicht bei jedem Parkvergehen rechtmäßig ist. Das Abschleppen ist zwar geeignet und erforderlich, um den verkehrswidrigen Zustand zu beseitigen. Auch das mildeste Mittel darf aber nicht zu einem Nachteil führen, der zu dem erstrebten Erfolg erkennbar außer Verhältnis steht (§ 2 Abs. 2 PolG; § 15 Abs. 2 OBG; § 5 S. 2 HSOG; § 73 Abs. 2 LVwG SH; § 4 Abs. 2 NdsSOG; § 2 Abs. 2 PVG RhPf).

Dieses Prinzip der Angemessenheit gebietet, den Nachteil, den die Maßnahme abwenden soll, mit dem Nachteil zu vergleichen, den die Maßnahme selbst mit sich bringt. Dabei darf aber kein bloßer Kostenvergleich angestellt werden. Einbezogen werden müssen vielmehr die Bedeutung der tangierten Rechtsgüter sowie generalpräventive Überlegungen. So ist z.B. das Gebot, in eine Fabrikhalle eine Brandverhütungs- und -bekämpfungsanlage einzubauen, deren Kosten den Wert der Halle übersteigen, unverhältnismäßig, wenn es nur dem Schutz des Objekts dient (VGH Stuttgart Verw Rspr 9, 492), aber angemessen, wenn die Gefährdung von Menschen verhütet werden soll (OVG Lüneburg DÖV 1971, 644).

Dementsprechend muß auch beim Abschleppen von Kraftfahrzeugen zu dem bloß formalen Verstoß gegen ein straßenverkehrsrechtliches Parkverbot noch ein besonderer Gefährdungstatbestand hinzukommen, um die für den Betroffenen doch recht einschneidende Maßnahme zu rechtfertigen. Als verhältnismäßig hat die Rechtsprechung das Abschleppen insbesondere angesehen, wenn ein auf dem Gehweg abgestelltes Fahrzeug die Fußgänger zum Betreten der Fahrbahn zwingt (VGH München NJW 1979, 2631; VG Frankfurt DVBl 1965, 779), wenn geparkte Autos Rettungsfahrzeugen den Zugang zu großen Versammlungsstätten versperren (OVG Münster DVBl 1975, 588) sowie beim Abstellen von

Fahrzeugen in Fußgängerzonen (OVG Münster NJW 1982, 2277) oder in Sonderspuren für den Omnibus-Linienverkehr (VGH Kassel NJW 1984, 1197).

Das BVerwG (JA 1984, 114) hat nunmehr auch das Abschleppen eines an einer abgelaufenen Parkuhr parkenden Fahrzeugs jedenfalls dann für rechtmäßig erachtet, wenn die Parkzeit an einer Parkuhr in einer verkehrsreichen Innenstadt um mehrere Stunden überschritten worden ist. Zur Begründung weist das Gericht darauf hin, die Mißachtung der Parkuhr beeinträchtige deren verkehrsregelnde Funktion, den knappen Parkraum möglichst vielen Kraftfahrern zur Verfügung zu stellen, und veranlasse gleichzeitig andere Kraftfahrer zur Nachahmung des verbotswidrigen Verhaltens.

Die Polizei hat daher rechtmäßig gehandelt, als sie das Auto des Touristen N abschleppte.
(Vgl. Geiger, JA 1984, 114; Grünning/Möller, VR 1984, 156; Kauther, VR 1981, 165; Schmalz, JA 1979, Ü 31.)

g) Nach § 21 S. 2 OBG (§ 3 Abs. 2 S. 2 PolG; § 8 S. 2 und 3 HSOG; § 5 Abs. 2 S. 2 NdsSOG; § 3 Abs. 2 S. 2 PVG RhPf) ist dem Betroffenen auf Antrag zu gestatten, ein anderes ebenso wirksames Mittel anzuwenden, sofern die Allgemeinheit dadurch nicht stärker beeinträchtigt wird. Der Antrag kann gem. § 21 S. 3 OBG nur bis zum Ablauf einer dem Betroffenen für die Ausführung der Verfügung gesetzten Frist, andernfalls bis zum Ablauf der Klagefrist, gestellt werden.

Q hat rechtzeitig ein Austauschmittel angeboten. Die Behörde darf diesen Antrag nur ablehnen, wenn das andere Mittel weniger wirksam oder gar völlig untauglich ist, die Gefahr zu beseitigen, oder wenn seine Anwendung die Allgemeinheit stärker beeinträchtigt. Die Bauaufsichtsbehörde hat insoweit keine Bedenken gehabt, sondern den Antrag allein deshalb abgelehnt, weil das angebotene Austauschmittel für den Betroffenen belastender sei als die von der Behörde gewählte Maßnahme.

Dieser Gesichtspunkt rechtfertigt es jedoch grundsätzlich nicht, die Anwendung des Austauschmittels nicht zu gestatten. § 21 S. 2 OBG bezieht den Grundsatz des mildesten Mittels nur hinsichtlich der Auswirkungen der Maßnahme für die Allgemeinheit mit ein. Soweit § 15 OBG zugleich die Beachtung der Auswirkungen für den Einzelnen gebietet, stellt er eine reine Schutzvorschrift dar, auf deren Wirkungen der Betroffene verzichten kann. § 21 S. 2 OBG will ihm gerade die Möglichkeit geben, an die Stelle des von der Behörde als objektiv für verhältnismäßig angesehenen Mittels ein anderes zu setzen, das ihm subjektiv, aus welchen Gründen auch immer, weniger belastend erscheint. Die Behörde hat seinem Antrag deshalb grundsätzlich auch dann zu entsprechen, wenn das angebotene Mittel Aufwendungen des Betroffenen erfordert, die zu dem beabsichtigten Erfolg außer Verhältnis stehen (OVG Münster DÖV 1962, 617).

Steht jedoch nicht fest, daß der Betroffene das Austauschmittel im Hinblick auf seine Kosten für wirtschaftlich vertretbar und durchführbar hält, darf das Austauschmittel als weniger wirksames Mittel abgelehnt werden, weil dann nicht sicher ist, ob der Betroffene es auch tatsächlich anwenden kann und will (OVG Lüneburg OVGE 10, 341, 347 f.). Solange dafür aber keine begründeten Anhaltspunkte vorliegen, ist dem Antrag stattzugeben.

h) Ordnungsverfügungen dürfen nach einem allgemeinen Rechtsgrundsatz nicht lediglich den Zweck haben, die den Ordnungsbehörden obliegende Aufsicht zu erleichtern (so ausdrücklich § 20 Abs. 2 S. 1 OBG und § 6 Abs. 2 HSOG).

Entgegen dem Gesetzeswortlaut spielt es keine Rolle, ob die Absicht der Aufsichtserleichterung der Haupt- oder nur ein Nebenzweck ist (OVG Lüneburg OVGE 25, 411, 414). Nicht gemeint sind solche Maßnahmen, die eine verläßliche Überwachung überhaupt erst ermöglichen wie Buchführungspflichten oder die vorgeschriebene Benutzung einer Parkscheibe (BVerwGE 32, 204, 206 f.).

Die Versagung der Dauertanzerlaubnis dient lediglich dem Zweck der Aufsichtserleichterung und ist deshalb rechtswidrig. Entstehen durch die Massierung von Streitkräften an bestimmten Orten gesteigerte Gefahren, muß der Staat dem durch den Einsatz zulänglicher Sicherheitskräfte entgegentreten. Er darf nicht dem Bürger die Gewährung einer möglichen Rechtsposition mit dem Hinweis auf eine besonders starke Belastung des zu knapp bemessenen Personals verweigern (RhPfOVGE 5, 95, 97).

VI. Das Ermessen

A. Fragen

26. Inwieweit räumt die Generalermächtigung einen Ermessensspielraum ein?
27. Was ist beim Entschließungsermessen zu beachten?
28. Welche Maßstäbe gelten für die Auswahl unter mehreren polizei- und ordnungspflichtigen Personen?
29. Inwieweit ist eine Auswahl unter mehreren Mitteln möglich?

B. Antworten

26. Die Generalermächtigungen stellen wie auch die meisten Spezialermächtigungen das Einschreiten in das Ermessen der Behörde (sog. Opportunitätsprinzip, vgl. Frage 8). Klarstellend weisen § 3 Abs. 1 PolG und § 16 OBG (§ 5 HSOG; § 73 Abs. 1 LVwG SH; § 5 Abs. 1 NdsSOG; § 3 Abs. 1 PVG RhPf) darauf hin, daß diese Entscheidung nach pflichtgemäßem Ermessen zu treffen ist. Welche Maßstäbe für die Ermessenausübung gelten, bestimmt § 40 VwVfG (vgl. Teil 1 Frage 13).

    Ein Ermessensspielraum besteht in dreifacher Hinsicht: bei der Frage, ob überhaupt Maßnahmen ergriffen werden sollen (<u>Entschließungsermessen</u>), bei der Auswahl unter mehreren Störern sowie bei der Auswahl unter mehreren Mitteln (<u>Auswahlermessen</u>).

    In der Klausur kann die Ermessensausübung entweder getrennt bei Ermächtigungsgrundlage, Adressat und Mittel oder einheitlich im Anschluß an die Anforderungen an das Mittel überprüft werden.

27. Die <u>Entscheidung zum Einschreiten</u> ist regelmäßig unproblematisch, da die Behörde damit ihrem gesetzlichen Auftrag nachkommt, Gefahren abzuwehren. Anlaß zu Beanstandungen geben allenfalls die Nichtbeachtung des Entscheidungsspielraums (Ermessensmangel) und die Verletzung des Gleichbehandlungsgrundsatzes (Art. 3 GG).

    Von entscheidender Bedeutung ist das Entschließungsermessen hingegen für die Frage, ob der Bürger einen Anspruch auf ein Tätigwerden der Polizei- oder Ordnungsbehörde hat. Entsprechend dem Opportunitätsprinzip darf die Behörde grundsätzlich trotz gegebener Gefahrenlage ein Eingreifen ablehnen. Sachgerechte Gründe dafür können z.B. sein, daß ein Handeln an anderer Stelle wichtiger ist und die persönlichen und sachlichen Mittel erschöpft, daß die Gefahr auf andere Weise einfacher, schneller oder kostengünstiger beseitigt werden kann oder daß ein Einschreiten wegen seiner nachteiligen Auswirkungen besser unterbleibt. Eine Pflicht zum Tätigwerden besteht deshalb nur dann, wenn einzig die Entscheidung zum Eingreifen sachgerecht ist. Eine solche Ermessensreduzierung auf Null wird insbesondere bei einer gegenwärtigen Gefahr für besonders wichtige Rechtsgüter anzunehmen sein. Der objektiven Pflicht zum Einschreiten entspricht ein subjektives öffentliches Recht des Bürgers dann, wenn seine privaten Rechtsgüter oder Rechtsnormen, die auch seinem Interesse dienen, bedroht sind.

28. Für die Auswahl unter mehreren möglichen Adressaten der Maßnahme sind zwei zwingende Vorgaben des Gesetzgebers zu beachten: die Freistellung des Eigentümers zu Lasten des Inhabers der tatsächlichen Gewalt in § 5 Abs. 2 S. 2 PolG, § 18 Abs. 2 S. 2 OBG (§ 14 Abs. 2 S. 2 HSOG; § 186 Abs. 2 LVwG SH; § 7 Abs. 2 S. 2 NdsSOG; § 5 Abs. 2 S. 2 PVG RhPf) sowie die subsidiäre Verantwortlichkeit des Notstandspflichtigen (vgl. nur § 6 Abs. 1 Nr. 2 PolG und § 19 Abs. 1 Nr. 2 OBG).

Bei der Ausübung des Auswahlermessens steht der Gesichtspunkt der Effektivität der Maßnahme ganz im Vordergrund. Die Behörde soll denjenigen in Anspruch nehmen, der die Gefahr am schnellsten und am wirksamsten bekämpfen kann. Daneben sind auch die unterschiedlichen Auswirkungen der Maßnahme auf die einzelnen in Frage kommenden Personen zu beachten. Die Polizei- oder Ordnungsbehörde ist hingegen nicht gehalten, sich an die Person zu wenden, die das größte Verschulden trifft oder die im Innenverhältnis letztlich den Schaden zu tragen hat.

Für den Regelfall bildet die Reihenfolge, in der das Gesetz die einzelnen Arten der Verantwortlichkeit behandelt, eine gewisse Leitlinie für die Ermessensbetätigung. So ist es in der Regel sachgerecht, den Verhaltensstörer vor dem Zustandsstörer in Anspruch zu nehmen, da er meist einen engeren Bezug zur Gefahr hat. Auch die unterschiedliche Reihenfolge von Eigentümer und Inhaber der tatsächlichen Gewalt in § 5 PolG und § 18 OBG läßt sich als Rangfolge begreifen (vgl. bereits Frage 22).

29. Auswahlermessen in Bezug auf das Mittel der Gefahrenabwehr besteht dann, wenn mehrere Maßnahmen die rechtlichen Anforderungen erfüllen.

Der Entscheidungsspielraum wird dadurch sehr stark eingeengt, daß bereits der Grundsatz der Verhältnismäßigkeit dazu zwingt, das am wenigsten belastende Mittel zu wählen.

TEIL 3: VERWALTUNGSRECHTSSCHUTZ

I. Überblick

A. Frage

1. Wie ist die Kontrolle der Verwaltungstätigkeit in der Bundesrepublik Deutschland ausgestaltet?

B. Antwort

1. Ein Gesetzgeber, dem an einer wirksamen Kontrolle der Verwaltung gelegen ist, wird die verschiedenen Möglichkeiten der Kontrolle miteinander kombinieren. So besteht denn auch in der Bundesrepublik Deutschland ein engmaschiges Netz von Kontrollmechanismen.

   Nach der Art der Einleitung der Kontrolle unterscheidet man zwischen der verwaltungsinternen und der verwaltungsexternen Kontrolle.

   Die verwaltungsinterne Kontrolle wird von der Verwaltung selbst eingeleitet und durchgeführt. Sie dient als ständige, einzelfallunabhängige Eigenkontrolle in erster Linie dem öffentlichen Interesse an der Recht- und Zweckmäßigkeit des Verwaltungshandelns und beruht auf dem Rechtsstaatsprinzip (Art. 20 Abs. 3 GG) und der parlamentarischen Verantwortlichkeit der Verwaltungsspitze (Art. 65 S. 2 GG).

   Wie die §§ 48 und 49 VwVfG zeigen, ist schon die Ausgangsbehörde gehalten, die künftigen Auswirkungen ihrer Tätigkeit im Auge zu behalten und Fehlentwicklungen zu korrigieren.

   Im Mittelpunkt stehen aber die Aufsichtsrechte der vorgesetzten Behörde. Die wichtigsten Aufsichtsarten sind die Dienstaufsicht (= organisatorische Aufsicht über die innere Ordnung, die allgemeine Geschäftsführung und die Personalangelegenheiten der nachgeordneten Behörden und personalrechtliche Aufsicht über die Pflichterfüllung der Bediensteten), die Fachaufsicht (= inhaltliche Aufsicht über die Sachentscheidungen der nachgeordneten Behörden im Hinblick auf Rechtmäßigkeit und Zweckmäßigkeit) und die Rechtsaufsicht (= inhaltliche Aufsicht über die Sachentscheidungen selbständiger Verwaltungsträger (Gemeinden, Kreise, Universitäten usw.) in Selbstverwaltungsangelegenheiten, begrenzt auf die Rechtmäßigkeitskontrolle).

   Die verwaltungsexterne Kontrolle wird von außen im Einzelfall ausgelöst und dient vor allem dem Individualinteresse des Betroffenen. Sie ist grundrechtlich garantiert in Art. 17 und Art. 19 Abs. 4 GG.

Gerichtlichen Rechtsschutz bieten die allgemeinen und besonderen Verwaltungsgerichte (vgl. nur § 40 Abs. 1 VwGO), die ordentlichen Gerichte (vgl. z.B. § 40 Abs. 2 VwGO) sowie das Bundesverfassungsgericht (Art. 93 Abs. 1 Nr. 4 a GG).

Außergerichtlicher Rechtsschutz ist bei der Verwaltung (Widerspruch, formlose Rechtsbehelfe) und beim Parlament (Petition) möglich.

Nicht übersehen werden darf schließlich der wichtige Beitrag, den die politischen Parteien und die Medien zur Kontrolle der Verwaltung leisten.

II. Formlose Rechtsbehelfe

A. Fragen

2. Worin unterscheiden sich die formlosen von den förmlichen Rechtsbehelfen?

3. Welche Arten formloser Rechtsbehelfe gibt es? Welche Funktion erfüllen formlose Rechtsbehelfe?

B. Antworten

2. Die formlosen Rechtsbehelfe sind im Unterschied zu den förmlichen Rechtsbehelfen nicht an Formen und Fristen gebunden. Daß Art. 17 GG Grundrechtsschutz nur schriftlichen Bitten und Beschwerden gewährt, schließt die Zulässigkeit mündlicher Petitionen nicht aus.

   Förmliche Rechtsbehelfe kann nur derjenige einlegen, der durch die Verwaltungstätigkeit unmittelbar beschwert ist (vgl. Art. 19 Abs. 4 S. 1 GG und § 42 Abs. 2 VwGO). Formlose Rechtsbehelfe stehen demgegenüber grundsätzlich jedermann offen (vgl. Art. 17 GG).

   Den geringeren Zulässigkeitsanforderungen der formlosen Rechtsbehelfe entspricht aber auch ein geringerer Rechtsschutzanspruch des Bürgers. Derjenige, der einen förmlichen Rechtsbehelf einlegt, hat grundsätzlich einen Anspruch auf eine Entscheidung mit Begründung (vgl. § 73 VwGO über den Widerspruchsbescheid und § 117 VwGO über das verwaltungsgerichtliche Urteil). Hingegen gewähren formlose Rechtsbehelfe keinen Rechtsanspruch auf ein bestimmtes Tätigwerden. Der Bürger hat vielmehr nur einen Anspruch darauf, daß die Behörde seine Eingabe annimmt, prüft und ihm die Art der Erledigung formlos mitteilt. Auf wiederholtes unbegründetes Vorbringen in der gleichen Sache und auf unsachliche Eingaben in beleidigender Form braucht die Behörde gar nicht zu antworten. (Zum Rechtsschutz gegen Petitionsbescheide vgl. Stober, VR 1978, 175.)

Dafür ist die Einlegung formloser Rechtsbehelfe nicht mit einem Kostenrisiko verbunden, während derjenige, der einen förmlichen Rechtsbehelf ohne Erfolg erhoben hat, regelmäßig die Verfahrenskosten zu tragen hat (vgl. § 80 Abs. 1 S. 3 VwVfG für das Vorverfahren und § 154 Abs. 1 und 2 VwGO zur verwaltungsgerichtlichen Klage).

3. Art. 17 GG, die zentrale Rechtsgrundlage der formlosen Rechtsbehelfe, gewährt jedermann das Recht, sich einzeln oder in Gemeinschaft mit anderen schriftlich mit Bitten oder Beschwerden an die zuständigen Stellen und an die Volksvertretung zu wenden. Mit den zuständigen Stellen sind in erster Linie Behörden, mit der Volksvertretung der Bundestag und die Landtage gemeint.

Bei den formlosen Rechtsbehelfen, die an die Verwaltung gerichtet sind, lassen sich zwei Arten unterscheiden: die Gegenvorstellung und die Beschwerde.

Mit der Gegenvorstellung wendet sich der Bürger an die Behörde, die gehandelt hat bzw. die handeln soll, und bittet um eine Überprüfung und Abänderung der von ihr getroffenen Sachentscheidung. Eine Sonderform der Gegenvorstellung bilden die "Einwendungen", die nach einigen neueren Spezialgesetzen (vgl. z.B. §§ 21, 22 AbfG und § 10 Abs. 3 BImSchG) sowie allgemein im Verlauf vorgeschriebener Planfeststellungsverfahren (§ 73 VwVfG) gegen beabsichtigte Maßnahmen von den Betroffenen erhoben werden können und müssen, damit sie nicht ausgeschlossen sind.

Die Beschwerde richtet sich dagegen an die nächsthöhere Behörde. Der Zielrichtung nach unterscheidet man die Aufsichtsbeschwerde und die Dienstaufsichtsbeschwerde.

Die Aufsichtsbeschwerde hat die sachliche Überprüfung einer Entscheidung der nachgeordneten Behörde zum Gegenstand.

Die Dienstaufsichtsbeschwerde bezweckt demgegenüber die Überprüfung des persönlichen Verhaltens eines Bediensteten. Der Bürger hat aber weder ein subjektives öffentliches Recht auf Aufsichtsmaßnahmen noch auf disziplinarrechtliche Maßnahmen.

Hingewiesen sei noch darauf, daß für bestimmte Bereiche besondere "Beauftragte", z.B. der Bundesbeauftragte für den Datenschutz (§ 17 BDSG) oder der Wehrbeauftragte des Bundestags (Art. 45 b GG), bestellt sind, an die Eingaben zusätzlich gerichtet werden können.

Von besonderer Bedeutung ist die Möglichkeit, Anliegen auch vor die Volksvertretung zu bringen und damit die Legislative im Einzelfall auf die Initiative des Betroffenen hin zu einer Kontrolle der Verwaltung zu veranlassen. Zur Behandlung der Parlamentspetitionen haben der Bundestag und die einzelnen Länderparlamente jeweils einen Petitionsausschuß bestellt (vgl. Art. 45 c GG). Dieser hat die Petitionen sorgfältig zu prüfen, wobei ihm gesetzlich besondere Befugnisse verliehen sind, und dem Plenum einen Beschlußvorschlag zu unterbreiten. Das Parlament kann wegen der Gewaltenteilung keine Maßnahme der Exekutive aufheben oder abändern. Die Beschlüsse können nur, soweit die Petition nicht als erledigt oder als ungeeignet zur Beratung im Parlament angesehen wird, dahingehend lauten, die Petition der Bundesregierung zur Berücksichtigung, zur Erwägung, als Material oder zur Kenntnisnahme zu überweisen. Die Regierung ist zwar nicht rechtlich verpflichtet, den Beschluß der Volksvertretung auch auszuführen. Die Achtung vor dem erklärten Willen des Parlaments gebietet jedoch, der Aufforderung zur Abänderung einer Verwaltungsentscheidung so weit wie möglich nachzukommen.

Formlose Rechtsbehelfe erfüllen eine doppelte Funktion. Zum einen eröffnen sie dem Bürger außerhalb des förmlichen Rechtsschutzes mit seinen vielfältigen rechtlichen, wirtschaftlichen und psychologischen Zugangshemmnissen eine einfache und risikolose Möglichkeit, um Hilfe zu bitten. Zum anderen zeigen sie den staatlichen Organen, insbesondere den Parlamenten, wo den Bürger der Schuh drückt, so daß ihnen zugleich die Funktion eines "sozialen Frühwarnsystems" zukommt.
(Zur Behandlung von Petitionen durch Behörden vgl. Woike, DÖV 1984, 419.)

III. Der Widerspruch

A. Fragen

4. Welchen Zwecken dient das Vorverfahren?

5. Wie läuft das Vorverfahren ab?

6. Welche Zulässigkeitsvoraussetzungen sind zu beachten?

7. Inwieweit ist der Widerspruch statthaft?

8. Warum ist zu prüfen, ob der Verwaltungsrechtsweg gegeben ist?

9. Welche Form ist für den Widerspruch vorgeschrieben?

10. Welche Frist muß der Widerspruch wahren? Nach welchen Vorschriften wird die Frist berechnet? Prüfen Sie, ob folgende Widersprüche fristgerecht erhoben sind:

Bekanntgabe	Einlegung des Widerspruchs
a) 15. September	15. Oktober 23 Uhr
b) 10. März	14. April (Osterdienstag)
c) 31. Januar	1. März

Ist jeder Widerspruch, der nach Ablauf eines Monats eingeht, unzulässig?

11. Wo ist der Widerspruch einzulegen?

12. Wer ist widerspruchsbefugt?

13. Wann ist der Widerspruch begründet?

14. Welche Behörde erläßt den Widerspruchsbescheid?

15. Darf die Widerspruchsbehörde im Widerspruchsbescheid den angegriffenen Verwaltungsakt zum Nachteil des Widerspruchsführers verschlechtern?

16. Inwieweit hat der Widerspruch aufschiebende Wirkung? Welche Folgen hat die aufschiebene Wirkung?

B. Antworten

4. Zentraler außergerichtlicher förmlicher Rechtsbehelf ist der Widerspruch. Das Widerspruchsverfahren ist noch Verwaltungsverfahren, zugleich aber schon Vorverfahren zum Verwaltungsgerichtsprozeß. Seine Rechtsgrundlagen ergeben sich daher sowohl aus dem Prozeßrecht (§§ 68 ff. VwGO in Verbindung mit landesrechtlichen Ausführungsgesetzen) als auch (subsidiär) aus dem Verwaltungsverfahrensrecht (§§ 79, 80 VwVfG).

   Das Widerspruchsverfahren dient drei verschiedenen Zwecken:

   Erstens ermöglicht es eine letzte umfassende Überprüfung der Maßnahme durch die Verwaltung vor der gerichtlichen Klage und bezweckt damit eine Selbstkontrolle der Verwaltung.

   Zweitens soll mit Hilfe des Vorverfahren eine Entlastung der Verwaltungsgerichte erreicht werden, indem der Streit durch Aufhebung oder Abänderung der Maßnahme vielfach schon im vorgerichtlichen Bereich beigelegt werden kann.

Drittens erhält der Bürger damit eine zusätzliche Rechtsschutzmöglichkeit, die in der Regel schneller und mit geringerem Kostenrisiko zum Erfolg führen kann als eine Klage.
(Literatur zum Widerspruchsverfahren: Köstering/Günther, Das Widerspruchsverfahren, 2. Auflage 1983; Maurer, DVP 1978, 121; von Mutius, Jura 1979, RÖR 18 bis 24; Schapals, Verfahren nach der Verwaltungsgerichtsordnung, 3. Auflage 1982, IX. Abschnitt; Schütz, VBWV 1981, 5.)

5. Das Vorverfahren beginnt mit der Erhebung des Widerspruchs (§ 69 VwGO).

Diesen hat zunächst wegen § 72 VwGO die Behörde zu prüfen, die den angefochtenen Verwaltungsakt erlassen hat (Ausgangs- oder Abhilfebehörde). Sie soll die Gelegenheit haben, ihre Entscheidung noch einmal zu überdenken, bevor sich eine andere Stelle damit befaßt.

Hält sie den Widerspruch für zulässig und begründet, so hilft sie ihm ab und entscheidet über die Kosten (§ 72 VwGO). Abhilfe bedeutet, daß sie dem Rechtsschutzbegehren des Widerspruchsführers nachkommt und den angegriffenen Verwaltungsakt aufhebt oder abändert bzw. den beantragten Verwaltungsakt nunmehr erläßt.

Hält die Ausgangsbehörde den Widerspruch hingegen (teilweise) für unzulässig oder unbegründet, darf sie ihn nicht verwerfen, sondern muß ihn (insoweit) unverzüglich an die zuständige Widerspruchsbehörde zur Entscheidung weiterleiten. Das geschieht üblicherweise in der Form, daß sie in einem sog. Vorlagebericht der Widerspruchsbehörde den Sachverhalt, den bisherigen Verfahrensablauf und ihre rechtliche Würdigung darlegt und das Widerspruchsschreiben mit den dazugehörigen Akten als Anlage übersendet.

Die Widerspruchsbehörde (siehe dazu Frage 14) tritt grundsätzlich voll in die Rechtsposition der Ausgangsbehörde ein. Sie ist nicht wie das Gericht auf eine begrenzte Nachprüfung des Erstbescheids beschränkt, sondern trifft, wenn der Widerspruch zulässig ist, eine eigene, neue Sachentscheidung aufgrund der im Zeitpunkt ihrer Entscheidung bestehenden Sach- und Rechtslage. Die Entscheidung erfolgt durch einen sog. Widerspruchsbescheid (§ 73 Abs. 1 S. 1 VwGO), der eine Kostenentscheidung enthalten muß, zu begründen, mit einer Rechtsmittelbelehrung zu versehen und zuzustellen ist (§ 73 Abs. 2 VwGO).

(Den Ablauf des (Verwaltungs- und) Widerspruchsverfahrens veranschaulicht anhand eines praktischen Falles mit Aufbauschemata und Bescheidmustern Wind, VR 1981, 348 und 398; 1982, 23 und 58.)

6. Als förmlicher Rechtsbehelf ist der Widerspruch an bestimmte Zulässigkeitsvoraussetzungen gebunden, die von der Abhilfe- und der Widerspruchsbehörde als erstes zu überprüfen sind. Nur wenn die Zulässigkeit des Rechtsbehelfs zu bejahen ist, ist die Behörde verpflichtet, in die sachliche Prüfung einzutreten.

Der Widerspruch ist zulässig, wenn er statthaft ist, im Verwaltungsrechtsweg form- und fristgerecht bei der richtigen Behörde erhoben wurde, die allgemeinen Zulässigkeitsvoraussetzungen (Beteiligungs- und Handlungsfähigkeit, richtige Vertretung, Rechtsschutzinteresse) gegeben sind und der Widerspruchsführer widerspruchsbefugt ist (siehe auch das Prüfungsschema im Anhang).

Manche Prüfungsschemata enthalten als weiteren Punkt die Frage nach der richtigen Widerspruchsbehörde. Diese Frage wird zum Zulässigkeitsproblem aber nur in dem Sonderfall, daß der Widerspruch nicht bei der Ausgangsbehörde, sondern bei einer anderen Behörde eingelegt worden ist. Wegen § 70 Abs. 1 S. 2 VwGO ist dann zu prüfen, ob diese Behörde die Widerspruchsbehörde ist (vgl. Frage 11). Im übrigen hat die Bestimmung der richtigen Widerspruchsbehörde aber, weil das Gesetz gerade nicht die Einlegung des Rechtsbehelfs bei der Widerspruchsbehörde vorschreibt, keine Bedeutung für die Zulässigkeit des Widerspruchs. Es handelt sich vielmehr um eine Frage, die sich erst im weiteren Verlauf des Widerspruchsverfahrens stellt. Die Ausgangsbehörde muß, falls sie nicht abhilft, feststellen, wem sie den Widerspruch zur Entscheidung vorlegen muß. Die Behörde, die den Widerspruch vorgelegt bekommt, muß als erstes ihre Entscheidungszuständigkeit nach § 73 VwGO prüfen.

7. Statthaft ist der Widerspruch zunächst, soweit er spezialgesetzlich vorgeschrieben ist.

Wichtiges Beispiel ist § 126 Abs. 3 BRRG (in Verbindung mit § 172 BBG bzw. der entsprechenden Vorschrift des LBG), der für alle Klagen der Beamten, Ruhestandsbeamten, früheren Beamten und Hinterbliebenen aus dem Beamtenverhältnis ein Vorverfahren vorschreibt.

Im übrigen ist der Widerspruch dann statthaft, wenn er gegen einen Verwaltungsakt (§ 68 Abs. 1 S. 1 VwGO) oder gegen die Ablehnung eines

Antrags auf Vornahme eines Verwaltungsakts (§ 68 Abs. 2 VwGO) gerichtet und ein Vorverfahren nicht nach § 68 Abs. 1 S. 2 VwGO entbehrlich ist.

An dieser Stelle muß also bei der Fallbearbeitung geprüft werden, ob die angegriffene oder erstrebte Maßnahme einen Verwaltungsakt im Sinne des § 35 VwVfG darstellt. Trotz Vorliegens des geforderten Rechtsschutzziels ist der Widerspruch nach § 68 Abs. 1 S. 2 VwGO in drei Fällen unstatthaft, nämlich

wenn ein Gesetz für besondere Fälle vorschreibt, daß es eines Vorverfahrens nicht bedarf (z.B. § 6 AG VwGO NW; §§ 70, 74 Abs. 1 VwVfG; § 25 Abs. 4 AbfG; § 112 GO NW),

wenn der Verwaltungsakt von einer obersten Bundes- oder Landesbehörde erlassen worden ist (wegen der vermeintlich höheren Qualität solcher Verwaltungsakte und weil es keine nächsthöhere Behörde gibt), außer wenn ein Gesetz die Nachprüfung vorschreibt (z.B. § 55 PBefG; § 126 Abs. 3 Nr. 1 BRRG), oder

wenn ein Dritter durch einen Widerspruchsbescheid erstmalig beschwert wird (Beispiel: Die Widerspruchsbehörde erteilt die zunächst versagte Baugenehmigung, wodurch der Nachbar erstmalig beschwert wird. Grund: Eine Selbstkontrolle der Verwaltung hat bereits stattgefunden, weshalb ein weiteres zeitaufwendiges Widerspruchsverfahren als unangebrachte Verzögerung des Rechtsschutzes erscheinen würde).

8. Das Widerspruchsverfahren ist in der VwGO geregelt als Vorverfahren zur Anfechtungsklage und teilweise auch zur Verpflichtungsklage. Ein Widerspruchsverfahren kann daher grundsätzlich nur stattfinden, wenn nach seinem erfolglosen Ausgang auch der Verwaltungsrechtsweg beschritten werden kann (strittig).

Die <u>Zulässigkeit des Verwaltungsrechtswegs</u> ergibt sich entweder aus Sonderzuweisungen (z.B. § 126 Abs. 1 und 2 BRRG; § 48 Abs. 6 VwVfG) oder aus der Generalklausel des § 40 Abs. 1 VwGO (siehe im einzelnen Frage 17).

Obwohl die Zulässigkeit des Verwaltungsrechtswegs an sich gegenüber der Statthaftigkeit des Widerspruchs als die grundsätzlichere Voraussetzung vorrangig ist, empfiehlt es sich regelmäßig aus Zweckmäßigkeitsgründen, sie erst an zweiter Stelle zu prüfen. Mit der Einordnung der in Frage stehenden Maßnahme als Verwaltungsakt steht nämlich zugleich fest, daß es sich um eine öffentlichrechtliche Streitigkeit nichtverfassungsrechtlicher Art handelt, womit im Rahmen des § 40 Abs. 1 VwGO nur noch die Frage einer Zuweisung an ein anderes Gericht erörtert werden muß.

9. Nach § 70 Abs. 1 S. 1 VwGO ist der Widerspruch schriftlich oder zur Niederschrift zu erheben.

Die Schriftform erfordert grundsätzlich eine eigenhändige Unterschrift des Widerspruchsführers oder seines Vertreters (nach BVerwGE 30, 274 ist auch der eigenhändig vollzogene Absendervermerk auf dem Briefumschlag ausreichend). Zur Niederschrift bei der Behörde bedeutet, daß der Widersprechende bei der Behörde erscheint, sein mündlich vorgetragenes Begehren von einem Bediensteten schriftlich festhalten läßt und den Inhalt der Urkunde, die jedenfalls vom Bediensteten eigenhändig zu unterschreiben ist, genehmigt. Mündliche, insbesondere telefonische Erklärungen reichen selbst dann nicht aus, wenn sie von dem Bediensteten in einem Aktenvermerk niedergelegt werden, weil es an der gleichzeitigen Anwesenheit des Erklärenden und des schreibenden Bediensteten fehlt.

Besondere Anforderungen an den Inhalt des Widerspruchsschreibens bestehen nicht. Weder ist die ausdrückliche Bezeichnung als "Widerspruch" noch ein bestimmter Antrag oder eine Begründung erforderlich. Selbst unrichtige Bezeichnungen wie "Einspruch" oder "Beschwerde" schaden nicht, wenn aus der Erklärung hinreichend deutlich wird, daß der Betroffene sich gegen die Vornahme oder Ablehnung eines bestimmten Verwaltungsakts wendet und eine umfassende Nachprüfung mit allen Konsequenzen (Kostenrisiko!) begehrt.

10. Der Widerspruch ist gemäß § 70 Abs. 1 S. 1 VwGO innerhalb eines Monats nach Bekanntgabe des Verwaltungsakts gegenüber dem Beschwerten zu erheben.

Ein Verwaltungsakt, der förmlich durch die Post mit Zustellungsurkunde (§ 3 VwZG) oder durch die Behörde gegen Empfangsbekenntnis (§ 5 VwZG) zugestellt worden ist, ist an dem in der Zustellungsurkunde bzw. im Empfangsbekenntnis vermerkten Tag bekanntgegeben. Ein durch die Post mittels eingeschriebenen Briefs zugestellter (§ 4 VwZG) oder formlos übermittelter (§ 41 Abs. 2 VwVfG) Verwaltungsakt gilt mit dem dritten Tag nach der Aufgabe zur Post als bekanntgegeben, außer wenn er nicht oder zu einem späteren Zeitpunkt zugegangen ist. Für öffentlich bekanntgegebene schriftliche Verwaltungsakte gilt grundsätzlich eine Schutzfrist von zwei Wochen (§ 41 Abs. 4 VwVfG).

Erhoben ist der Widerspruch mit dem Eingang bei der richtigen Behörde (siehe dazu Frage 11).

Nach welchen Vorschriften sich die Frist berechnet, ist umstritten. Teilweise wird unter Hinweis auf den in § 79 VwVfG festgelegten Vorrang der VwGO § 57 Abs. 2 VwGO mit seiner Verweisung auf Vorschriften der Zivilprozeßordnung herangezogen. Die Gegenmeinung wendet über § 79 VwVfG § 31 VwVfG an, wobei sie zu Recht vorbringen kann, daß § 70 Abs. 2 VwGO nur auf die §§ 58 und 60 Abs. 1 bis 4 verweist, die Allgemeinen Verfahrensvorschriften der §§ 54 ff. VwGO im übrigen aber ebenso wie die über § 57 Abs. 2 VwGO anwendbaren §§ 224 bis 226 ZPO eindeutig nur auf das gerichtliche Verfahren zugeschnitten sind. Sachliche Auswirkungen hat der Meinungsstreit nicht, zumal sowohl § 222 Abs. 1 ZPO als auch § 31 Abs. 1 VwVfG im wesentlichen auf die §§ 188 bis 193 BGB weiterverweisen.

a) Der Lauf der Frist beginnt mit dem Tag, der auf die Bekanntgabe des Verwaltungsakts folgt (§§ 31 Abs. 2, 79 VwVfG bzw. § 187 Abs. 1 BGB, § 222 Abs. 1 ZPO, § 57 Abs. 2 VwGO). Demgemäß beginnt die Widerspruchsfrist im Beispiel a) am 16. September zu laufen und endet am 15. Oktober (der 16. Oktober wäre bereits der erste Tag des nächsten Monats). Daraus ergibt sich die einfache, in § 188 Abs. 2 1. Halbsatz BGB niedergelegte Regel: Die Frist endet mit dem Ablaufe desjenigen Tags des darauffolgenden Monats, der das gleiche Datum trägt wie der Tag der Bekanntgabe. Der letzte Tag läuft um 24 Uhr und nicht etwa schon bei Büroschluß der Behörde ab (BVerwGE 18, 51). Folglich ist der Widerspruch im Beispiel a) fristgerecht erhoben.

b) Fällt das Ende einer Frist auf einen Sonntag, einen gesetzlichen Feiertag oder einen Sonnabend, so endet die Frist mit dem Ablauf des nächstfolgenden Werktages (§§ 31 Abs. 3 S. 1, 79 VwVfG bzw. § 222 Abs. 2 ZPO, § 57 Abs. 2 VwGO). Damit endet die Widerspruchsfrist, deren letzter Tag auf einen Karfreitag fällt, erst am Osterdienstag um 24 Uhr, so daß der Widerspruch im Fall b) ebenfalls fristgerecht erhoben worden ist.

c) Fehlt bei einer nach Monaten bestimmten Frist in deren letzten Monate der für ihren Ablauf maßgebende Tag, so endigt die Frist mit dem Ablaufe des letzten Tages dieses Monats (§ 188 Abs. 3 BGB i.V.m. §§ 31 Abs. 1, 79 VwVfG bzw. §§ 57 Abs. 2 VwGO, 222 Abs. 1 ZPO). Gegen einen am 31. Januar bekanntgegebenen Verwaltungsakt kann daher nur bis zum Ablauf des 28. bzw. 29. Februar Widerspruch eingelegt werden. Der am 1. März eingegangene Widerspruch ist folglich verspätet.

Die Widerspruchsfrist von einem Monat beginnt gemäß §§ 70 Abs. 2, 58 Abs. 1 VwGO nur zu laufen, wenn der Beteiligte über den Rechtsbehelf, die Verwaltungsbehörde, bei der der Rechtsbehelf einzulegen ist, ihren Sitz und die einzuhaltende Frist schriftlich belehrt worden ist (zur fehlerfreien Rechtsbehelfsbelehrung vgl. Schmahl, DVP 1984, 35). Ist die Belehrung unterblieben oder unrichtig erteilt, kann Widerspruch grundsätzlich innerhalb eines Jahres eingelegt werden (§§ 70 Abs. 2, 58 Abs. 2 VwGO).

In Klausuren wird die Jahresfrist meist durch Belehrungen dahingehend ausgelöst, daß Widerspruch binnen vier Wochen (statt eines Monats), schriftlich (Alternative zur Niederschrift fehlt) oder mit Begründung in doppelter Ausfertigung (unzulässige Erschwerung des Rechtsbehelfs; vgl. BVerwGE 57, 188) einzulegen ist.

Wenn jemand ohne Verschulden verhindert war, die Widerspruchsfrist einzuhalten (z.B. wegen Urlaub oder Krankenhausaufenthalt), so ist ihm auf Antrag nach §§ 70 Abs. 2, 60 Abs. 1 bis 4 VwGO Wiedereinsetzung in den vorigen Stand zu gewähren.

Im übrigen liegt es nach Auffassung der Rechtsprechung im Ermessen der Widerspruchsbehörde, ob sie über einen verspäteten Widerspruch in der Sache entscheiden oder ihn als unzulässig zurückweisen will (vgl. dazu Linhart, APF 1984, 90; ablehnend Judick, NVwZ 1984, 356). Jedenfalls kann ein verspäteter Widerspruch in einen formlosen Rechtsbehelf umgedeutet und zum Anlaß für Aufsichtsmaßnahmen genommen werden.

11. Der Widerspruch ist wegen der Abhilfebefugnis (§ 72 VwGO) bei der Behörde einzulegen, die den Verwaltungsakt erlassen (bzw. den beantragten Verwaltungsakt abgelehnt) hat (§ 70 Abs. 1 S. 1 VwGO).

Die Frist wird auch durch Einlegung bei der Behörde, die den Widerspruchsbescheid zu erlassen hat, gewahrt (§ 70 Abs. 1 S. 2 VwGO).

Im übrigen ist auch ein Widerspruch, der an eine dritte Behörde adressiert ist, nicht ohne weiteres unzulässig. Leitet diese Behörde ihn an die Ausgangs- oder Widerspruchsbehörde weiter und geht er dort noch innerhalb der Widerspruchsfrist ein, sind die Anforderungen des § 70 Abs. 1 VwGO erfüllt.

12. Widerspruchsbefugt ist analog § 42 Abs. 2 VwGO nur, wer geltend macht, durch den Verwaltungsakt oder seine Ablehnung in seinen Rechten verletzt zu sein.

Damit soll sichergestellt werden, daß Widersprüche von Personen, die von der Maßnahme gar nicht betroffen werden (sog. Popularwidersprüche), als unzulässig zurückgewiesen werden können.

Die bloße Behauptung der rechtlichen Betroffenheit reicht nicht aus, um eine Rechtsverletzung geltend zu machen. Der Widerspruchsführer muß vielmehr schlüssig dartun, daß eine Verletzung seines geschützten Rechtskreises durch die Vornahme bzw. Ablehnung des Verwaltungsakts - dessen Rechtswidrigkeit oder Unzweckmäßigkeit unterstellt - zumindest möglich erscheint (Möglichkeitstheorie).

Das kann ohne weiteres bejaht werden, wenn der Adressat eines belastenden Verwaltungsakts Widerspruch erhebt, da er zumindest in seinem Recht auf freie Entfaltung der Persönlichkeit (Art. 2 Abs. 1 GG) verletzt sein könnte (Adressatentheorie). Legt hingegen ein Dritter Widerspruch ein (z.B. der Nachbar des Bauherrn, der Konkurrent des Subventionierten, die Ehefrau des ausgewiesenen Ausländers), muß sorgfältig geprüft werden, ob er ein eigenes subjektives öffentliches Recht haben kann (z.B. der Nachbar aus nachbarschützenden Bestimmungen des Baurechts, der Konkurrent aus Art. 3 und 12 GG, die Ehefrau aus Art. 6 GG, vgl. auch Teil 1 Frage 17).

Ob eine Rechtsverletzung tatsächlich vorliegt, wird erst im Rahmen der Begründetheitsprüfung untersucht.

13. Der Widerspruch ist zunächst nach § 68 VwGO i.V.m. § 113 Abs. 1 S. 1 bzw. Abs. 4 VwGO analog begründet, wenn die Vornahme oder Ablehnung des Verwaltungsakts (im Beamtenrecht auch einer sonstigen Maßnahme) rechtswidrig ist und der Widerspruchsführer dadurch in seinen Rechten verletzt ist.

Begehrt der Widerspruchsführer die Aufhebung eines belastenden Verwaltungsakts (Anfechtungswiderspruch), muß folglich geprüft werden, ob dieser Verwaltungsakt die Rechtmäßigkeitsanforderungen in formeller und materieller Hinsicht erfüllt (vgl. die Aufbauschemata 1 und 2 im Anhang). Dabei kommt es - anders als bei der Anfechtungsklage - grundsätzlich auf die Sach- und Rechtslage zum Zeitpunkt des Erlasses des Widerspruchsbescheids an. Die Widerspruchsbehörde trifft eine eigene Entscheidung, weshalb sie während des Widerspruchsverfahrens eingetretene Änderungen in den tatsächlichen oder rechtlichen Grundlagen des Verwaltungsakts zu beachten hat. Wird die Rechtswidrigkeit des Verwaltungsakts bejaht, darf nicht vergessen werden zu erörtern, ob der Widerspruchsführer dadurch in seinen Rechten verletzt ist. Dabei kann meist auf die Ausführungen zur Widerspruchsbefugnis weitgehend Bezug genommen werden.

Begehrt der Widerspruchsführer den Erlaß eines abgelehnten Verwaltungsakts (Verpflichtungswiderspruch), ist regelmäßig nicht die Rechtmäßigkeit der Ablehnung zu prüfen (Ausnahme: das Gesetz geht vom grundsätzlichen Bestehen eines Anspruchs aus und regelt nur abschließend die Ablehnungsgründe, vgl. z.B. § 4 GastG), sondern danach zu fragen, ob der Widerspruchsführer einen Anspruch (ein subjektives öffentliches Recht) auf die beantragte Begünstigung hat.

Im Unterschied zur gerichtlichen Klage ist der Widerspruch außerdem dann begründet, wenn die Vornahme oder Ablehnung des Verwaltungsakts unzweckmäßig ist und das Ermessen auch im Interesse des Widerspruchsführers eingeräumt ist (§ 68 VwGO). Indem die eigentliche Ermessensentscheidung in die Prüfung einbezogen wird, werden auch außerrechtliche Maßstäbe wie verwaltungspolitische, ökonomische oder ökologische Gesichtspunkte verwertbar. In der Klausur kann dazu allerdings regelmäßig nichts gesagt werden.

14. Den Widerspruchsbescheid erläßt nach § 73 Abs. 1 S. 2 Nr. 1 VwGO grundsätzlich die nächsthöhere Behörde (beschränkter Devolutiveffekt). Das ist die Behörde, die nach dem einschlägigen Organisationsrecht des Bundes oder des Landes der Ausgangsbehörde unmittelbar übergeordnet ist (also z.B. im Land NW der Oberkreisdirektor gegenüber dem Stadt- bzw. Gemeindedirektor, der Regierungspräsident gegenüber dem Oberkreis- oder Oberstadtdirektor).

Statt der nächsthöheren Behörde kann durch Gesetz eine andere höhere Behörde bestimmt werden (§ 73 Abs. 1 S. 2 Nr. 1 VwGO letzter Halbsatz). An ihre Stelle können auch besondere Ausschüsse oder Beiräte treten (§ 73 Abs. 2 VwGO, z.B. die Stadt- und Kreisrechtsausschüsse nach § 6 AG VwGO RhPf).

In den Fällen des § 73 Abs. 1 S. 2 Nr. 2 und 3 VwGO erläßt sogar die Ausgangsbehörde selbst den Widerspruchsbescheid.

Eine solche Ausnahme von Grundsatz des zweistufigen Widerspruchsverfahrens ist zum einen gegeben, wenn die nächsthöhere Behörde eine oberste Bundes- oder Landesbehörde ist (§ 73 Abs. 1 S. 2 Nr. 2 VwGO). Diese Behörden sollen nicht mit der Überprüfung von Einzelfallregelungen der nachgeordneten Behörden belastet werden. In beamtenrechtlichen Streitigkeiten erläßt jedoch gemäß § 126 Abs. 3 Nr. 2 grundsätzlich die oberste Dienstbehörde den Widerspruchsbescheid. Sie kann die Entscheidung allerdings für Fälle, in denen sie den Verwaltungsakt nicht selbst erlassen hat, durch allgemeine Anordnung auf andere Behörden übertragen, was weitgehend geschehen ist.

Zum anderen erläßt in Selbstverwaltungsangelegenheiten die Selbstverwaltungsbehörde den Widerspruchsbescheid, soweit nicht durch Gesetz anderes bestimmt wird (§ 73 Abs. 1 S. 2 Nr. 3 VwGO). § 7 AG VwGO NW stellt klar, daß es in Angelegenheiten, die den Gemeinden und Kreisen als Pflichtaufgaben zur Erfüllung nach Weisung übertragen sind (prüfungsrelevant sind insbesondere die Aufgaben der örtlichen Ordnungsbehörden und Kreisordnungsbehörden, § 3 Abs. 1 OBG NW), bei der Entscheidungszuständigkeit der Aufsichtsbehörde bleibt.

15. Die Frage der <u>Zulässigkeit einer Verböserung</u> (reformatio in peius) zu Lasten des Widerspruchsführers ist in der VwGO im Unterschied zum Verwaltungsprozeß, für den die §§ 88, 129, 141 VwGO ein Verschlechterungsverbot begründen, nicht geregelt.

Nach der bisher herrschenden Ansicht wurde eine Verböserung des angegriffenen Verwaltungsakts grundsätzlich für zulässig erachtet, wenn und soweit gesetzlich nichts anderes bestimmt ist. Zur Begründung wurde vor allem auf den Zweck des Vorverfahrens hingewiesen, der Verwaltung eine umfassende Selbstkontrolle zu ermöglichen.

Das Bundesverwaltungsgericht (BVerwGE 65, 313, 319) hat jüngst die Maßstäbe umgekehrt: Es hält nunmehr eine reformatio in peius nur noch für zulässig "nach Maßgabe des jeweils anzuwendenden Bundes- oder Landesrechts, also vorrangig, nach Maßgabe positivrechtlicher Spezialregelungen oder, wo solche fehlen, nach den Grundsätzen über die Rücknahme und den Widerruf von Verwaltungsakten". Ob damit in der Praxis die Möglichkeit einer Verschlechterung wesentlich eingeschränkt ist, darf allerdings bezweifelt werden. Dem Vertrauensschutz wird nämlich im Rahmen der §§ 48, 49 VwVfG regelmäßig keine große Bedeutung zukommen, weil der Betroffene mit seinem Widerspruch selbst die Ursache für die Unbeständigkeit des Verwaltungsakts gesetzt hat und sein Verhalten an dieser Unbeständigkeit ausrichten muß.

16. Nach § 80 Abs. 1 VwGO haben Widerspruch und Anfechtungsklage grundsätzlich aufschiebende Wirkung (beschränkter Suspensiveffekt). Damit soll verhindert werden, daß durch eine Vollziehung des Verwaltungsakts bereits vollendete Tatsachen geschaffen werden, obwohl über seine Verbindlichkeit noch gestritten wird. Widerspruch im Sinne des § 80 Abs. 1 VwGO kann demnach nur der Anfechtungswiderspruch sein, da beim Verpflichtungswiderspruch keine Regelung vorhanden ist, deren Vollziehung gehemmt werden könnte.

Die aufschiebende Wirkung tritt erst mit Einlegung des Rechtsbehelfs, dann aber rückwirkend auf den Zeitpunkt des Erlasses des Verwaltungsakts ein. Sie dauert grundsätzlich bis zum Eintritt der Unanfechtbarkeit des betroffenen Verwaltungsakts fort, endet also nach h.M. insbesondere noch nicht mit dem Erlaß des Widerspruchsbescheids.

Der Grundsatz der aufschiebenden Wirkung ist aber nicht unerheblich durchbrochen.

Nach § 80 Abs. 2 VwGO entfällt die aufschiebende Wirkung ohne weiteres nach Nr. 1 bei der Anforderung von öffentlichen Abgaben (Steuern, Gebühren, Beiträgen) und Kosten (die Haushaltslage der öffentlichen Hand soll nicht dadurch gefährdet werden, daß massenweise unberechtigt Widerspruch mit dem Ziele eingelegt wird, einen Zahlungsaufschub zu erreichen),

nach Nr. 2 bei unaufschiebbaren Anordnungen von Polizeivollzugsbeamten (unabdingbar für eine effektive Gefahrenabwehr; analoge Anwendung auf Verkehrszeichen),

nach Nr. 3 in anderen durch Bundesgesetze vorgeschriebenen Fällen (z.B. § 21 Abs. 3 S. 2 AuslG; §§ 33 Abs. 5 S. 2, 35 Abs. 1 S. 1 WPflG).

Nach § 187 Abs. 3 VwGO haben Rechtsbehelfe, die sich gegen Maßnahmen richten, die in der Verwaltungsvollstreckung getroffen werden, keine aufschiebende Wirkung, soweit dies landesrechtlich bestimmt ist (vgl. z.B. § 8 AG VwGO NW).

Während in diesen Fällen der Ausschluß der aufschiebenden Wirkung als gesetzliche Folge der Art des Verwaltungsakts automatisch eintritt, eröffnet § 80 Abs. 2 Nr. 4 VwGO der Verwaltung die Möglichkeit, die aufschiebende Wirkung bei jeder Art von Verwaltungsakt im Einzelfall durch Anordnung der sofortigen Vollziehung auszuschließen. Die Anordnung kann sowohl von der Ausgangsbehörde (gleichzeitig mit dem Erlaß des Verwaltungsakts oder erst später) als auch von der Widerspruchsbehörde getroffen werden. Sie muß stets ausdrücklich erfolgen. Voraussetzung ist ein besonderes Interesse an der sofortigen Vollziehung des Verwaltungsakts im öffentlichen Interesse oder im überwiegenden Interesse eines Beteiligten (Hauptanwendungsbereich sind Ordnungsverfügungen). Dieses besondere Interesse ist schriftlich zu begründen (§ 80 Abs. 3 S. 1 VwGO; Ausnahme nach Satz 2 nur für als solche bezeichnete Notstandsmaßnahmen). Wegen der großen Mißbrauchsgefahr besteht die Rechtsprechung streng auf einer auf den konkreten Fall abgestellten und nicht lediglich formelhaften, für den Betroffenen nachvollziehbaren Begründung.

In den Fällen des § 80 Abs. 2 VwGO kann die Widerspruchsbehörde von sich aus oder auf Antrag des Betroffenen die Vollziehung aussetzen (§ 80 Abs. 4 VwGO). Außerdem kann gemäß § 80 Abs. 5 VwGO das Gericht der Hauptsache auf Antrag die aufschiebende Wirkung ganz oder teilweise anordnen bzw. wiederherstellen.

Welche Rechtsfolgen der aufschiebenden Wirkung zukommen, ist noch nicht endgültig geklärt. Nach h.M. hemmt die aufschiebende Wirkung nicht die Wirksamkeit, sondern lediglich die Vollziehbarkeit des Verwaltungsakts. Damit werden zunächst alle (weiteren) Vollstreckungsmaßnahmen im engeren Sinne vom Zeitpunkt des Eintritts der aufschiebenden Wirkung an unzulässig. Darüber hinaus dürfen Behörde und Bürger auch keine sonstigen Folgerungen aus dem Verwaltungsakt ziehen (z.B. darf der entlassene Beamtenanwärter weiter am Unterricht teilnehmen und muß weiter Anwärterbezüge erhalten). Mit Eintritt der Unanfechtbarkeit müssen sich aber alle Beteiligten grundsätzlich so behandeln lassen, wie es der von Anfang an gegebenen vollen Wirksamkeit des Verwaltungsakts entspricht (also muß der Anwärter die zu Unrecht erhaltenen Bezüge zurückzahlen). Es können aber keine Strafen oder Geldbußen verhängt werden für Handlungen während der Dauer der aufschiebenden Wirkung, da der Bürger das an ihn gerichtete Gebot in dieser Zeit noch nicht beachten mußte.
(Vgl. Erichsen, Jura 1984, 414 sowie die Literaturhinweise zu Frage 25.)

IV. Verwaltungsgerichtlicher Rechtsschutz

A. Fragen

17. Wann ist der Verwaltungsrechtsweg zulässig?

18. Wie ist die allgemeine Verwaltungsgerichtsbarkeit aufgebaut?

19. Welche Funktion haben die verschiedenen Klagearten? Welche Klagearten kennt die VwGO? Was hat zu geschehen, wenn auf eine Streitigkeit, für die die allgemeinen Zulässigkeitsvoraussetzungen gegeben sind, keine Klageart von der Rechtsschutzform her paßt?

20. Wann liegt eine Anfechtungsklage vor? Welche besonderen Zulässigkeitsvoraussetzungen bestehen für die Anfechtungsklage? Wann ist sie begründet?

21. Wie steht es insoweit mit der Verpflichtungsklage?

22. Wann ist eine allgemeine Leistungsklage statthaft, zulässig und begründet?

23. Welche besonderen Anforderungen werden an die Zulässigkeit und Begründetheit einer Feststellungsklage gestellt?

24. Was ist Gegenstand der Normenkontrollklage nach § 47 VwGO?

25. In welcher Weise gewährt die VwGO vorläufigen Rechtsschutz?

B. Antworten

17. Die Zulässigkeit des Verwaltungsrechtsweges, d.h. der Zugang zu den (allgemeinen) Verwaltungsgerichten, ergibt sich zunächst aus einigen Spezialzuweisungen (z.B. § 126 Abs. 1 und 2 BRRG; § 59 SoldatenG; § 48 Abs. 6 VwVfG), im übrigen aus der Generalklausel des § 40 Abs. 1 VwGO. Danach ist der Verwaltungsrechtsweg in allen öffentlichrechtlichen Streitigkeiten nichtverfassungsrechtlicher Art gegeben, soweit die Streitigkeiten nicht einem anderen Gericht ausdrücklich zugewiesen sind.

Die öffentlichrechtlichen Streitigkeiten sind insbesondere abzugrenzen gegenüber den bürgerlichrechtlichen Streitigkeiten, die durch § 13 GVG den ordentlichen Gerichten zugewiesen sind. Öffentlichrechtlich ist eine Streitigkeit dann, wenn sich ihre Hauptfrage nach Rechtsvorschriften richtet, die dem öffentlichen Recht zuzurechnen sind.

Gemeint ist das öffentliche Recht im engeren Sinne, so daß das Strafrecht und das Prozeßrecht ausscheiden. (Zur Abgrenzung im einzelnen vgl. bereits Teil 1 Frage 7.)

Verfassungsrechtliche Streitigkeiten sind nur Streitigkeiten zwischen am Verfassungsleben unmittelbar beteiligten Rechtsträgern sowie sonstige herkömmlicherweise ausschließlich dem Verfassungsrecht zugerechnete Streitigkeiten. Eine öffentlichrechtliche Streitigkeit wird insbesondere noch nicht dadurch verfassungsrechtlicher Art, weil der Bürger sich gegenüber dem Staat auf Grundrechte oder sonstige Verfassungsprinzipien beruft. Mit dem Merkmal "nichtverfassungsrechtlicher Art" soll eine Abgrenzung gegenüber den Zuständigkeiten des Bundesverfassungsgerichts und der Landesverfassungsgerichte vorgenommen werden. Bei der Prüfung, ob eine verfassungsrechtliche Streitigkeit vorliegt, können deshalb die für diese Gerichte geltenden Zuständigkeitskataloge (für das BVerfG Art. 93 GG, § 13 BVerfGG; für den Verfassungsgerichtshof NW als Beispiel Art. 75 Verfassung NW, § 13 VGHG NW) als Entscheidungshilfe herangezogen werden.

Öffentlichrechtliche Streitigkeiten sind zum Teil besonderen Verwaltungsgerichten (Sozial-, Finanz-, Disziplinar-, Dienst- und Berufsgerichte) oder den ordentlichen Gerichten (Art. 14 Abs. 3 S. 4 GG: Enteignungsentschädigung; § 40 Abs. 2 VwGO: vermögensrechtliche Ansprüche aus Aufopferung, öffentlichrechtlicher Verwahrung und Amtshaftung; § 49 Abs. 5 S. 3 VwVfG: Entschädigung bei Widerruf; §§ 157 ff. BBauG: Baulandsachen; §§ 62 ff. GWB: Verfügungen der Kartellbehörde; §§ 23 ff. EGGVG: Justizverwaltungsakte) zugewiesen und damit den allgemeinen Verwaltungsgerichten entzogen.

(Lüke, Der Verwaltungsrechtsweg, JuS 1980, 644.)

18. Die allgemeine Verwaltungsgerichtsbarkeit ist dreistufig aufgebaut:

Die unterste Instanz bilden die Verwaltungsgerichte (VG). Jedes Land muß mindestens ein Verwaltungsgericht haben; größere Länder haben aber mehrere Verwaltungsgerichte. Bei dem Verwaltungsgericht werden Kammern gebildet, die in der Regel in der Besetzung von drei Berufsrichtern und zwei ehrenamtlichen Richtern entscheiden (§ 5 Abs. 2 und 3 VwGO). Das Verwaltungsgericht entscheidet im ersten Rechtszug grundsätzlich über alle Streitigkeiten, für die der Verwaltungsrechtsweg offensteht (§ 45 VwGO).

Auf der zweiten Stufe stehen die Oberverwaltungsgerichte (OVG), die in den südlichen Bundesländer Verwaltungsgerichtshof (VGH) genannt werden. Jedes Land darf nur ein Oberverwaltungsgericht haben. Niedersachsen und Schleswig-Holstein haben von der Ermächtigung des § 3 Abs. 2 VwGO Gebrauch gemacht und ein gemeinsames Oberverwaltungsgericht errichtet. Das Oberverwaltungsgericht ist in Senate gegliedert, die landesrechtlich unterschiedlich mit drei oder mit fünf Richtern, von denen zwei auch ehrenamtliche Richter sein können, besetzt sind (vgl. § 9 Abs. 2 VwGO). Das Oberverwaltungsgericht entscheidet über Rechtsmittel gegen Urteile und andere Entscheidungen des Verwaltungsgerichts (§ 46 VwGO). Erstinstanzlich zuständig ist es im Normenkontrollverfahren (§ 47 VwGO) und in bestimmten Vereinssachen (§ 48 VwGO).

An der Spitze der Verwaltungsgerichtsbarkeit steht das Bundesverwaltungsgericht (BVerwG) in Berlin. Es entscheidet ebenfalls in Senaten, die mit fünf Berufsrichtern, bei Beschlüssen außerhalb der mündlichen Verhandlung mit drei Berufsrichtern besetzt sind (§ 10 Abs. 2 und 3 VwGO). Das Bundesverwaltungsgericht ist in erster Linie Revisions- und Beschwerdeinstanz (§ 49 VwGO), besitzt aber nach § 50 VwGO auch erstinstanzliche Zuständigkeiten.

Das Verfahren vor den allgemeinen Verwaltungsgerichten richtet sich nach der VwGO und dem Gesetz zur Entlastung der Gerichte in der Verwaltungs- und Finanzgerichtsbarkeit, das die Überbeanspruchung der Verwaltungsgerichte vorläufig bis zum Inkrafttreten einer geplanten einheitlichen Verwaltungsprozeßordnung abmildern soll.
(Zur geschichtlichen Entwicklung der Verwaltungsgerichtsbarkeit vgl. Ule, VR 1979, 185 und Unruh, Jura 1982, 113.)

19. Die Rechtsschutzbegehren, mit denen sich der Bürger an das Verwaltungsgericht wendet, sich sehr vielgestaltig. Es ist deshalb unmöglich, für alle Fälle einheitliche Zulässigkeitsvoraussetzungen aufzustellen. Der Gesetzgeber hat aus diesem Grunde die möglichen Klageanträge auf Gemeinsamkeiten und Unterschiede hin untersucht und dementsprechend in einzelnen Kategorien, den Klagearten, zusammengefaßt, für die er dann rechtsschutzformtypische Anforderung aufgestellt hat.

Bei der Zulässigkeit einer verwaltungsgerichtlichen Klage sind deshalb zunächst die von der Rechtsschutzform unabhängigen Zulässigkeitsvoraussetzungen (vgl. das Schema im Anhang), anschließend die besonderen Zulässigkeitsvoraussetzungen der einschlägigen Klageart zu prüfen (zur Zulässigkeitsprüfung vgl. Erichsen, Jura 1980, 103 und 153).

Klagearten sind nach der VwGO die Anfechtungsklage (§ 42 Abs. 1 1. Alt. VwGO), die Verpflichtungsklage (§ 42 Abs. 1 2. Alt. VwGO), die allgemeine Leistungsklage (angesprochen in §§ 43 Abs. 2 S. 1 und 113 Abs. 3 VwGO), die Feststellungsklage in Form der allgemeinen Feststellungsklage (§ 43 Abs. 1 VwGO) und der Fortsetzungsfeststellungsklage (§ 113 Abs. 1 S. 4 VwGO) sowie die Normenkontrollklage (§ 47 VwGO).
(Vgl. Blasius, VR 1978, 56 und Erichsen, Jura 1980, 153.)

Liegt auch nur eine der allgemeinen oder besonderen Zulässigkeitsvoraussetzungen nicht vor, ist die Klage durch sog. Prozeßurteil abzuweisen.

Davon zu unterscheiden ist der Fall, daß ein Rechtsschutzbegehren zwar alle allgemeinen Zulässigkeitsanforderung erfüllt, aber nicht unter eine der bekannten Klagearten paßt. Im Gegensatz zum Rechtszustand vor 1945 ist der Verwaltungsrechtsweg nicht nur für bestimmte, einzeln aufgezählte Fälle zulässig (sog. Enumerationsprinzip), sondern durch die Generalklausel des § 40 Abs. 1 VwGO für a l l e öffentlichrechtlichen Streitigkeiten nichtverfassungsrechtlicher Art, die keinem anderen Gericht zugewiesen sind, eröffnet. Die Klagearten können deshalb keine Sperrfunktion haben. Sie sind vielmehr nur von rechtstechnischer Bedeutung. Läßt sich ein Klagebegehren keiner Klageart unmittelbar zuordnen, ist zunächst zu versuchen, eine der gesetzlichen Klagearten erweiternd auszulegen oder analog anzuwenden. Notfalls muß eine neue Klageart gebildet werden, was z.B. in Form der Organstreitigkeiten, insbesondere der Kommunalverfassungsstreitigkeiten, geschehen ist.

20. Eine Anfechtungsklage liegt gemäß § 42 Abs. 1 1. Alt. VwGO vor, wenn der Kläger die Aufhebung eines Verwaltungsakts begehrt.

Rechtsschutzziel ist die Abwehr eines belastenden Verwaltungsakts. Die Klage kann sich auch nur auf die Aufhebung eines Teils eines Verwaltungsakts richten (sog. Teilanfechtungsklage). Der angefochtene Verwaltungsakt darf sich noch nicht erledigt haben. Die Anfechtungsklage ist, wie § 43 Abs. 2 S. 2 VwGO deutlich macht, auch gegen einen nichtigen Verwaltungsakt statthaft (siehe auch Teil 1 Frage 48).

Die Anfechtungsklage hat drei besondere Zulässigkeitsvoraussetzungen:

Gemäß § 68 Abs. 1 VwGO muß der Kläger zuvor erfolglos versucht haben, die Aufhebung des Verwaltungsakts in einem Vorverfahren zu erreichen, soweit nicht ein Vorverfahren ausnahmsweise entbehrlich ist (siehe dazu Frage 7). Diese Voraussetzung ist erfüllt, wenn der Widerspruch ordnungsgemäß eingelegt und (teilweise) abschlägig beschieden oder ohne sachlichen Grund in angemessener Frist nicht beschieden worden ist (§ 75 VwGO). Eine Überschreitung der Widerspruchsfrist steht einer Klage nach überwiegender Ansicht dann nicht entgegen, wenn die Widerspruchsbehörde den verspäteten Widerspruch sachlich beschieden hat.

Die Anfechtungsklage muß innerhalb eines Monats nach Zustellung des Widerspruchsbescheids bzw., soweit ein Vorverfahren nicht erforderlich ist, nach Bekanntgabe des Verwaltungsakts erhoben werden (§ 74 VwGO). Die Frist berechnet sich nach § 57 VwGO und beginnt nur bei richtiger Rechtsbehelfsbelehrung zu laufen (§ 58 VwGO).

Nach § 42 Abs. 2 VwGO muß der Kläger geltend machen, durch den Verwaltungsakt in seinen Rechten verletzt zu sein (vgl. dazu bereits Frage 12 sowie vertiefend Schröder, Jura 1981, 617).

Die Anfechtungsklage ist begründet, wenn der Verwaltungsakt rechtswidrig und der Kläger dadurch in seinen Rechten verletzt ist (§ 113 Abs. 1 S. 1 VwGO).

Prüfungsgegenstand ist regelmäßig der ursprüngliche Verwaltungsakt in der Gestalt, die er durch den Widerspruchsbescheid gefunden hat (§ 79 Abs. 1 Nr. 1 VwGO), ausnahmsweise allein der Widerspruchsbescheid (§ 79 Abs. 1 Nr. 2 und Abs. 2 VwGO).

Im Unterschied zum Vorverfahren kommt es wegen der Gewaltenteilung auf die Sach- und Rechtslage im Zeitpunkt der letzten Verwaltungsentscheidung (in der Regel Erlaß des Widerspruchsbescheides) an. Auch darf die Zweckmäßigkeit der Maßnahme nicht geprüft werden.

Nicht entscheidungserheblich ist die Frage, ob der angefochtene Verwaltungsakt schlicht rechtswidrig oder nichtig ist, weshalb darauf auch nicht eingegangen werden darf. Ist die Rechtswidrigkeit zu bejahen, darf nicht vergessen werden zu prüfen, ob der Kläger dadurch in seinen Rechten verletzt ist.

Ist die Klage begründet, hebt das Gericht den Verwaltungsakt und einen etwaigen Widerspruchsbescheid auf (§ 113 Abs. 1 S. 1 VwGO; Gestaltungsurteil). Ist die Klage nur teilweise begründet, wird der Verwaltungsakt nur insoweit aufgehoben (vgl. die Formulierung des § 113 Abs. 1 S. 1 VwGO und die Regelung in Absatz 2).

21. Eine Verpflichtungsklage liegt vor, wenn der Kläger die Verurteilung zum Erlaß eines abgelehnten oder unterlassenen Verwaltungsakts begehrt (§ 42 Abs. 1 2. Alt. VwGO).

Rechtsschutzziel ist es, die Behörde zu verpflichten, einen (begünstigenden) Verwaltungsakt zu erlassen. Die erstrebte Maßnahme muß tatsächlich einen Verwaltungsakt darstellen. Die Klage auf Erlaß einer Satzung (z.B. eines Bebauungsplans) oder auf Vornahme einer tatsächlichen Handlung (z.B. auf Restaurierung eines öffentlichen Denkmals) stellt keine Verpflichtungsklage dar.

Ist ein Antrag auf Vornahme eines Verwaltungsakts (z.B. ein Bauantrag) abgelehnt worden, begehrt der Kläger häufig, den Ablehnungsbescheid aufzuheben und die Behörde zum Erlaß des Verwaltungsakts zu verurteilen. Dabei handelt es sich nicht um die Kombination einer Anfechtungs- mit einer Verpflichtungsklage. Dem Begehren, den Ablehnungsbescheid aufzuheben, kommt neben dem Verpflichtungsbegehren keine eigene prozessuale Bedeutung zu (BVerwGE 51, 15, 21). Das Endziel des Klägers, das die Rechtsschutzvoraussetzungen bestimmt, ist die Verurteilung zum Erlaß eines Verwaltungsakts. Von der Behörde früher erlassene entgegenstehende Verwaltungsakte werden mit dem Urteil ohne weiteres gegenstandslos. Klagt der Kläger nur gegen den Ablehnungsbescheid, ist sein Rechtsschutzbegehren, sofern ersichtlich ist, daß er in Wirklichkeit die Verpflichtung zur Vornahme eines Verwaltungsakts erstrebt, in der Regel als Verpflichtungsklage auszulegen.

Ein Vorverfahren ist für die Verpflichtungsklage nur dann vorgeschrieben, wenn ein Antrag auf Vornahme des Verwaltungsakts abgelehnt worden ist (§ 68 Abs. 2 VwGO). Ist über den Antrag auf Vornahme des Verwaltungsakts oder über den Widerspruch gegen die Ablehnung des Antrags ohne zureichenden Grund in angemessener Frist sachlich nicht entschieden worden, ist die Verpflichtungsklage zulässig, ohne daß die Entscheidung der Behörde abgewartet werden muß (§ 75 S. 1 VwGO, sog. Untätigkeitsklage). Regelmäßig kann die Klage erst nach Ablauf von drei Monaten seit der Antragstellung bzw. der Einlegung des Widerspruchs erhoben werden (§ 75 S. 2 VwGO). Liegt ein zureichender Grund für die Verzögerung vor, setzt das Gericht das Verfahren bis zum Ablauf einer von ihm bestimmten Frist aus (§ 75 S. 3 VwGO). Entscheidet die Behörde innerhalb dieser Frist zugunsten des Klägers, ist die Hauptsache für erledigt zu erklären (§ 75 S. 4 VwGO).

Eine Klagefrist besteht nach § 74 Abs. 2 VwGO für die Verpflichtungsklage nur, wenn ein Antrag auf Vornahme des Verwaltungsakts abgelehnt worden ist, weil nur in diesem Fall eine zeitlich fixierte Verwaltungsentscheidung mit Rechtsmittelbelehrung vorhanden ist.

Der Kläger muß geltend machen, durch die Ablehnung oder Unterlassung des Verwaltungsakts in seinen Rechten verletzt zu sein (§ 42 Abs. 2 VwGO).

Die Verpflichtungsklage ist begründet, soweit die Ablehnung oder Unterlassung des Verwaltungsaktes rechtswidrig und der Kläger dadurch in seinen Rechten verletzt ist (§ 113 Abs. 4 VwGO).

Maßgebend ist die Sach- und Rechtslage im Zeitpunkt der letzten mündlichen Verhandlung, da nicht vergangenes Verwaltungshandeln auf seine Rechtmäßigkeit überprüft, sondern die Behörde erst zu einem Verhalten verpflichtet werden soll. Das ist nur dann möglich, wenn im Zeitpunkt der Urteilsfindung ein Rechtsanspruch des Klägers besteht.

Die Formulierung des § 113 Abs. 4 VwGO darf nicht dazu verleiten, eine Ermächtigungsgrundlage für die Ablehnung oder Unterlassung des Verwaltungsakts zu suchen. Die Klage ist vielmehr dann begründet, wenn der Kläger einen Anspruch auf Vornahme des Verwaltungsakts hat. Die beiden Elemente der Begründetheit (Rechtswidrigkeit der Ablehnung oder Unterlassung, Rechtsverletzung) fallen damit bei der Verpflichtungsklage weitgehend zusammen. Wie im Zivilrecht muß eine Anspruchsgrundlage gesucht werden. Ein subjektives Recht auf Vornahme eines Verwaltungsakts kann sich aus dem Gesetz, einem anderen Verwaltungsakt, insbesondere einer Zusicherung i.S.d. § 38 VwGO, oder aus einem öffentlichrechtlichen Vertrag ergeben.

Ist die Klage begründet, so hängt der Ausspruch des Gerichts davon ab, ob die Sache spruchreif ist oder nicht. Im Bereich der gebundenen Verwaltung kann das Gericht endgültig befinden, ob der Verwaltungsakt zu erlassen ist oder nicht. Es darf deshalb die Verwaltungsbehörde verpflichten, die beantragte Amtshandlung vorzunehmen (§ 113 Abs. 4 S. 1 VwGO). Liegt der Erlaß des begehrten Verwaltungsakts aber im Ermessen der Behörde, kann das Gericht sie grundsätzlich nur verpflichten, den Kläger unter Beachtung der Rechtsauffassung des Gerichts (neu) zu bescheiden (§ 113 Abs. 4 S. 2 VwGO), da die Gerichte wegen des Gewaltenteilungsprinzips nicht selbst das den Verwaltungsbehörden zustehende Ermessen ausüben dürfen. Spruchreif ist die Sache ausnahmsweise dann, wenn sich das formelle subjektive Recht auf ermessensfehlerfreie Entscheidung durch eine Ermessensreduzierung auf Null zu einem Anspruch auf Vornahme des Verwaltungsakts verdichtet. Erläßt das Gericht ein Verpflichtungs- oder Bescheidungsurteil, hebt es häufig entgegenstehende frühere Bescheide im Tenor ausdrücklich auf. Dies ist zwar eigentlich nicht notwendig, im Interesse der Rechtssicherheit aber durchaus vertretbar.

22. Die <u>allgemeine Leistungsklage</u> ist als Klageart von der VwGO anerkannt, wie z.B. die §§ 43 Abs. 2 S. 1, 111 S. 1, 113 Abs. 3 VwGO zeigen, wenn sie auch nicht umfassend geregelt ist. Sie ist statthaft zur Durchsetzung eines Anspruchs auf eine Leistung (Handeln, Dulden oder Unterlassen), die nicht in einem Verwaltungsakt besteht.

So kann der Bürger z.B. in Form der allgemeinen Leistungsklage die Verurteilung eines Trägers öffentlicher Verwaltung begehren zur tatsächlichen Auszahlung von Geld (aufgrund eines Bewilligungsbescheids oder unmittelbar aus dem Gesetz), zur Beseitigung eines durch rechtswidriges Verwaltungshandeln geschaffenen Zustandes (Folgenbeseitigungs- oder Abwehrklage), zum Widerruf ehrenrühriger amtlicher Äußerungen (Widerrufsklage), zur Erteilung einer Auskunft (Auskunftsklage) oder zur Unterlassung drohenden rechtswidrigen Verwaltungshandelns (Unterlassungsklage). Umgekehrt kann auch ein Träger öffentlicher Verwaltung einen Bürger im Wege der allgemeinen Leistungsklage zu einer nach Maßgabe des öffentlichen Rechts geschuldeten Leistung verurteilen lassen, denn der Staat muß, soweit er nicht berechtigt ist, einseitig verbindlich (hoheitlich) durch Verwaltungsakt zu handeln, ebenfalls den Klageweg beschreiten.

Ein Vorverfahren ist für die allgemeine Leistungsklage nur dann erforderlich, wenn es spezialgesetzlich vorgeschrieben ist (wie z.B. in § 126 Abs. 3 Nr. 1 BRRG). Ansonsten ist die Zulässigkeit der Klage weder von einem erfolglosen Widerspruch noch von der Einhaltung einer Klagefrist abhängig.

Ob § 42 Abs. 2 VwGO auf die allgemeine Leistungsklage analog anzuwenden ist (dafür BVerwGE 36, 192, 199), ist heillos umstritten. Wer die Analogie ablehnt, muß im Rahmen der allgemeinen Sachentscheidungsvoraussetzung des Rechtsschutzinteresses, das § 42 Abs. 2 VwGO nur konkretisiert, die gleichen Überlegungen anstellen, so daß der Streit sachlich ziemlich unerheblich ist.

Die allgemeine Leistungsklage ist begründet, wenn dem Kläger der geltend gemachte Anspruch aus öffentlichrechtlichem Vertrag, Verwaltungsakt oder aus dem Gesetz zusteht und fällig ist. Hängt der Anspruch von einer Ermessensentscheidung des beklagten Verwaltungsträgers ab, ist § 113 Abs. 4 S. 2 VwGO analog anzuwenden.

23. Mit der allgemeinen Feststellungsklage kann die Feststellung des Bestehens oder Nichtbestehens eines Rechtsverhältnisses oder der Nichtigkeit eines Verwaltungsakts begehrt werden (§ 43 Abs. 1 VwGO).

Unter dem Begriff "Rechtsverhältnis" im Sinne des § 43 Abs. 1 VwGO sind die aus einem konkreten Lebenssachverhalt aufgrund einer Rechtsnorm (des öffentlichen Rechts) sich ergebenden Beziehungen zwischen Personen oder Personen und Sachen zu verstehen. Wesentlich ist dabei vor allem die das Rechtsverhältnis gestaltende unmittelbare Rechtswirkung nach außen. Feststellungsfähig sind auch einzelne, sich aus einem komplexen Rechtsverhältnis ergebende Berechtigungen und Verpflichtungen (z.B. die Berechtigung, ein bestimmtes Gewerbe ohne besondere behördliche Gestattung ausüben zu dürfen) sowie künftige Rechtsverhältnisse, soweit sie bereits hinreichend konkretisierbar sind (z.B. Feststellung, wer für bestimmte, für ein angekündigtes Manöver zu erwartende Umweltschäden einzustehen hat). Nicht Gegenstand einer Feststellungsklage können insbesondere unselbständige Elemente und Vorfragen von Rechtsverhältnissen (z.B. die persönliche Eignung des Antragstellers als eine Voraussetzung für die Erteilung einer Erlaubnis) sowie die Frage der Gültigkeit von Rechtsnormen sein.
(Vgl. zur Feststellungs- und Leistungsklage auch Frotscher, Rechtsschutz gegen "Nicht-Verwaltungsakte", Jura 1980, 1.)

§ 43 VwGO stellt für die allgemeine Feststellungsklage zwei besondere Sachentscheidungsvoraussetzungen auf.

Nach § 43 Abs. 1 VwGO muß der Kläger ein berechtigtes Interesse an der baldigen Feststellung haben. Ausreichend ist jedes nach vernünftiger Erwägung anzuerkennende Interesse rechtlicher, wirtschaftlicher oder auch ideeller Art. Ein Feststellungsinteresse besteht natürlich nur dann, wenn zwischen den Parteien das Bestehen oder Nichtbestehen des Rechtsverhältnisses bzw. die Nichtigkeit des Verwaltungsakts streitig ist und dem Kläger aus dem Standpunkt des Beklagten in der Gegenwart noch bestimmte Nachteile erwachsen oder in der Zukunft zu besorgen sind.

Nach § 43 Abs. 2 S. 1 VwGO kann die Feststellung nicht begehrt werden, soweit der Kläger seine Rechte durch Gestaltungs- oder Leistungsklage verfolgen kann oder hätte verfolgen können. Diese Regelung beruht darauf, daß die Feststellungsklage von der Rechtschutzwirkung her hinter den anderen Klagearten zurückbleibt, und ist zudem notwendig, damit die insbesondere für Anfechtungs- und Verpflichtungsklagen vorgeschriebenen besonderen Zulässigkeitsvoraussetzungen (Vorverfahren, Klagefrist) nicht unterlaufen werden. Ein fristgebundenes Vorverfahren ist für die Feststellungsklage nämlich nur in Beamtensachen (§ 126 Abs. 3 Nr. 1 BRRG) erforderlich.

Die allgemeine Feststellungsklage ist begründet, wenn das strittige Rechtsverhältnis besteht bzw. nicht besteht oder wenn der fragliche Verwaltungsakt nichtig ist.

Erledigt sich der Verwaltungsakt im Laufe eines Anfechtungsprozesses durch Zurücknahme oder auf andere Weise (z.B. durch Zeitablauf), wird der Klage der Boden unter den Füßen weggezogen. Der Kläger kann aber gleichwohl ein berechtigtes Interesse an einem gerichtlichen Ausspruch über die Rechtswidrigkeit des Verwaltungsakts haben. § 113 Abs. 1 S. 4 VwGO gestattet ihm deshalb, seinen Anfechtungsantrag in einen Feststellungsantrag umzuändern.

Als unselbständige Klage setzt diese sog. Fortsetzungsfeststellungsklage zunächst voraus, daß die ursprünglich erhobene Anfechtungsklage zulässig gewesen ist. Fehlte eine (besondere) Sachentscheidungsvoraussetzung der Anfechtungsklage, ist die Fortsetzungsfeststellungsklage als unzulässig abzuweisen.

Besondere Zulässigkeitsvoraussetzung der Fortsetzungsfeststellungsklage ist, daß der Kläger ein berechtigtes Interesse an der Feststellung hat. Diese Voraussetzung ist insbesondere erfüllt bei Wiederholungsgefahr; bei der Absicht des Klägers, einen Amtshaftungsprozeß vorzubereiten, der nicht offensichtlich aussichtslos ist; bei der Absicht des Klägers, sich gegenüber diskriminierenden Wirkungen des Verwaltungsakts zu rehabilitieren.

Die Fortsetzungsfeststellungsklage ist begründet, wenn der Verwaltungsakt rechtswidrig gewesen ist und den Kläger in seinen Rechten verletzt hat (§ 113 Abs. 1 S. 1 und 4 VwGO).

§ 113 Abs. 1 S. 4 VwGO regelt unmittelbar nur den Fall, daß sich der Verwaltungsakt nach Klageerhebung erledigt hat. Es ist aber anerkannt, daß diese Vorschrift analog anzuwenden ist, wenn sich der Verwaltungsakt bereits vor Erhebung der Anfechtungsklage erledigt hat (BVerwGE 26, 161).

Statthaft ist auch analog § 113 Abs. 1 S. 4 VwGO der Antrag festzustellen, daß die Ablehnung oder Unterlassung eines Verwaltungsakts rechtswidrig gewesen ist, wenn sich eine Verpflichtungsklage vor oder nach Klageerhebung erledigt hat (BVerwGE 52, 313, 316).
(Vgl. auch Schenke, Rechtsschutz gegen erledigtes Verwaltungshandeln, Jura 1980, 133.)

24. Mit der Normenkontrollklage können bestimmte Rechtsvorschriften abstrakt auf ihre Gültigkeit hin überprüft werden.

Zulässiger Gegenstand der Klage sind nach § 47 Abs. 1 Nr. 1 VwGO alle Satzungen, die nach den Vorschriften des Bundesbaugesetzes (vor allem Bebauungspläne) und des Städtebauförderungsgesetzes erlassen worden sind, sowie Rechtsverordnungen nach § 188 Abs. 2 BBauG und § 92 Abs. 2 StBauFG.

Nach § 47 Abs. 1 Nr. 2 VwGO können durch landesrechtliche Bestimmung außerdem andere im Range unter dem Landesgesetz stehende Rechtsvorschriften (also landesrechtliche Verordnungen und Satzungen) der Normenkontrolle unterworfen werden. Davon haben bislang nur Baden-Württemberg, Bayern, Berlin, Bremen, Hessen, Niedersachsen und Schleswig-Holstein Gebrauch gemacht.

Sachlich zuständig ist grundsätzlich das Oberverwaltungsgericht (§ 47 Abs. 1 VwGO), ausnahmsweise das Bundesverwaltungsgericht (§ 47 Abs. 5 VwGO). Da die Normenkontrollklage deutlich von den anderen Klagearten abweicht, sind die Zulässigkeitsvoraussetzungen und das Verfahren in § 47 VwGO teilweise besonders geregelt.
(Vgl. Hahn, JuS 1983, 678.)

25. Die Rechtsschutzgarantie des Art. 19 Abs. 4 GG erschöpft sich nicht in der Gewährleistung des formalen Rechts, die Gerichte anrufen zu können, sondern verlangt darüber hinaus einen effektiven Rechtsschutz (vgl.

Lorenz, Jura 1983, 393). Das Gebot effektiven Rechtsschutzes erfordert insbesondere die Schaffung eines vorläufigen Rechtsschutzes für die Fälle, in denen den Betroffenen durch die zeitliche Dauer des Rechtsbehelfsverfahrens erhebliche, oft nicht wiedergutzumachende Nachteile drohen.

Die VwGO gewährt vorläufigen Rechtsschutz in zwei Formen:

Anfechtungswiderspruch und Anfechtungsklage haben nach § 80 Abs. 1 VwGO grundsätzlich aufschiebende Wirkung, so daß die belastenden Folgen des Verwaltungsakts den Betroffenen zunächst nicht treffen. Entfällt die aufschiebende Wirkung nach Absatz 2, kann der Betroffene nach Absatz 4 einen Antrag an die Widerspruchsbehörde und nach Absatz 5 an das Gericht der Hauptsache richten mit der Bitte, die aufschiebende Wirkung anzuordnen bzw. wiederherzustellen.

Für alle anderen Verfahrensarten ist in § 123 VwGO (für das Normenkontrollverfahren § 47 Abs. 7 VwGO) die Möglichkeit einer einstweiligen Anordnung vorgesehen.

Das Gesetz unterscheidet zwei Arten der einstweiligen Anordnung:

die sog. Sicherungsanordnung in bezug auf den Streitgegenstand, wenn die Gefahr besteht, daß durch eine Veränderung des bestehenden Zustandes die Verwirklichung eines Rechts des Antragstellers vereitelt oder wesentlich erschwert werden könnte (§ 123 Abs. 1 S. 1 VwGO), und

die sog. Regelungsanordnung zur Regelung eines vorläufigen Zustandes in bezug auf ein streitiges Rechtsverhältnis, wenn diese Regelung, vor allem bei dauernden Rechtsverhältnissen, um wesentliche Nachteile abzuwenden oder drohende Gewalt zu verhindern, oder aus anderen Gründen nötig erscheint.

(Zur Vertiefung sei verwiesen auf Erichsen, Jura 1984, 414 und 478; Habermehl, JA 1981, Ü 201, 1982, Ü 1; Papier, JA 1979, 561 und 646; Peine, Jura 1983, 285.)

ANHANG

ANFORDERUNGEN AN DIE RECHTMÄSSIGKEIT BELASTENDER VERWALTUNGSAKTE

I. FORMELLE ANFORDERUNGEN

1. Zuständigkeit der erlassenden Behörde
   a) sachliche Zuständigkeit
   b) instanzielle Zuständigkeit
   c) örtliche Zuständigkeit
2. Einhaltung von Formvorschriften
3. Beachtung von Verfahrensvorschriften

II. MATERIELLE ANFORDERUNGEN

1. Ermächtigungsgrundlage
   a) Vorhandensein
   b) Gültigkeit
   c) Vorliegen der Tatbestandsvoraussetzungen
2. Bestimmtheit der Maßnahme
3. Keine rechtliche oder tatsächliche Unmöglichkeit
4. Verhältnismäßigkeit
   a) Geeignetheit
   b) Erforderlichkeit
   c) Angemessenheit
5. Bei Ermessensakten: fehlerfreie Ermessensausübung
6. Kein Verstoß gegen Grundrechte oder sonstige Verfassungsprinzipien (z.B. Vertrauensprinzip)

RECHTMÄSSIGKEITSVORAUSSETZUNGEN EINER ORDNUNGS-/POLIZEIVERFÜGUNG

VORAUSSETZUNGEN	ORDNUNGSVERFÜGUNG	POLIZEIVERFÜGUNG
A. Formelle Voraussetzungen		
I. Zuständigkeit		
1. sachliche Zuständigkeit		
a) nach Spezialgesetz	z.B. § 20 AuslG; § 44 Abs. 1 StVO; § 76 BauO NW	z.B. § 13 VersG; § 44 Abs. 2 StVO
b) zur allgemeinen Gefahrenabwehr	primäre Zuständigkeit nach § 1 Abs. 1 OBG NW	Eilfallzuständigkeit nach § 1 Abs. 1 PolG NW
2. instanzielle Zuständigkeit	§ 5 i.V.m. § 3 OBG NW	§§ 2, 3 und 11, 12 POG NW
3. örtliche Zuständigkeit	Regel: § 3 VwVfG NW Ausnahmen: §§ 4, 6 OBG NW	Regel: § 7 Abs. 1 POG NW i.V.m. VO über die Kreispolizeibehörden NW Ausnahmen: §§ 7 Abs. 2 - 5 und 8, 9 POG NW
II. Form	§ 20 Abs. 1 OBG NW	§ 37 Abs. 2 VwVfG NW
III. Verfahren, insbesondere		
1. Anhörung	§ 28 VwVfG NW	
2. Bekanntgabe	§ 43 Abs. 1 i.V.m. § 41 VwVfG NW und LZG NW	
B. Materielle Voraussetzungen		
I. Ermächtigungsgrundlage		
1. spezialgesetzliche Ermächtigung	z.B. §§ 6 Abs. 2, 10, 13 AuslG; §§ 17, 20, 24 BImSchG; § 10 BSeuchG; §§ 5, 16, 17 GastG; §§ 35, 58, 59 GewO; §§ 41, 42 LMBG; § 4 StVG; § 17 StVZO	
2. Standardmaßnahme	§ 24 OBG NW i.V.m. §§ 9, 11 - 24 PolG NW	§§ 9 - 24 PolG NW
3. Generalklausel	§ 14 Abs. 1 OBG NW	§ 8 Abs. 1 PolG NW
II. Richtiger Adressat (Verhaltens-, Zustandsstörer, Notstandspflichtiger)	§§ 17 - 19 OBG NW	§§ 4 - 6 PolG NW
III. Richtiges Mittel		
1. Bestimmtheit	§ 37 Abs. 1 VwVfG NW	
2. keine rechtliche oder tatsächliche Unmöglichkeit	vgl. § 15 Abs. 1 OBG NW	vgl. § 2 Abs. 1 PolG NW
3. Verhältnismäßigkeit	§ 15 OBG NW	§ 2 PolG NW
4. Verbot der Aufsichtserleichterung	§ 20 Abs. 2 S. 1 OBG NW	
5. (auf Antrag) Austauschmittel gestatten	§ 21 OBG NW	§ 3 Abs. 2 PolG NW
IV. Fehlerfreie Ermessensausübung (kann auch unmittelbar bei I, II und III geprüft werden)	§ 16 OBG NW	§ 3 Abs. 1 PolG NW
V. Kein Grundrechtsverstoß	vgl. dazu § 44 OBG NW	vgl. dazu § 7 PolG NW

ZULÄSSIGKEIT UND BEGRÜNDETHEIT EINES WIDERSPRUCHS

I. Zulässigkeit des Widerspruchs

Der Widerspruch ist zulässig, wenn er statthaft ist, im Verwaltungsrechtsweg form- und fristgerecht bei der richtigen Behörde erhoben wurde und der Widerspruchsführer widerspruchsbefugt ist.

1. Statthaftigkeit
   a) nach spezialgesetzlicher Vorschrift (z.B. § 126 Abs. 3 BRRG)
   b) nach § 68 VwGO
2. Zulässigkeit des Verwaltungsrechtsweges
   a) kraft Sonderzuweisung (z.B. § 126 Abs. 1 und 2 BRRG; § 48 Abs. 6 VwVfG)
   b) nach der Generalklausel des § 40 Abs. 1 VwGO
3. Form
   § 70 Abs. 1 S. 1 VwGO
4. Frist
   § 70 Abs. 1 S. 1 und Abs. 2 VwGO
5. Richtige Einlegungsstelle
   § 70 Abs. 1 S. 1 und 2 VwGO
6. Widerspruchsbefugnis
   § 42 Abs. 2 VwGO analog
7. Allgemeine Zulässigkeitsvoraussetzungen, insbesondere
   Beteiligungsfähigkeit (§ 11 VwVfG)
   Handlungsfähigkeit (§ 12 VwVfG)
   wirksame Vertretung (§ 14 VwVfG)
   Allgemeines Rechtsschutzinteresse
   (regelmäßig unproblematisch und deshalb nicht zu erörtern)

II. Begründetheit des Widerspruchs

Nach § 68 Abs. 1 S. 1 VwGO i.V.m. § 113 Abs. 1 S. 1 bzw. Abs. 4 VwGO analog ist der Widerspruch begründet, wenn

1. a) der Verwaltungsakt bzw. seine Ablehnung rechtswidrig ist und
   b) der Widerspruchsführer dadurch in seinen Rechten verletzt ist oder wenn
2. a) der Verwaltungsakt bzw. seine Ablehnung unzweckmäßig ist und
   b) das Ermessen auch im Interesse des Widerspruchsführers eingeräumt ist.

ZULÄSSIGKEIT UND BEGRÜNDETHEIT EINER ANFECHTUNGSKLAGE

I. Zulässigkeit der Klage

1. Allgemeine Zulässigkeitsvoraussetzungen
   a) Deutsche Gerichtsbarkeit (§ 173 VwGO i.V.m. §§ 18 ff. GVG)
   b) Zulässigkeit des Verwaltungsrechtsweges
      aa) kraft Spezialzuweisung (z.B. § 126 Abs. 1 und 2 BRRG; § 48 Abs. 6 VwVfG; § 112 GO NW) oder
      bb) nach der Generalklausel des § 40 Abs. 1 VwGO
   c) Zuständigkeit des Gerichts
      aa) sachliche Zuständigkeit (§§ 45 ff. VwGO)
      bb) örtliche Zuständigkeit (§§ 52 f. VwGO)
   d) Sonstige allgemeine Zulässigkeitsvoraussetzungen (nur erörtern, soweit problematisch)
      aa) Ordnungsmäßigkeit der Klageerhebung (§§ 81 f. VwGO)
      bb) Parteifähigkeit (§ 61 VwGO)
      cc) Prozeßfähigkeit (§ 62 VwGO)
      dd) Bevollmächtigung (§ 67 VwGO)
      ee) keine anderweitige Rechtshängigkeit (§ 173 VwGO i.V.m. § 261 Abs. 3 Nr. 1 ZPO)
      ff) kein Einwand der Rechtskraft
      gg) allgemeines Rechtsschutzinteresse
2. Besondere Zulässigkeitsvoraussetzungen der Anfechtungsklage[1)]
   a) Statthaftigkeit der Klageart (§ 42 Abs. 1 1. Alt. VwGO)
   b) Vorverfahren (§§ 68 ff. VwGO)
   c) Klagefrist (§ 74 Abs. 1 VwGO i.V.m. §§ 57 f. VwGO)
   d) Klagebefugnis (§ 42 Abs. 2 VwGO)

II. Begründetheit der Klage

Die Anfechtungsklage[1)] ist begründet, wenn
1. der Verwaltungsakt rechtswidrig ist und
2. der Kläger dadurch in seinen Rechten verletzt ist (§ 113 Abs. 1 S. 1 VwGO).

1) Das Aufbauschema für die anderen Klagearten erhält man, indem man in Punkt I 2 die besonderen Zulässigkeitsvoraussetzungen der betreffenden Klageart und in Punkt II die Anforderungen an die Begründetheit dieser Klage einsetzt (vgl. dazu die Fragen 21 ff. des 3. Teils).